텝스한달만 제대로 공부해보자

Perfect TEPS

Grammar & Vocabulary

Perfect TEPS

텝스 한 달만 제대로 공부해보자

Grammar & Vocabulary

초판 1쇄 2009년 10월 20일 인쇄
초판 1쇄 2009년 10월 23일 발행

지 은 이 이충훈 & J&L English Lab

펴 낸 곳 도서출판 이비컴
펴 낸 이 강기원

기획진행 김현호
디 자 인 이승현
편   집 김윤영 · 윤은정

마 케 팅 김동중 · 이은미

주   소 130-811 서울시 동대문구 신설동 97-1 302호
대표전화 (02) 2254-0658
팩   스 (02) 2254-0634
전자우편 help@bookbee.co.kr

등록번호 제 6-0596호
등록일자 2002. 4. 9
I S B N   978-89-6245-028-6 13740
웹사이트 http://www.bookbee.co.kr

값 18,000원

파본이나 잘못 인쇄된 책은 구입하신 서점에서 교환해 드립니다.

텝스 한달만 제대로 공부해보자

Perfect! TEPS

이충훈 &
J&L English Lab 지음

이비톡

Preface

30 DAYS TEPS 800+Final Sum-up

기타 여러 가지 공인영어시험들에 대한 변별성이 의심을 받으면서 그 대안으로 TEPS가 떠오르고 있는 추세이다. 해마다 응시인원의 수가 늘어나고 있으며, 더 많은 학교와 기업체들에서 수험자들의 영어실력에 대한 인증으로 TEPS를 채택하고 있다. 요령과 편법이 통하는 몇몇 기타 시험과는 다르게 TEPS는 문제가 정형화 되거나 일반화 되어 있지 않다는 특징이 있다. 특히 문법과 어휘의 경우 토익보다 다뤄지는 문법의 범위나 그 수준이 더 깊고, 어휘 또한 그 주제가 광범위하여 상당히 어렵게 느껴지는 부분이 있을 것이다.

본인은 지난 몇 년간 영어연구원으로 근무하며 수많은 시중의 텝스 도서들을 분석하고 연구한 경험과, 텝스 온라인사이트의 컨텐츠 검수와 튜터 역할을 하며 많은 수험생들로 부터 받은 질문과 어려움에 답해주며 얻은 지식들을 기반으로 가장 간결하면서도 핵심을 다룬 텝스 도서의 집필을 고민해 왔다. 그리고 이제 그 결실을 3단계로 구성한 〈Perfect TEPS〉 시리즈로 수험생들에게 자신 있게 내놓는 바이다.

이 책의 장점은 총 3단계에 걸쳐서 철저하게 TEPS 문법과 어휘의 '유형'과 '주제'를 학습할 수 있도록 구성되어 있다는 점이다. 첫 번째 유형분석 코너를 통해, 각 파트별로 등장하는 유형별 접근법과 문제출제 방식을 살펴본 후에, 세 번에 걸친 Pre-Test를 통해서 충분히 유형연습을 할 수 있도록 하였고, 각 주제별로 나눈 Mini-Test를 통해 모든 TEPS 출제 가능 유형에 대한 적응력을 기를 수 있도록 하였다. 마지막으로 총 3회에 걸친 Actual Test를 통해서 앞서 학습한 내용들을 최종 정리하며 TEPS 문법과 어휘 만점을 위한 최종 실전 대비를 할 수 있도록 했다.

이 책이 제시하는 〈유형별 Pre-Test → 주제별 Mini-Test → Actual Test〉의 3단계 과정을 한 달이라는 시간 동안 철저히 준비한다면 여러분 모두 반드시 고득점을 획득할 수 있을 것이라고 확신한다.

끝으로 본 TEPS 시리즈가 출간될 수 있도록 도와주신 이비톡 사장님, 김현호 팀장님과 원고의 집필에 있어서 큰 힘을 보태준 팀원들에게 감사드린다. 마지막으로 나의 정신적 지주이자 나의 집필 인생에 있어서 영원한 동반자인 아내와 이곳 호주와 한국에서 저의 성공을 위해 항상 기도해 주시는 아버지, 어머니, 여동생 하나, 장모님과 처형, 처제, 그리고 마지막으로 대한민국의 모든 TEPS 수험생들에게 이 책을 바친다.

- 이충훈 & J&L English Lab -

이 책의 특성 및 학습 방법

Section 01 : 문법·어휘 각 유형별 연습 + Pre-Test 3회분
Section 02 : 문법·어휘 각 주제별 Mini-Test 6문항씩
Section 03 : 문법·어휘 각 Actual Test 3회분

본 〈Perfect TEPS〉 시리즈는 30일간의 시간 동안 각 영역별로 실제 TEPS 시험에서 출제가 가능한 모든 '유형'과 '주제'별 문제들을 Pre-Test와 Mini-Test 형식으로 풀어 본 후, 총 3회에 달하는 Actual Test로 마무리함으로써 실제 TEPS 시험에서 800점 이상의 고득점을 목표로 하는 수험자들이 원하는 점수대를 획득할 수 있도록 구성되었다.

각 Section별로 좀 더 구체적으로 설명하자면 다음과 같다.

🔑 유형을 확실히 알고 넘어가자!!

우선, Section 1을 통해서 학습자들은 문법과 어휘 시험을 구성하는 각 파트별로 개개의 문제유형에 대해서 확인해 볼 수 있다. 각 유형별 출제 특징을 문제를 통해서 확인해 본 후, 모든 유형을 담은 총 3회에 걸친 Pre-Test를 통해서 충분히 유형연습을 할 수 있도록 하였다.

🔑 학습한 유형을 토대로 주제별 집중연습을 하자!!

그리고 Section 2에서는 문법과 어휘 시험에 출제되는 문법 및 어휘의 종류를 주제별로 각각 다르게 분류하여 주요 포인트를 확인해 볼 수 있도록 하였고, 6개의 문항을 Mini-Test 형식으로 풀어봄으로써 TEPS 시험에 대한 적응력을 높여줄 수 있도록 하였다.

🔑 충분한 실전테스트로 정기시험을 완벽하게 대비하자!!

마지막으로 Section 3에서는 총 3회분에 달하는 실전 문법과 어휘 Actual Test를 통하여 학습자들이 실제 TEPS 시험에 충분히 적응할 수 있도록 배려하였다.

TEPS는 편법과 요령이 통하지 않는 시험이다. 특히 어휘의 경우 실질적인 어휘력이 뒷받침되어 있지 않다면 절대로 좋은 점수를 취득할 수 없을 정도로 그 난이도가 높다고 할 수 있다. 그러므로 학습자들은 다른 어떤 시험들보다도 풍부한 어휘력과 함께 다양한 표현들을 사전에 정리해두고, 많은 문제들을 통해서 이들을 빠르게 풀어보는 연습을 통해 자신의 내공을 쌓아야만 고득점을 획득할 수 있다.

그래서 본 TEPS 시리즈는 여타의 다른 도서들과는 다르게 쓸데없이 긴 문제풀이 전략 등은 과감히 배제하고 오직 '유형'과 '출제요소'라는 두 가지 대전제에 충실하여 충분한 수의 문제를 제공함으로써 학습자들이 시험을 대비할 수 있도록 하는 데 그 목표를 두고 있다.

문제 수로만 따진다면 본도서는 실전 문법과 어휘 각각 총 4회분 + 1/2회분에 달하는 문제풀이 연습을 학습자들에게 제공함으로써 충분히 고득점을 획득할 수 있는 발판이 되어 줄 수 있을 것이라고 확신한다.

TEPS란 이런 시험이다

1. TEPS 시험이란?

TEPS는 [Test of English Proficiency developed by Seoul National University]의 약자로 서울대학교 언어교육원에서 개발되어 서울대학교 TEPS 관리위원회가 주관하고 시행하는 영어능력검정시험입니다. 국내외 최고 수준의 영어 관련 전문가 100여 명이 문제를 출제하고 세계의 권위자로 구성된 자문위원회에서 출제된 문제들을 검토하여 그 신뢰도와 타당도가 입증된 시험이라고 할 수 있습니다.

2. TEPS 시험은 어떻게 출제되고 시험시간은 어떻게 되나?

청해, 문법, 어휘, 독해의 4가지 영역에 걸쳐 총 200문항이 출제되며 990점이 만점인 시험으로, 청해 60문항 55분, 문법 50문항 25분, 어휘 50문항 15분, 독해 40문항 45분의 시간이 주어집니다

3. TEPS 시험 당일 날 반드시 챙겨 가져가야 할 것은?

반드시 자신의 신분증을 지참해야 합니다. TEPS 관리위원회에서 인정하는 신분증에는 주민등록증, 운전면허증, 기간 만료 전의 여권, 공무원증 등이 있고, 기타 인정되는 신분증은 다음과 같습니다.
(1) 장교 – 장교신분증
(2) 사병 – TEPS 정기시험 신분확인증명서
(3) 주민등록증을 분실 시 – 동, 읍, 면사무소에 발급된 주민등록증 발급확인서

컴퓨터용 사인펜은 두 자루 이상 준비할 수 있도록 하고, 수정액은 사용할 수 없으므로 꼭 수정테이프를 챙겨가도록 합니다. 꼭 필요하지는 않지만 시험 당일 날 자신의 고사실을 쉽게 확인하기 위해서 수험표를 출력해 갈 수 있도록 합니다.

4. TEPS 시험 접수/취소 방법 및 시험점수 유예기간은?

보통 TEPS 관리위원회 공식 사이트인 www.teps.or.kr에 회원가입을 한 후, 접수신청란에 접수를 완료하면 됩니다. 접수 취소와 관련해서는 접수 기간 내에는 신청금액이 전액 환불되지만 그 이후에 시간이 지남에 따라 차등 지급된다는 점을 유념하십시오.

5. TEPS 시험 점수는 언제 알 수 있나?

정기시험의 성적은 시험일로부터 15일 이후에 위에서 언급된 TEPS 관리위원회의 홈페이지에서 확인이 가능합니다. 성적표는 보통 20일 안에 우편으로 지정된 주소로 발송이 되고, 특별 시험의 성적표는 시험일로부터 일주일 이내에 해당 단체나 기관으로 통보됩니다.

6. TEPS 성적 평균 분포도는?

보통 전체 인원의 80% 정도에 해당하는 응시자들이 2급과 3급 사이에 집중적으로 분포되어 있습니다. 이 중 가장 높은 2+급을 제외하고 3급, 3+급, 2급 각각에 전체 응시자의 20% 정도가 차지하고 있습니다.

TEPS 시험 각 영역별 구성

영역	파트		문항수	시간/배점
청해	Part I	문장 하나를 들은 후 이어질 응답 고르기	15	55분/396점
	Part II	3문장의 대화를 듣고 마지막 응답 고르기	15	
	Part III	6-8 문장의 대화를 들은 후 질문에 맞는 답 고르기	15	
	Part IV	화자에 의해 말해지는 지문을 듣고 질문에 맞는 답 고르기	15	
문법	Part I	A-B 대화문의 빈칸에 적절한 표현 고르기	20	25분/99점
	Part II	문장의 빈칸에 적절한 표현 고르기	20	
	Part III	대화문에서 어법상 틀리거나 어색한 것 고르기	5	
	Part IV	4문장으로 구성된 단문에서 문법상 틀리거나 어색한 것 고르기	5	
어휘	Part I	A-B 대화문의 빈칸에 적절한 어휘 고르기	25	15분/99점
	Part II	문장의 빈칸에 적절한 어휘 고르기	25	
독해	Part I	지문 중 빈칸에 들어갈 적절한 내용 고르기	16	45분/396점
	Part II	지문을 읽고 질문에 맞는 답 고르기	21	
	Part III	지문을 읽고 문맥상 어색한 것 고르기	3	
총계	13개 파트	총계 13개 파트	200	140분/990점

청해 (총 60문항)

- **Part 1**
  (15문항)

  청해 Part 1은 질의응답을 다루며 내용은 단 한 번만 들려준다. 짧은 문장에 내용 자체는 단하고 기본적인 수준이지만 주어지는 선택지들이 헷갈리는 경우가 많으므로 짧은 순간에 상황을 판단하여 올바른 대답을 골라낼 수 있도록 연습해 두어야 한다.

  예제) *Listen and choose the most appropriate response to the statement.*

  M: Is Mrs. Ferguson likely to be our teacher next year?
  W: _____

  (a) That's what the forecast said.
  (b) Not a chance.
  (c) You guessed it right.
  (d) No, she doesn't like it at all.

  정답 (b)

- **Part 2**
  (15문항)

  A-B-A-B순의 짧은 대화 문제로 내용은 단 한 번만 들려준다. 보통 A-B-A 중 마지막 A의 내용이 B의 내용을 고르는 데 있어서 핵심 역할을 한다.

  예제) *Listen and choose the most appropriate response to complete the conversation.*

TEPS 시험 각 영역별 구성

30 DAYS TEPS 800+Final Sum-up

M: I'm here to buy fishing rods.
W: You came to the right place. We have a variety of fishing rods.
M: You can give me a discount if I buy them in bulk, can't you?
W: _____

(a) Great. Then I will take this one.
(b) I'll go check with the manager.
(c) It's an offer you cannot refuse.
(d) You will not regret it.

정답 (b)

• **Part 3**
(15문항)

보통 한 사람당 3번 이상씩 주고받는 형태의 다소 긴 대화문이 등장한다. 대신 대화 부분과 질문을 들려준 뒤 다시 한 번 반복해서 들려주기 때문에 늘어난 길이만큼 문제풀이가 어렵다고 할 수는 없다.

예제) *Listen and choose the option that best answers the question.*

M: We visited the Museum of Pyramids yesterday.
W: How was your visit?
M: It was very entertaining. We saw some oil paintings and marble carvings. They were really beautiful.
W: Sounds like you had a great fun.
M: Yes, I did. And I went on a guided tour around the museum that lasted a half hour.
W: Where is this museum located? I feel like going there.
M: It is in the downtown area, and it opens at 8 in the morning.

Q: What is correct according to the conversation?

(a) The woman visited the Museum yesterday.
(b) The museum exhibits sculptures.
(c) It takes about 30 minutes to get to the museum.
(d) The museum closes at 8 o'clock.

정답 (b)

• **Part 4**
(15문항)

앞의 파트들이 대화문을 다루었다면 Part 4는 담화문을 다룬다. 다양한 주제와 관련된 내용의 지문이 등장하고 이를 근거로 주제, 세부사항, 사실 여부 및 추론들을 다룬 문제가 출제된다. 담화 부분과 질문을 두 번 들려준다.

예제) *Listen and choose the option that best answers the question.*

After meeting in Geneva the UN has agreed to phase out nine more persistent chemicals widely used in farming and industry. The nine pesticides and industrial chemicals join 12 substances targeted for elimination. The banned substances are considered extremely dangerous because they can damage reproduction, mental capacity and growth and cause cancer. The chemicals, which are worth billions and traded worldwide, accumulate in the food chain and takes years to degrade.

Q: What is the main topic of the talk?

(a) The development of new chemicals for farming and industry.
(b) The long lasting effects of chemicals on human health.
(c) Dangerous agents added to global prohibited list.
(d) The size of the chemical industry.

정답 (c)

문법 (총 50문항)

- **Part 1**
  (20문항)

  Part 1은 A-B의 짧은 대화를 통해서 다양한 문법적 이해력을 측정할 수 있도록 출제된다. 대화문 빈칸에 들어갈 적절한 표현을 고르는 형식이다.

  예제) *Fill in the blank with the most appropriate word or phrase.*

  A: It's already half past 10. It's high time you _____ home.
  B: Okay. Do you think you can give me a lift?

  (a) go
  (b) will go
  (c) went
  (d) would go

  정답 (c)

- **Part 2**
  (20문항)

  하나 또는 두 개의 문장으로 구성된 서술문 속의 빈칸을 채우는 문제유형으로 총 20문항이 출제된다. 문법 자체의 이해도와 함께 구문에 대한 이해력 역시 문제풀이에 있어서 중요하다.

  예제) *Fill in the blank with the most appropriate word or phrase.*

  A lot of people often forget that it takes _____ to work their up in the business world.

  (a) the time
  (b) a time
  (c) time
  (d) times

  정답 (c)

TEPS 시험 각 영역별 구성

- **Part 3**
  (15문항)

  A-B-A-B 순의 대화문이 주어지고, 이 중 어법상 틀리거나 어색한 부분이 포함되어 있는 문장을 정답으로 골라야 한다. 총 5문항이 출제된다.

  예제) *Identify the grammatical error in the dialogue.*

  (a) A: I have no idea who James Patrick is.
  (b) B: Well, I know who he is. He's the most famous chefs in America.
  (c) A: Oh, is he? No wonder my wife mentions his name a lot.
  (d) B: So does my wife.

  정답 (b)

- **Part 4**
  (5문항)

  한 문단이 주어지고 그 중 문법적으로 틀리거나 어색한 문장을 골라내는 문제유형으로 Part 3와 마찬가지로 총 5문항이 출제된다.

  예제) *Identify the ungrammatical sentence in the passage.*

  (a) Lisa was tired of her older sister treating her badly. (b) They were close until she became a teenager, and then her sister seemed to be jealous of the male attention she was attracting. (c) When she raised the issue with her mom, she just told her to go and sort it out. (d) However, she decided to put up with it and pretended not to care.

  정답 (b)

어휘 (총 50문항)

- **Part 1**
  (25문항)

  구어체로 이루어진 A-B의 대화 중 빈칸에 가장 적절한 단어를 골라내는 문제로 총 25문항이 출제가 된다. 단어 자체의 단편적 의미로 접근하기보다는 문맥에서 사용되는 상대적 의미에 더 초점을 두어 문제를 해결해야 한다.

  예제) *Choose the most appropriate word or expression for the blank in the conversation.*

  A: How did my test results _____ out?
  B: There is nothing to worry about. You're in good health.

  (a) make
  (b) turn
  (c) break
  (d) rule

  정답 (b)

- **Part 2**
  (25문항)

  하나 또는 두 개의 문장으로 구성된 글 속의 빈칸에 의미상 가장 적절한 단어를 골라내는 문제유형으로 Part 1과 마찬가지로 총 25문항이 출제된다. 평소 단어를 개별적으로 외우지 말고 의미 단위로 통째로 외워두는 습관이 중요하다.

예제) *Choose the most appropriate word or expression for the blank in the statement.*

The patient has been complaining of a _____ pain in the upper left side of the abdomen.

(a) contrary
(b) constant
(c) constable
(d) converse

정답 (b)

독해 (총 40문항)

- **Part 1**
  (16문항)

지문의 초반, 중반 또는 후반에 빈칸이 들어가 있고 글의 흐름상 그 안에 들어갈 내용으로 가장 적절한 보기를 고르는 문제유형으로 총 16문항이 출제된다.

예제) *Read the passage and choose the option that best fits the blank.*

Living in the warm, humid tropics can only be made more pleasurable by wearing cool cotton. At Wicked Weaves, Vicky Johnson, a resort wear and tropical wedding specialist, offers a specialized service and advice to you to complement your body and find the style that _____. Choosing the correct style can make a world of difference on how you look and feel. See the difference Ms Johnson can make by customizing your garments with design and style that will fit perfectly. American owned and operated by the designer herself, Ms Johnson has been in the trade for 20 years and now offers a personalized service available for after hour appointments.

(a) are favored by American customers
(b) is in vogue at the moment
(c) meets your budget
(d) best suits your shape

정답 (d)

- **Part 2**
  (21문항)

주어진 글의 내용을 이해한 후 주제나 대의, 세부 내용 파악 혹은 논리적 추론 등을 묻는 질문에 가장 적절한 보기를 선택하는 문제유형으로 총 21문항이 출제된다.

예제) *Choose the option that correctly answers the question.*

TEPS 시험 각 영역별 구성

30 DAYS TEPS 800+Final Sum-up

A father used a kitchen knife to slash his son across the chest in a tragic family dispute. Michael Loman faced the first day of his District Court trial charged with one count of unlawful wounding after the alleged incident. Prosecutor Bob Coleman told the court a dispute arose after Mr. Loman's son went to the house to collect personal items and told his dad he did not want to see him any more. Mr. Loman allegedly lunged at his son twice, before using a kitchen knife to inflict the would, which later required 22 stitches. His son left the house after the alleged incident and started yelling abuse on his father's driveway before leaving the house by car.

Q: What is the best title for the news article?

(a) Spoiled teenagers these days
(b) A father who frequently abused his son.
(c) A rising trend of family disruption
(d) Domestic Violence resulting in injury

정답 (d)

- **Part 3**
 (3문항)

한 문단의 글에서 내용의 흐름상 어색한 내용을 담고 있는 문장을 골라내는 문제유형으로 총 3문항이 출제된다.

예제) *Identify the sentence that least fits the context of the passage.*

One of the major reasons for drug use and abuse is the fact that the media glamorizes their use by such terms as "recreational" drugs and the newly-favored term, "party" drugs. (a) This kind of glamorization makes so many people fall victim to drug overdoses. (b) However, they cannot blame authorities, suppliers or society because the fault is their own. (c) Drugs are universally available and selling them genera tes all sorts of other crimes. (d) At the end of the day, the choice to use drugs rests with the individual.

정답 (c)

TEPS 시험 각 등급 구성

등급	점수	능력 검정 기준
1+등급	901-990	**외국인으로서 최상급 수준의 의사소통 능력** 교양 있는 원어민에 버금가는 정도로 의사소통이 가능하고 전문 분야 업무에 대처할 수 있음.
1급	801-900	**외국인으로서 거의 최상급 수준의 의사소통 능력** 단기간 집중 교육을 받으면 대부분의 의사소통이 가능하고 전문 분야 업무에 별 무리 없이 대처할 수 있음.
2+등급	701-800	**외국인으로서 상급 수준의 의사소통 능력** 단기간 집중 교육을 받으면 일반 분야 업무를 큰 어려움 없이 수행할 수 있음.
2급	601-700	**외국인으로서 중,상급 수준의 의사소통 능력** 중장기간 집중 교육을 받으면 일반 분야 업무를 큰 어려움 없이 수행할 수 있음.
3+등급	501-600	**외국인으로서 중급 수준의 의사소통 능력** 중장기간 집중 교육을 받으면 한정된 분야의 업무를 큰 어려움 없이 수행할 수 있음.
3급	401-500	**외국인으로서 중하급 수준의 의사소통 능력** 중장기간 집중 교육을 받으면 한정된 분야의 업무를 다소 미흡하지만 큰 지장은 없이 수행할 수 있음.
4+등급, 4급	201-400	**외국인으로서 하급 수준의 의사소통 능력** 장기간의 집중 교육을 받으면 한정된 분야의 업무를 대체로 어렵게 수행할 수 있음.
5+등급, 5급	10-200	**외국인으로서 최하급 수준의 의사소통 능력** 단편적인 지식만을 갖추고 있어 의사소통이 거의 불가능함.

텝스한달만 제대로 공부해보자

Grammar

Perfect TEPS

문법편

Grammar

Contents 문법

Preface	4
이 책의 특성 및 학습 방법	5
TEPS란 이런 시험이다	6
TEPS 시험 각 영역별 구성	7
TEPS 시험 각 등급 구성	13

Section 01
문법 4가지 유형별(Type) 접근법

Part 1	Type 01	구어체 빈칸 유형	19
Part 2	Type 02	문어체 빈칸 유형	19
Part 3	Type 03	대화문 어법 유형	20
Part 4	Type 04	담화문 문법 유형	20

Pre-Test
Pre-Test 1	22
Pre-Test 2	24
Pre-Test 3	26

Section 02
문법 8가지 주제별(Theme) 접근법
✎ Mini-Test

Theme 01	동사의 활용	30
Theme 02	동사의 시제	36
Theme 03	능동태 · 수동태	42
Theme 04	조동사	48
Theme 05	준동사	54
Theme 06	품사 · 한정사	60
Theme 07	관계사 · 접속사	66
Theme 08	문장의 어순 · 가정법	72

Section 03
Grammar Actual Test

Actual Test 1	79
Actual Test 2	90
Actual Test 3	101

정답편

Pre-Test 1 · 2 · 3	4
Actual Test 1 · 2 · 3	9

Section 01

30 DAYS TEPS 800+Final Sum-up

문법 4가지
유형별(Type) 접근법

TEPS 문법 시험은 총 4개 Part로 나뉘며 Part 1과 2는 각각 20문항, Part 3와 4는 각각 5문항씩 총 50문항이 출제가 된다.

Part 1과 2는 빈칸에 들어갈 적절한 표현을 문법적 요소를 판단하여 고르는 것이고, Part 3와 4는 주어진 내용을 읽고 틀린 어법이나 문법이 사용된 선택지를 고르는 유형이 등장한다.

총 50문항을 25분이라는 짧은 시간 안에 풀어야 함으로, Part 1과 2의 경우 빈칸과 선택지를 위주로 확인하여 묻고 있는 문법적 요소를 판단 후 빠르게 문제를 풀 수 있도록 한다. 일반적으로 Part 3와 4의 문제해결에 좀 더 긴 시간이 소요되는데, TEPS에서 빈출되는 몇 가지 특정 문법 사항들을 기억하며 꼼꼼히 문장을 끝까지 속독하여 틀린 곳을 골라내는 연습을 해두어야 한다.

이 Section에서는 문법 각 Part별 문제 유형들을 실전문제를 통해 확인해 보는 시간을 갖도록 한다. 각 유형에 대한 파악이 완료가 되면 Pre-Test 3회분의 문제를 풀어보도록 하는데, 각 Pre-Test는 문법에서 출제가 되는 빈출 문법 사항들을 고루 담고 있으므로, 학습자들은 각 Part별로 실제 시험에 어떠한 문법적 사항들이 출제가 되는지 정리해 보는 기회를 가지며 자신감을 높일 수 있다.

Part 1
Type 01 구어체 빈칸 유형

Part 2
Type 02 문어체 빈칸 유형

Part 3
Type 03 대화문 어법 유형

Part 4
Type 04 담화문 문법 유형

Pre-Test
Pre-Test • 1
Pre-Test • 2
Pre-Test • 3

Part
유형별 접근법
30 DAYS TEPS 800+Final Sum-up

Point 1 — 구어체 빈칸 유형

A-B 대화문 속에서 빈칸에 들어갈 적절한 어구를 찾는 유형이다. 보통 빈칸이 들어가 있지 않은 문장이 정답 해결의 단서가 되는 경우가 많다. 전체 문법문제 풀이시간 배분상 1문제당 평균 25~30초 이내에 풀어야 하므로 상당한 문제풀이 기술을 필요로 한다. 대화문으로 출제되는 특성상, 구어체적인 문법을 측정하는 표현과 관용표현들이 많이 등장하니, 문법 지식과 함께 다양한 어구들을 외워두는 노력을 게을리 해서는 안 된다.

Point 2 — 문어체 빈칸 유형

Part 1과는 달리 1개의 독립된 문장 속에서 빈칸에 들어갈 적절한 어구 또는 단어를 찾는 유형이다 대화문 형식이 아니기에 문어적 표현 또는 문법 등을 찾는 질문들이 주로 출제된다. 시간 배분상 1문제당 평균 25~30초 이내에 풀어야 하므로 주어진 문장 전체의 의미를 해석하면서 문제를 풀 수 있는 여유가 없다. 그러므로 TEPS에서 출제되는 전체 문법 사항들을 완벽히 이해하고 학습해 두는 것이 필수다. 주어진 보기를 보고 문항이 요구하고 있는 문법적 지식이 무엇인지 판단 후, 그 부분에 중점을 두어 문제를 빠르게 해결할 수 있어야 한다.

Point 3 — 대화문 어법 유형

A-B-A-B 형태의 대화문이 주어진다. 대화문 전체를 읽고 어법상 틀리거나 문법상 오류가 포함되어 있는 문장을 골라내는 문제 유형이다. 주로 개별 품사의 문법과 동사의 어법을 오답 포인트로 잡고 출제되므로, 문제를 읽을 때 문장에서 대명사, 형용사, 부사, 관사 등의 품사가 적절히 사용되고 있는지, 혹은 동사의 형태가 적절한지 등에 중점을 두어 접근하도록 한다.

Point 4 — 담화문 문법 유형

4개의 문장으로 이루어진 지문이 주어지고, 어법상 틀리거나 문법상 적절치 않은 내용이 포함된 문장을 오답으로 골라내는 유형이다. 짧은 시간 내에 긴 지문을 읽고, 그 안에 숨어 있는 오류를 골라내야 하기 때문에 상당히 어려운 문제 유형이다. 출제 빈도가 가장 높은 것이 일치 문제이기 때문에, 모든 문장에서 주어와 동사의 수일치를 기본적으로 염두에 두어 각 문장을 빠르게 읽어나갈 수 있도록 한다. 문장 전체의 시제와 태, 그리고 준동사의 적절성 여부도 출제 빈도가 높으니 염두에 두도록 하자.

Type 01 구어체 빈칸

Check This Out!

Choose the best answer for the blank.

A: It's already half past 10.
   It's high time you _____ home.
B: Okay. I'll leave now.

(a) are going
(b) will go
(c) went
(d) would go

 해설

'~했었어야 할 시간이다' 혹은 '~할 때도 됐다'란 의미로 사용되는 'It's high time+주어+과거동사' 형태의 문형을 안다면 쉽게 정답을 고를 수 있다. go의 과거동사인 went가 동사로 위치해야 한다. 정답은 (c)이다.

 해석

A: 벌써 10시 반이네. 너 집에 갔어야 할 시간이야.
B: 알았어. 지금 갈게.

어휘

It's high time + S + V ~했었어야 할 시간이다, ~할 때도 됐다

Type 02 문어체 빈칸

Check This Out!

Choose the best answer for the blank.

A lot of people often forget that it takes _____ to work their way up in the business world.

(a) the time
(b) a time
(c) time
(d) times

해설

특정하게 정해진 시간이나 때가 아닌 일반적으로 '시간이 걸리다'란 의미일 경우에는 불가산명사로 time을 사용한다. 정답은 (c)이다. 반면, 상대방에게 특정한 지금 시간을 물어보는 의미로 time을 사용할 경우에는 정관사 the를 붙여 the time이라고 말한다. cf) Do you have the time?(지금 몇 시죠?)

 해석

많은 사람들이 종종 비즈니스 세계에서 승진을 하기 위해서는 시간이 걸린다는 것을 잊어버리곤 한다.

어휘

work one's way up 승진을 하다

Type 03 대화문 어법

Check This Out!

Identify the option that contains an awkward expression or an error in grammar.

(a) A: I have no idea who James Patrick is.
(b) B: Well, I know who he is. He's the most famous chefs in America.
(c) A: Oh, is he? No wonder my wife mentions his name a lot.
(d) B: So does my wife.

 해설

'최상급+명사'에서 명사는 단수가 위치해야 한다. 최상급 뒤에 위치한 명사가 복수 형태가 되기 위해서는 'one of + 최상급 + 명사' 형태가 되어야 한다. 정답은 (b) chefs → chef.

 해석

A: 난 제임스 패트릭이 누군지 전혀 모르겠어.
B: 음, 난 그가 누구인지 알아. 그는 미국에서 가장 유명한 요리사야.
A: 아, 그래? 우리 와이프가 그의 이름을 많이 언급하는 게 당연한 거구나.
B: 우리 와이프도 그래.

 어휘

chef 요리사　　　　　　　　mention 언급하다

Type 04 담화문 문법

Check This Out!

Identify the option that contains an awkward expression or an error in grammar.

(a) Lisa was tired of her older sister treating her badly. (b) They have been close until she became a teenager, and then her sister seemed to be jealous of the male attention she was attracting. (c) When she raised the issue with her mom, she just told her to go and sort it out. (d) However, she decided to put up with it and pretended not to care.

 해설

내용상 그들이 친했던 상황은 그녀가 십대가 되었을 때보다 더 이전의 일이기 때문이다. until 이하는 과거이므로 until 앞은 이전의 과거인 대과거의 형태의 동사를 써야 한다. 따라서 정답은 (b)에서 동사 have been를 had been으로 바꿔야 한다.

 해석

(a) 리사는 자신을 심하게 대하는 그녀의 큰 언니에게 치를 떨었다. (b) 리사가 10대가 될 때까지는 그 둘은 서로 친했는데, 그후 그녀의 언니는 자신의 동생이 남자들에게 인기가 많은 것에 질투를 느끼는 것 같았다. (c) 그녀가 엄마한테 이러한 문제를 제기 했을 때 엄마는 직접 가서 문제를 해결하라고 했다. (d) 하지만, 그녀는 참기로 했고 신경 쓰지 않는 척 했다.

어휘

be tired of ~을 진절머리 내다, 지겨워하다
treat 대하다
put up with 참다
pretend ~인 척하다

Pre-Test

30 DAYS TEPS 800 + Final Sum-up

- **Pre-Test · 1**
- **Pre-Test · 2**
- **Pre-Test · 3**

Type 01 구어체 빈칸 유형

Type 02 문어체 빈칸 유형

Type 03 대화문 어법 유형

Type 04 담화문 문법 유형

Pre-Test · 1 Grammar

Part 01

1. A: I don't think I can go to the post office today.
   B: No worries. I'll ask John _____ the package for you.

   (a) get
   (b) getting
   (c) to get
   (d) gets

2. A: Your sister is _____ your mother.
   B: Yes, she is. Actually, she plans to participate in the Beauty Pageant 2009.

   (a) as beautiful as a woman
   (b) as a beautiful woman as
   (c) as beautiful a woman as
   (d) as beautiful as woman as

Part 02

3. By the time I finish school next year, I _____ close to 200,000 dollars for tuition.

   (a) will spend
   (b) an spent
   (c) will have been spent
   (d) will have spent

4. As many as 10,000 people _____ to protest the ban on gay marriage since last December in the Los Angeles.

   (a) has gathered
   (b) gathers
   (c) gathered
   (d) have gathered

Part 03

5 (a) A: Good morning. May I see your passport and ticket, please?
   (b) B: Just one moment. It's in my purse. Here you are.
   (c) A: Thank you. Do you have any luggages?
   (d) B: Yes, I've got some here. I hope they don't weigh too much.

Part 04

6 (a) Her goal to use simple ingredients in a modern way has turned the food guru into a global brand. (b) Donna Hay started her career as a food stylist with the Australian Women's Weekly before becoming food editor at Marie Claire. (c) She launched into her own food magazine in 2001 and by 2008 had a readership of 347,000. (d) She has also published 17 cookbooks, selling 3.3 million copies in seven languages.

Pre-Test · 2 Grammar

Part 01

1. A: How do you want your gift _____ ?
   B: No, it's okay. I'll come pick it up myself.

   (a) to delivering
   (b) to deliver
   (c) delivering
   (d) delivered

2. A: See, I told you it would fail.
   B: What? _____ suggested the idea.

   (a) You were who
   (b) It was you who
   (c) Who it was you
   (d) You who it was

Part 02

3. Permanent line marking will be installed to make provision of a single traffic lane, bike lane and buffer zone adjacent _____ the center parking.

   (a) of
   (b) in
   (c) to
   (d) for

4. Soft drinks contain lots of sugar that _____ energy, but no nutrients.

   (a) provide
   (b) provides
   (c) was provided
   (d) have provided

Part 03

5 (a) A: Kevin, what did I tell you? You can't watch television until you will finish your schoolwork.
   (b) B: I know. That's why I'm watching TV right now.
   (c) A: What do you mean?
   (d) B: I finished it an hour ago. It was as easy as pie.

Part 04

6 (a) Can fleeting changes of facial expression show whether people are telling lies? (b) Forty years ago, research psychologist Dr. Elkman posed this question after he recorded a series of interviews with patients at his hospital. (c) When one patient told him that she has previously lied to him, Elkman studied the film. (d) By slowing it down he found just two frames that revealed an intense expression of anguish.

Pre-Test · 3 Grammar

Part 01

1. A: I broke up with Jane a few months ago.
   B: Then, who _____ at the moment?

   (a) will you date
   (b) are you dating
   (c) did you date
   (d) have you been dating

2. A: We need to talk about these matters.
   B: Can we just let them go? I hate _____ touchy issues.

   (a) to be brought up
   (b) bringing up
   (c) being brought up
   (d) brings up

Part 02

3. Daily Roofing is a successful construction business _____ rapid growth.

   (a) enjoys
   (b) enjoyed
   (c) enjoying
   (d) being enjoyed

4. A loner is defined as someone who doesn't have any friends _____.

   (a) to be played
   (b) to playing
   (c) to play with
   (d) playing with

Part 03

5 (a) A: Congratulations! I heard you got the job in San Francisco.
   (b) B: Thanks. I didn't expect that I would be able to get the position. I guess I was just lucky.
   (c) A: Oh, come on. You don't need to be humble. So, when are you leaving for San Francisco?
   (d) B: Well, my work starts on 5th of July, but I'm thinking of going there at least a week in advance getting familiar with the new environment.

Part 04

6 (a) The chief executive and co-founder of Apple, Steve Jobs, underwent a liver transplant two months ago. (b) His health problems began in 2004 with a rare form of pancreatic cancer. (c) Only a limited number of directors were made aware of Jobs's condition. (d) The only detail being revealed by senior executives are that Jobs is due back in the office this week.

Section 02
30 DAYS TEPS 800+Final Sum-up

문법 8가지 주제별(Theme) 접근법

총 50문항이 출제가 되는 문법 영역에서 빈출되는 문법 주제는 거의 한정되어 있다. 이 Section에서는 TEPS에 빈출되는 문법 주제를 총 8가지로 분류하여 각 주제별로 point가 되는 문법사항을 간략히 정리하였다.

대부분 문항의 경우 주어진 빈칸과 선택지들의 종류를 보면 문제가 질문하고자 하는 문법 주제가 무엇인지 판단할 수 있다. 물론 이는 하루아침에 얻을 수 있는 능력이 아니기에 수험자들은 각 주제에 해당하는 문제들을 많이 풀어봄으로써 이에 대한 적응력을 높일 수 있어야 한다.

이 Section에서는 TEPS 문법영역에서 빈출되는 문법 주제를 총 8가지로 분류하였고, 각 주제별로 중요한 포인트들을 정리하고 총 6문제로 이루어진 Mini-Test를 제공한다. 학습자들은 해당 문법 주제가 바탕이 되는 문제들을 직접 풀어봄으로써, 실전 시험에 대한 적응력을 높일 수 있다.

Theme 01	동사의 활용
	Mini-Test
Theme 02	동사의 시제
	Mini-Test
Theme 03	능동태 수동태
	Mini-Test
Theme 04	조동사
	Mini-Test
Theme 05	준동사
	Mini-Test
Theme 06	품사 한정사
	Mini-Test
Theme 07	관계사 접속사
	Mini-Test
Theme 08	문장의 어순 가정법
	Mini-Test

30 DAYS TEPS 800+Final Sum-up
Theme 01
동사의 활용

 필수문법 포인트 정리

Point 1

영어로 문장이 만들어지기 위해서는 의문사, 명령문 등의 특수한 경우를 제외하고 필수적으로 주어+(본)동사 의 어순을 따라야 한다. 명사, 대명사, to 부정사, 동명사, that절, 의문사절 등이 문장에서 주어 의 역할을 담당할 수 있고, 이 주어를 받아주며 문장 전체의 서술어를 이끌어 주는 (본)동사 가 뒤에 따라와야만 한다.

ex) The owner of the restaurants is my father.
ex) The dogs standing on the rock are mine.

Point 2

우리말로 '~을(를)' 에 해당되는 것을 '목적어' 라고 부른다. 목적어는 문장의 동사 바로 뒤에 위치하며, Point 1에서 언급한 주어의 역할을 담당할 수 있는 것들은 모두 문장에서 목적어로서도 사용될 수 있다. 단, 본동사에 해당 하는 단어가 want, expect, help, ask 일 경우, 그 뒤는 반드시 to 부정사 또는 목적어+to 부정사 가 와야만 한다.

ex) The politician wanted to know the truth behind the case.
ex) My teacher wanted me to see him in his office after school.

Point 3

'간접목적어' 와 '직접목적어', 두 가지 목적어가 등장하는 문장을 4형식 문장이라고 부르며, give, get, find, offer 등이 문장의 (본)동사 로 위치하는 경우가 이에 해당한다. 문장의 형태는 '주어+(본)동사+간접목적어+직접목적어' 혹은 '주어+(본)동사+직접목적어+전치사+간접목적어' 형태를 취한다.

ex) I will give you a raise.
ex) He offered a job to me.

Point 4

'주어+(본)동사+목적어+목적격보어' 의 어순을 갖는 문장을 5형식 문장이라고 한다. 목적격 보어는 앞에 나오는 목적어에 대한 의미를 보충 설명해 주는 역할을 한다.

ex) I found the subject interesting.
ex) She had her arm broken.

Point 5

문장의 (본)동사로 사역동사(make, let, have 등)가 위치하거나 혹은 지각동사(see, hear, feel 등)가 위치하여 5형식 문장을 이루게 될 경우, 목적보어 로 동사원형이 위치해야 한다.

ex) Please don't make me do this.
ex) My sister had me do her homework.

Theme 01
동사의 활용

Mini-Test Part 01

Choose the best answer for the blank.

1. A: Why did you make him _____?
   B: Because he is a party-pooper.

   (a) leave
   (b) left
   (c) to leave
   (d) be left

2. A: My grandfather had his appendix _____ last week.
   B: Really? Is he still in the hospital?

   (a) remove
   (b) removed
   (c) removing
   (d) to removing

Mini-Test Part 02

Choose the best answer for the blank.

3. Michael Jackson visited the girl at the hospital and wished _____ from illness.

   (a) of her an early recovery
   (b) her an early recovery
   (c) an early recovery with her
   (d) an early her recovery

4. _____ that opening a cafe in the countryside might be a good idea.

   (a) My father struck it
   (b) It was struck to my father
   (c) My father struck
   (d) It struck my father

Mini-Test Part 03

Identify the option that contains an awkward expression or an error in grammar.

5. (a) A: Amy, do you want to see a magic trick?
   (b) B: Sure. What magic trick can you do?
   (c) A: I'm going to make this coin disappeared.
   (d) B: Wow, that sounds cool!

Mini-Test Part 04

Identify the option that contains an awkward expression or an error in grammar.

6. (a) I'm a cook in the Canadian Defense Force, and I want thanking you for your wonderful and inspiring recipes. (b) The soldiers are very grateful, and go out of their way to make sure I get all the issues of your magazine, no matter where I'm serving. (c) From Iraq to Afghanistan, your magazine is the first thing that's packed to go. (d) Thanks again, and keep up the delicious recipes.

Theme 01
동사의 활용

Part 01

1. A: Why did you make him _____?
   B: Because he is a party-pooper.

   (a) leave
   (b) left
   (c) to leave
   (d) be left

   해설
   사역동사에 해당하는 make, have, let 등은 목적어를 꾸며주는 목적보어로 동사원형 또는 과거분사가 위치해야 한다. 여기서 목적어(him)와 목적보어는 결국 자기 발로 걸어서 떠나야 하는 능동의 관계이므로 동사원형이 와야 한다. 정답은 (a)이다.

   해석
   A: 너 왜 그를 떠나게 한 거니?
   B: 왜냐면 걔는 파티의 흥을 깨거든.

   어휘
   party-pooper 파티의 흥을 깨는 사람

2. A: My grandfather had his appendix _____ last week.
   B: Really? Is he still in the hospital?

   (a) remove
   (b) removed
   (c) removing
   (d) to removing

   해설
   사역동사 have의 목적보어는 동사원형이나 과거분사가 와야 한다. 목적어인 맹장(appendix)은 의사에 의해서 제거되어져야 하기에 목적보어와는 수동의 관계이다. 그러므로 정답은 (b)이다.

   해석
   A: 할아버지께서 지난주에 맹장 제거수술을 받으셨어.
   B: 정말? 아직도 병원에 계시니?

   어휘
   appendix 맹장   remove 제거하다

Part 02

3. Michael Jackson visited the girl at the hospital and wished _____ from illness.

   (a) of her an early recovery
   (b) her an early recovery
   (c) an early recovery with her
   (d) an early her recovery

 해설

동사 wish가 4형식 문장으로 사용될 경우 '~에게 ~을 빌어주다'란 뜻이 된다. 본문 내용상 '그녀에게 조기 회복을 빌어주다' 라고 하는 것이 적절하다. 그러므로 '간접목적어+직접목적어' 형태인 (b)의 'her an early recovery' 가 정답이다.

해석

마이클 잭슨은 병원에 있는 그 소녀를 방문하고 그녀에게 병으로부터의 조기 회복을 빌어주었다.

어휘

recovery 회복

4. _____ that opening a cafe in the countryside might be a good idea.

   (a) My father struck it
   (b) It was struck to my father
   (c) My father struck
   (d) It struck my father

 해설

동사 strike는 '(어떤 생각) ~에게 떠오르다'란 의미로 목적어 자리엔 반드시 사람이 위치해야 한다. 아이디어 내용이 '주어' 자리에 위치하지만, 그 내용이 길 경우 가주어 it을 문두에 위치시키고 구체적인 아이디어는 that절 이하에서 설명해 준다. 정답은 (d)이다.

해석

시골에 카페를 여는 것이 좋은 아이디어일 수도 있을 거란 생각이 아버지에게 떠올랐다.

어휘

countryside 지방, 시골

Part 03

5. (a) A: Amy, do you want to see a magic trick?
(b) B: Sure. What magic trick can you do?
(c) A: I'm going to make this coin disappeared.
(d) B: Wow, that sounds cool!

 해설

A: 에이미, 너 마술트릭을 보고 싶니?
B: 당연하지. 무슨 마술트릭을 할 수 있니?
A: 이 동전을 사라지게 하겠어.
B: 와, 그건 멋진데!

어휘

magic trick 마술트릭
disappear 사라지다
cool 멋진, 훌륭한

 해설

선택지 (c)에서 동사 make는 목적어 뒤에 목적보어로 동사원형 또는 과거분사가 올 수 있다. 이는 목적어와 목적보어의 관계가 능동이냐, 수동이냐에 따라 결정이 되는데, 본 문제에서 disappear는 완전자동사로 '~사라지게 되다'라는 형식의 수동태로 쓰이지 않는다. 그러므로 능동형태인 동사원형이 바로 동전이 사라졌음을 나타낼 수 있다. 정답 (c) disappeared → disappear

Part 04

6. (a) I'm a cook in the Canadian Defense Force, and I want thanking you for your wonderful and inspiring recipes. (b) The soldiers are very grateful, and go out of their way to make sure I get all the issues of your magazine, no matter where I'm serving. (c) From Iraq to Afghanistan, your magazine is the first thing that's packed to go. (d) Thanks again, and keep up the delicious recipes.

해설

would like, want, ask, expect 등의 동사들은 뒤에 'to 부정사' 혹은 '목적어+to 부정사'의 형태가 이어질 수 있다. 선택지 (a)에서 동사 want 뒤에 동명사 형태인 thanking이 올 수 없다. 정답 (a) want thanking → want to thank

 해석

(a) 저는 캐나다 방어군의 요리사입니다. 그리고 귀사의 훌륭하고 영감을 주는 요리법들에 감사를 드리고 싶습니다. (b) 병사들은 매우 고마워하고, 제가 어디서 음식을 제공하던지 상관없이 귀사의 잡지 모든 호들을 제가 갖고 있도록 하기 위해서 최선을 다하곤 합니다. (c) 이라크에서 아프가니스탄까지, 귀사의 잡지는 짐을 쌀 때 첫 번째 품목이지요. (d) 다시 한 번 감사드리고 앞으로도 맛있는 조리법들을 제공해 주십시오.

어휘

cook 요리사
inspiring 영감을 주는
recipe 조리법, 요리법
go out of one's way 최선을 다하다

30 DAYS TEPS 800+Final Sum-up

Theme 02
동사의 시제

🔑 필수문법 포인트 정리

Point 1
일반적인 사실, 진리, 상황, 기능 등을 설명하거나 현재의 습관을 나타낼 때는 현재 시제를 사용한다.
ex) My girlfriend lives in Japan.
ex) The earth goes around the Sun.

Point 2
'현재진행 시제'는 말 그대로 지금 현재진행이 되고 있는 상황을 설명할 때 사용된다. 단, 몇몇의 경우 형태는 '현재진행' 이지만 미래를 의미하는 경우도 있다.
ex) He is reading a book in his room.
ex) I'm visiting my friends in New York next month.

Point 3
과거에 일어났던 일을 설명할 때는 '과거 시제'를 사용한다. 보통 동사의 과거형태가 와야 하는 경우, '2 years ago', 'last Saturday' 등의 어구를 통해서 그 문장이 과거 시제이여야 함을 알려준다.
ex) He died 3 years ago.
ex) They stayed in the motel for 3 days last winter.

Point 4
현재완료 시제는 첫째, 경험을 이야기하거나 둘째, 과거에서부터 현재까지 영향을 미치는 상황을 설명할 때와 셋째, 완료된 특정상황을 이야기할 때 사용된다. 기간을 나타내는 for, since 등과 자주 함께 쓰이며, 이미 지나가버린 특정 시간을 나타내는 yesterday, five days ago 등과는 함께 사용될 수 없다.
ex) I have lived in New York since I was five.
ex) I lived in New York about 2 years ago.

Point 5
과거의 어느 기준시점으로부터 좀 더 먼 과거에 완료된 사건을 설명하고자 할 때는 '과거완료 시제'를 사용한다.
ex) She had already left when I went to see her.
ex) The woman had lived in Seoul for 10 years before she died.

Point 6
주절에 미래의 의미가 있을 경우, when, if, while, until 등의 부사절에서는 현재 시제가 미래 시제를 대신한다.
ex) I will call you when I get there.
ex) He won't give up until he finds the answer.

Theme 02
동사의 시제

Mini-Test Part 01

Choose the best answer for the blank.

1. A: Transformer 2 is now showing at the Hoyts theater. Do you want to go see it with me?
   B: Actually, I _____ a downloaded version of the movie last week.

    (a) see
    (b) saw
    (c) have seen
    (d) had seen

2. A: Max, have you decided which school to apply to?
   B: Yes, I've just decided that I _____ for Standford and Berkeley.

    (a) was applied
    (b) applied
    (c) will apply
    (d) have applied

Mini-Test Part 02

Choose the best answer for the blank.

3. By the time Mr. Johnson gets to the theater, the movie _____.

    (a) starts
    (b) started
    (c) will had started
    (d) will have started

4. Depression is a disease that _____ slowly over a long period of time.

   (a) developes
   (b) developed
   (c) has developed
   (d) has been developing

Mini-Test Part 03

Identify the option that contains an awkward expression or an error in grammar.

5. (a) A: I heard you're going to America next month. You've never been to America before, haven't you?
   (b) B: Yes, I have. Didn't you know that I've lived in America when I was young?
   (c) A: Really? Why didn't I know that?
   (d) B: I'm sure it must have slipped your mind.

Mini-Test Part 04

Identify the option that contains an awkward expression or an error in grammar.

6. (a) When the temperature will drop you'll find great shopping opportunities to bring cheer and comfort to your spirits, as well as your bank balance in this tough financial climate. (b) The key is to do your homework, wait for the sales and look for practical ways to save on heating and energy. (c) Do these things and you'll be amazed at how much you can save. (d) Here are some great ideas to get you started.

30 DAYS TEPS 800＋Final Sum-up

Theme 02
동사의 시제

Part 01

1. A: Transformer 2 is now showing at the Hoyts theater. Do you want to go see it with me?
   B: Actually, I _____ a downloaded version of the movie last week.

   (a) see
   (b) saw
   (c) have seen
   (d) had seen

   해설
   서술어의 올바른 시제가 무엇인지 묻고 있다. 일반적으로 시제와 관련된 문제는 문장 내에서 시점을 알려주는 부사구가 등장한다. 여기서는 last week라고 과거의 특정 시점을 언급해 주고 있기 때문에 단순과거형인 saw가 정답이 되어야 한다. 정답은 (b)이다.

   해석
   A: 트랜스포머 2가 지금 호이츠 극장에서 상영되고 있어. 너 그 영화 나랑 같이 보러 갈래?
   B: 사실, 난 지난주에 영화의 다운로드 버전을 봤어.

   어휘
   show 상영하다   downloaded 다운로드 받은

2. A: Max, have you decided which school to apply to?
   B: Yes, I've just decided that I _____ for Standford and Berkeley.

   (a) was applied
   (b) applied
   (c) will apply
   (d) have applied

   해설
   '막 결정했다(I've just decided ~)'라고 말하고 있으므로 빈칸의 시제는 이제 정한 곳으로 신청을 하겠다는 미래시제가 되어야 논리적으로 맞다. 정답은 (c)이다.

   해석
   A: 맥스, 너 어디 학교에 지원할지 결정했니?
   B: 응, 난 스탠포드랑 버클리에 지원하기로 결정했어.

   어휘
   apply 지원하다, 신청하다

Part 02

3. By the time Mr. Johnson gets to the theater, the movie _____.

    (a) starts
    (b) started
    (c) will had started
    (d) will have started

해설
문맥상 'By the time ~'은 미래의 기준시점을 나타내는 부사구로, 주절의 서술어는 미래완료 'will have+pp' 형태가 되어야 한다. 정답은 (d)이다.

해석
존슨 씨가 극장에 도착할 때쯤이면, 영화는 시작해 있을 것이다.

어휘
get to ~에 도착하다

4. Depression is a disease that _____ slowly over a long period of time.

    (a) developes
    (b) developed
    (c) has developed
    (d) has been developing

해설
주절의 시제로 등장한 be동사 is가 힌트다. 우울증이 어떻게 나타나는 병인가에 대한 일반적인 현상에 대해서 설명하고 있으므로 현재 시제가 되어야 한다. 정답은 (a)이다.

해석
우울증은 몇 년에 걸쳐서 천천히 나타나는 질병이다.

어휘
depression 우울증   disease 병   develop 발병하다, 나타나다

Part 03

5. (a) A: I heard you're going to America next month. You've never been to America before, haven't you?
   (b) B: Yes, I have. Didn't you know that I've lived in America when I was young?
   (c) A: Really? Why didn't I know that?
   (d) B: I'm sure it must have slipped your mind.

 해설
선택지 (b)에서 미국에 살았었을 때가 'when I was young'이라고 과거의 구체적인 시점을 언급해 주고 있기 때문에 현재완료형이 아닌 단순과거 시제로 서술어가 쓰여야 한다. 정답 (b) I've lived → I lived

해석
A: 네가 다음 달에 미국에 갈 예정이라는 얘기 들었어. 너 전에 미국에 가본 적 없지, 그렇지 않니?
B: 아니, 가본 적 있어. 너 내가 어렸을 때 미국에 살았었다는 거 몰랐니?
A: 정말? 내가 왜 몰랐을까?
B: 너 까먹은 게 분명하다고 봐.

어휘
slip one's mind 잊어버리다, 까먹다

Part 04

6. (a) When the temperature will drop you'll find great shopping opportunities to bring cheer and comfort to your spirits, as well as your bank balance in this tough financial climate. (b) The key is to do your homework, wait for the sales and look for practical ways to save on heating and energy. (c) Do these things and you'll be amazed at how much you can save. (d) Here are some great ideas to get you started.

 해설
주절이 미래를 나타낼 때, 시간이나 조건절 내의 현재 시제는 미래를 대신한다. 선택지 (a)는 주절이 미래 시제임에도 불구하고 시간을 나타내는 when 이하의 서술어가 미래 시제로 표현되어 있다. 그러므로 이를 현재 시제로 고쳐주어야 올바른 문장이 된다. 정답 (a) will drop → drops

해석
(a) 온도가 떨어지게 되면, 여러분들은 여러분들의 정신과 함께 이 어려운 경제 분위기에서 여러분의 은행계좌에 원기와 편안함을 가져다 줄 좋은 쇼핑 기회들을 찾게 될 겁니다. (b) 중요한 것은 바로 사전에 조사를 하고, 할인판매를 기다리고, 난방과 에너지를 절약할 수 있는 실용적인 방법들을 찾는 것입니다. (c) 이것들을 하시게 되면 여러분은 얼마나 많은 금액을 여러분이 절약할 수 있는지에 대해 놀라워하실 겁니다. (d) 여기 여러분들이 시작할 수 있게끔 해주는 몇 가지 훌륭한 아이디어들이 있습니다.

어휘
temperature 온도
opportunity 기회
cheer 환호, 원기
practical 실용적인
save 절약하다
heating 난방
get someone started ~를 시작하게끔 하다

30 DAYS TEPS 800+Final Sum-up

Theme 03
능동태와 수동태

필수문법 포인트 정리

Point 1
목적어를 가지는 타동사만이 'be+p.p' 형태의 수동태를 만들 수 있다. 단, 타동사 중에는 자동사의 용법도 갖고 있는 것들이 있는데, 이 경우 타동사의 목적어가 주어로 와도 동사는 'be+p.p' 형태로 바뀌지 않는다.

ex) The store is closed at 9.
ex) The sign reads "Keep off the grass."

Point 2
수동태로 만들어질 수 없는 자동사는 become, appear, remain 등이 있고, 타동사임에도 불구하고 수동태로 만들 수 없는 단어에는 lack, have, resemble 등이 있다.

ex) I am resembled by my father. (X) → I resemble my father.
ex) The woman appeared quite healthy.

Point 3
'~하게 하다' 란 의미로 해석이 되는 surprise, satisfy, excite 등의 감정 동사들의 경우 사람이 주어로 위치하게 되어 '놀랐다', '만족했다', '기뻤다' 등의 의미로 사용되기 위해서는 'be동사 + p.p' 형태의 수동태로 사용되어야 한다.

ex) I was surprised at the news.
ex) He was satisfied with the result.

Point 4
believe, expect, say, consider 등의 동사들의 경우 가주어 It과 함께 'It is believed(expected, said, considered) that 주어+동사' 의 어순을 가진 문장으로 등장하는 경우가 많다.

ex) It is believed that Barrak Obama will win the presidential election.
ex) It is expected that Jane will soon mary Mike.

Point 5
다음 다양한 형태의 수동태 문장들을 확인해 두도록 하자.

(1) 조동사를 포함한 수동태 : 조동사+be동사+p.p
ex) The song will be sung by Boyz to Men.

(2) 진행형 수동태 : be동사+being+p.p
ex) A new theme park is being constructed in the center of the city.

(3) 완료형 수동태 : have+been+p.p
ex) The study has just been completed.

Theme 03
능동태와 수동태

Mini-Test Part 01

Choose the best answer for the blank.

1. A: I thought Jim was a very nice person, but I was wrong.
   B: Yeah, he is certainly not what he _____ to be.

    (a) is appeared
    (b) appearing
    (c) appears
    (d) is appear

2. A: Excuse me. Could you please tell me when I'll be able to find out my test scores?
   B: Your scores _____ to you immediately upon completion of the test.

    (a) report
    (b) are reporting
    (c) will be reported
    (d) will have been reported

Mini-Test Part 02

Choose the best answer for the blank.

3. This drug is believed _____ the mechanisms which regulate body temperature.

    (a) to be affected
    (b) to affect
    (c) for affect
    (d) affecting

4. Although most of my friends _____ to death watching this movie yesterday, I actually found it very entertaining.

   (a) bore
   (b) are bored
   (c) were bored
   (d) were boring

Mini-Test Part 03

Identify the option that contains an awkward expression or an error in grammar.

5. (a) A: Where are you headed, James?
   (b) B: I'm going downtown. I have a job interview today.
   (c) A: Hop in. I'll give you a lift. You look very confident.
   (d) B: Thanks. I think I fully prepared. Besides, my father put in a good word for me to the company.

Mini-Test Part 04

Identify the option that contains an awkward expression or an error in grammar.

6. (a) Some people look forward to winter for the open fires, but for others winter means malt whisky. (b) Single malt whisky is the original Scottish whisky. (c) It's made by drying malted barley with peat fires, then adding boiling water to make mash. (d) This mash is then fermenting and distilling into spirits.

Theme 03
능동태와 수동태

Part 01

1. A: I thought Jim was a very nice person, but I was wrong.
   B: Yeah, he is certainly not what he _____ to be.

   (a) is appeared
   (b) appearing
   (c) appears
   (d) is appear

   해설
   appear는 남들에 의해서 그렇게 보여지는 것이 아니라, 주어 스스로가 그런 모습을 보이는 것으로 수동태 형태를 취해서는 안 된다. 정답은 (c)이다.

   해석
   A: 난 짐이 굉장히 좋은 사람이라고 생각했었는데, 내가 잘못 생각했었어.
   B: 응, 그는 분명히 보이는 것이랑은 달라.

   어휘
   certainly 분명히, 확실히
   appear ~인 것 같이 보이다, ~인 듯하다

2. A: Excuse me. Could you please tell me when I'll be able to find out my test scores?
   B: Your scores _____ to you immediately upon completion of the test.

   (a) report
   (b) are reporting
   (c) will be reported
   (d) will have been reported

   해설
   시험 점수는 보고되어야 할 대상이므로 수동태를 취해야 한다. 그러므로 보기 (a), (b)는 탈락. 시험이 완료되는 시점에 전달되는 것이므로 시제는 미래 시제를 취한다. 그러므로 정답은 (c)이다.

   해석
   A: 죄송한데요. 제가 언제 시험 점수를 알 수 있게 될지 말씀해 주실 수 있으세요?
   B: 시험 점수는 시험이 종료가 되면 즉시 알려드릴 겁니다.

   어휘
   immediately 즉시
   upon completion of ~이 완료가 되면

Part 02

3. This drug is believed _____
   the mechanisms which regulate body temperature.

   (a) to be affected
   (b) to affect
   (c) for affect
   (d) affecting

   🔒 해설
   원래 문장이라고 할 수 있는 'We believe that this drug affects the ~ temperature'에서 that 절 내의 주어인 this drug을 문두에 내세워 수동태로 변형한 문장이다. that절의 동사는 부정사의 형태로 'be+pp' 뒤에 연결되어야 한다. 정답은 (b)이다.

   🔍 해석
   이 약물은 신체 온도를 통제하는 절차에 영향을 미친다고 믿어진다.

   🔍 어휘
   drug 약물   regulate 통제하다   temperature 온도
   mechanism 기계장치, 절차, 방법

4. Although most of my friends _____
   to death watching this movie yesterday, I actually found it very entertaining.

   (a) bore
   (b) are bored
   (c) were bored
   (d) were boring

   🔒 해설
   bore, surprise, excite 등의 감정을 나타내는 동사들은 주어가 사람일 경우, 그럼 감정을 느꼈다라는 수동태 형태로 나타내 주어야 한다. 그러므로 보기 중 (a), (d)는 탈락이다. 문장의 시점은 yesterday에서 알 수 있듯이 과거다. 그러므로 정답은 (c)이다.

    해석
   내 친구들 대부분은 어제 이 영화를 보느라 지겨워 죽는 줄 알았지만, 난 사실 이 영화가 매우 재미있었다.

   🔍 어휘
   be bored to death 죽을 만큼 지겹다   entertaining 흥미로운, 재미있는

능동태와 수동태

Part 03

5. (a) A: Where are you headed, James?
   (b) B: I'm going downtown. I have a job interview today.
   (c) A: Hop in. I'll give you a lift. You look very confident.
   (d) B: Thanks. I think I fully prepared. Besides, my father put in a good word for me to the company.

> **해설**
> 선택지 (d)에서 내용상 자신은 완전히 준비가 된 것 같다고 말하는 것이 적절하다. prepare는 타동사로 뒤에 목적어가 위치해야 한다. 여기서는 수동태 형태로 나타내어 자신이 완전히 준비가 되었다고 말하는 것이 옳다. 정답 (d) fully prepared → am fully prepared

해석
A: 어디로 가는 길이니, 제임스?
B: 시내로 가는 중이야. 나 오늘 면접이 있거든.
A: 차에 타. 내가 태워다 줄게. 너 굉장히 자신감에 차 보이는구나.
B: 고마워. 나 완전히 준비가 된 것 같아. 게다가 우리 아버지가 회사에다가 나에 대해 좋게 말해줬거든.

어휘
be headed ~로 향하다
downtown 시내(로)
give someone a lift ~를 태워다주다
be prepared 준비가 되다
put in a good word for ~를 잘 봐 달라고 하다, ~를 좋게 말해 주다

Part 04

6. (a) Some people look forward to winter for the open fires, but for others winter means malt whisky. (b) Single malt whisky is the original Scottish whisky. (c) It's made by drying malted barley with peat fires, then adding boiling water to make mash. (d) This mash is then fermenting and distilling into spirits.

> **해설**
> 선택지 (d)에서 매시(mash)와 동사 ferment, 그리고 distill은 서로 수동의 관계이다. 즉, 매시가 발효가 되어지고 증류가 되어져 술이 되는 것이지, 스스로가 발효하고 증류하는 존재는 아니다. 정답 (d) fermenting and distilling → fermented and distilled

해석
(a) 몇몇 사람들은 덮개가 없는 난롯불 때문에 겨울을 고대하지만, 다른 사람들에게 있어서 겨울은 몰트위스키를 의미합니다. (b) 싱글몰트위스키는 최초의 스코틀랜드산 위스키이지요. (c) 그것은 엿기름이 된 보리를 토탄 덩어리 불과 함께 건조시키고 난 후, 엿기름 물을 만들기 위해서 끓는 물을 더함으로써 만들어지죠. (d) 이 엿기름 물은 그러고나서 술이 되도록 발효되고 증류가 되어집니다.

어휘
look forward to ~을 고대하다
open fires 덮개가 없는 난롯불
malt 몰트, 엿기름으로 만들다
mash 매시, 엿기름 물
ferment 발효시키다
distill 증류하다
spirits 술

30 DAYS TEPS 800+Final Sum-up
Theme 04
조동사

🔑 **필수문법 포인트 정리**

Point 1
개별 조동사의 의미 파악
동사의 앞에 위치하여 동사의 의미를 더해 주는 것을 '조동사'라고 한다. 다음 표를 통해서 조동사가 갖고 있는 의미를 파악해 둔다.

능력	can, could
가능성, 추측	can, could, may, might, should, ought to, will, would
과거의 습관	would, used to
의지, 소망	will, would, shall
강제, 의무, 충고	must, should, have to, ought to
허가	can, could, may, might
공손함	would, could, shall

Point 2
필수 should 용법 (1)
suggest, insist, request와 같이 제안, 요구, 명령을 뜻하는 동사의 뒤에 that절이 목적어로서 위치하는 경우, that절의 주어와 (본)동사 사이에는 조동사 should가 위치한다. 보통 should가 생략되기 때문에 결국 동사원형만 형태로 남게 된다. 단, suggest가 단순히 어떤 사실을 암시하거나, 혹은 insist가 단지 무언가를 주장하는 내용이라면 that절 이하는 단순히 문맥에 맞추어 일반시제가 사용될 수 있다.

ex) He suggested that I (should) tell him the truth. (제안, 요구)
ex) Susan insists that she is fine. (주장)

Point 3
필수 should 용법 (2)
[should + have p.p.]의 용법은 과거에 행하지 못했던 일에 대한 유감, 후회, 책망 등을 표현하기 위해서 사용된다. 해석은 '~했었어야 했다' 이다.

ex) I should have studied harder when I was young.
ex) I should have not listened to his advice.

Point 4
must have + pp / could have + pp
과거 일에 대한 강한 추측은 must have + pp로, 과거에 하지 않았거나 일어나지 않은 일에 대해서는 could have + pp 형태를 사용한다.

ex) You must have done something wrong.
ex) You could have asked me first.

Theme 04
조동사

Mini-Test Part 01

Choose the best answer for the blank.

1. A: Jack plans to quit school.
   B: I think he _____.

   (a) had better not do so
   (b) had better not to do so
   (c) hadn't better to do so
   (d) hadn't better do so

2. A: If you _____ mind, I'd like to take a rain check on your invitation.
   B: Why? Do you have another arrangement?

   (a) couldn't
   (b) wouldn't
   (c) would
   (d) shouldn't

Mini-Test Part 02

Choose the best answer for the blank.

3. The judge suggested we _____ this dispute by making an acceptable offer to the defendant.

   (a) will settle
   (b) should be settled
   (c) have settled
   (d) settle

4. He _____ something wrong to his wife in the past because she filed for divorce.

   (a) must do
   (b) must have to do
   (c) must be doing
   (d) must have done

Mini-Test Part 03

Identify the option that contains an awkward expression or an error in grammar.

5. (a) A: Could you give me stamps for these letters and this postcard, please?
   (b) B: Sure. Are they for Australia?
   (c) A: Well, one letter is for the United states. The other letters are for England, and this postcard is for Australia.
   (d) B: Wow, you would love writing to your friends.

Mini-Test Part 04

Identify the option that contains an awkward expression or an error in grammar.

6. (a) Americans were the only people to walk on the moon but their manned missions stopped in 1972. (b) Many scientists said that the government could not have stopped the manned mission in the early 70's. (c) Fortunately, two NASA probes have blasted into space on a landmark lunar exploration to scout for water and landing sites. (d) The robotic probes will seek out water ice on the surface by analyzing material thrown up when a rocket crashes into the dark side of the moon.

30 DAYS TEPS 800+Final Sum-up

Theme 04 조동사

Part 01

1. A: Jack plans to quit school.
   B: I think he _____.

   (a) had better not do so
   (b) had better not to do so
   (c) hadn't better to do so
   (d) hadn't better do so

   🔒 해설

   'had better+동사원형'은 '~하는 것이 낫다'라는 의미를 갖고 있다. 이의 반대표현, '~하지 않는 것이 낫다'란 표현은 had better와 동사원형 사이에 not이 들어가 'had better not+동사원형'의 어순이 되어야 한다. 정답은 (a)이다.

   🔒 해석

   A: 잭이 학교를 그만두려고 계획하고 있어.
   B: 내 생각엔 그러지 않는 게 좋을 거 같은데.

   🔍 어휘

   quit 그만두다

2. A: If you _____ mind, I'd like to take a rain check on your invitation.
   B: Why? Do you have another arrangement?

   (a) couldn't
   (b) wouldn't
   (c) would
   (d) shouldn't

   🔒 해설

   상대방이 개의치 않다고 한다면, 자신은 초대를 다음으로 미루고 싶다고 말하고 있다. 이렇게 상대방의 의향을 정중히 물을 때는 'Would you like a cup of coffee?'에서 볼 수 있듯이 조동사 would가 사용된다. 단 여기서는 '~하지 않으시다면'의 의미로 사용되어야 하기에 would의 부정인 (b)의 wouldn't가 정답이 되어야 한다.

   🔒 해석

   A: 괜찮으시다면, 초대를 다음으로 미루면 안 될까요?
   B: 왜요? 다른 약속이 있으신가요?

   🔍 어휘

   take a rain check 다음 기회로 미루다   arrangement 약속

Part 02

3. The judge suggested we _____ this dispute by making an acceptable offer to the defendant.

   (a) will settle
   (b) should be settled
   (c) have settled
   (d) settle

 해설

we 앞에 that이 생략되어 있는 문장이다. 요구의 의미를 담고 있는 동사 suggest가 목적어로 취하는 that절에서는 'should+동사원형' 또는 should를 생략한 동사원형이 위치해야 한다. 정답은 (d)이다.

해석

판사는 우리가 피고에게 받아들일 만한 제의를 해서 이 논쟁을 해결할 것을 제안했다.

어휘

suggest 제안하다   defendant 피고

4. He _____ something wrong to his wife in the past because she filed for divorce.

   (a) must do
   (b) must have to do
   (c) must be doing
   (d) must have done

 해설

과거에 벌어진 상황에 대한 확실한 추측을 할 때 'must have+pp' 구문을 사용한다. 본 문장에서 추측의 근거는 남자의 아내가 이혼소송을 걸었다는 과거의 사실이기 때문에 (d)가 정답이 된다.

해석

그는 그의 아내에게 과거에 무언가 잘못했음이 틀림없다. 왜냐면 그녀가 이혼소송을 걸었기 때문이다.

어휘

file for divorce 이혼소송을 걸다

Part 03

5. (a) A: Could you give me stamps for these letters and this postcard, please?
   (b) B: Sure. Are they for Australia?
   (c) A: Well, one letter is for the United states. The other letters are for England, and this postcard is for Australia.
   (d) B: Wow, you would love writing to your friends.

선택지 (d)에서 조동사 would가 들어가게 되면 '~하게 될 거야'란 의미가 되기 때문에 전체 대화의 내용과 어울리지 않는다. 조동사 would 대신 must가 들어가 강한 추측을 나타내는 것이 옳다.
정답 (d) would → must

A: 이 편지들하고 엽서에 붙일 우표 좀 주시겠어요?
B: 물론이죠. 호주로 보내시는 것들인가요?
A: 음, 편지 하나는 미국으로 보내는 거고, 다른 편지들은 잉글랜드로 보내는 거예요. 그리고 이 엽서는 호주로 보내는 거죠.
B: 와, 친구들에게 편지를 쓰는 걸 좋아하시는 게 틀림없군요.

postcard 엽서   must ~임이 틀림없다

Part 04

6. (a) Americans were the only people to walk on the moon but their manned missions stopped in 1972. (b) Many scientists said that the government could not have stopped the manned mission in the early 70's. (c) Fortunately, two NASA probes have blasted into space on a landmark lunar exploration to scout for water and landing sites. (d) The robotic probes will seek out water ice on the surface by analyzing material thrown up when a rocket crashes into the dark side of the moon.

선택지 (b)에서 언급된 시기인 70년대 초(in the early 70's)는 이미 이전 문장에서 유인 임무가 멈췄다고 언급한 시기이다. 그러므로 '멈추게 할 수 없었다(could not have stopped)'라고 하는 것은 논리적으로 맞지 않다. '~하지 말았어야 했다'는 유감을 나타내는 'should not have+pp'가 옳다. 정답 (b) could not have stopped → should not have stopped

(a) 미국인들은 달을 걸은 유일한 사람들이었지만, 그들의 사람을 태운 임무는 1972년에 중단되었다. (b) 많은 과학자들이 70년대 초 정부가 인간을 태운 임무를 멈추지 말았어야 했다고 말했었다. (c) 다행스럽게도, 두 대의 NASA 탐사용 로켓이 물과 착륙 장소를 수색하기 위한 획기적인 달 탐사의 일환으로 우주로 쏘아 올려졌다. (d) 본 로봇을 이용하는 탐사선은 로켓이 달의 어두운 쪽 면에 충돌할 때 생기는 물질들을 분석함으로써 표면 위의 물 얼음을 찾아낼 것이다.

probe 탐사용 로켓, 탐사기   manned 사람을 태운, 유인의   seek out 찾아내다
blast 쏘아 올리다

30 DAYS TEPS 800 + Final Sum-up
Theme 05

준동사

 필수문법 포인트 정리

Point 1

stop, forget, remember 등이 문장의 본동사일 경우, 뒤에 'to 부정사'가 오느냐 혹은 '동명사'가 오느냐에 따라서 뜻이 달라진다. to 부정사 일 경우는 ~하는 것 이라는 미래적 해석이 되지만, 동명사 일 경우 ~했던 것 이란 과거적 해석이 된다.

ex) I remember talking to him.
ex) I remember to go there.

Point 2

동명사만을 목적어로 받는 동사와 부정사만을 목적어로 받는 동사들은 확실히 구분해서 외워두도록 한다.

ex) 오로지 동명사 동사 : enjoy, avoid, hate, recommend, mind, consider 등
ex) 오로지 to 부정사 동사 : want, expect, decide, agree, tend, plan 등

Point 3

준동사는 문장에서 부사적 용법으로 사용될 수 있는데, 이때 목적, 결과, 이유 등을 포함하기 위해서는 to 부정사를, 문장에서 동시상황이나 이유를 나타내기 위해서는 동명사를 사용한다. 이에 대한 파악은 문장의 문맥을 통해서 유추해 내어야 한다.

ex) She's going to the mall to buy some groceries. (목적)
ex) The man lost his way coming back from the restroom. (동시상황)

Point 4

명사를 수식할 수 있는 현재분사와 과거분사의 경우 분사에 숨어있는 동사의 의미와 그것이 수식하는 명사와의 관계가 능동인지 수동인지 여부를 반드시 관단해야 한다.

ex) Who's that man sitting on the bench? (능동)
ex) This is the letter written by my father. (수동)

Point 5

분사구문을 만드는 기본 원칙은 부사절의 접속사와 주어를 없애고, 동사에 ~ing를 붙이는 것이다. 문제를 풀 때는 선택지에 나타난 동사와 해당 문장의 주어를 기준으로 수동이냐 능동이냐의 관계를 파악하는 것이 중요하다.

ex) Knowing everything, I had to keep my mouth shut.
ex) Having been invited to Jack's house, I should get going.

Theme 05
준동사

Mini-Test Part 01

Choose the best answer for the blank.

1. A: Do you know where Susan is? I just can't find her.
   B: She's not in the office now. She went to the immigration office _____ her visa.

   (a) renew
   (b) to renew
   (c) renewing
   (d) renewed

2. A: Why don't you give him a shot?
   B: I'd _____, but I can't. It's not something I can decide on my own.

   (a) like
   (b) like to
   (c) like to do it
   (d) like doing it

Mini-Test Part 02

Choose the best answer for the blank.

3. Natasha turned her car around to head back to the office, because she remembered _____ her purse on the desk.

   (a) leave
   (b) to leave
   (c) leaving
   (d) to be left

4. _____ worn out, Rove decided to stay home and take a rest.

   (a) To feel
   (b) Feel
   (c) Feeling
   (d) Felt

Mini-Test Part 03

Identify the option that contains an awkward expression or an error in grammar.

5. (a) A: How was the movie?
   (b) B: I found difficult to stay awake.
   (c) A: Really? It must have been very boring.
   (d) B: Yeah, pretty much. It wasn't worth paying for.

Mini-Test Part 04

Identify the option that contains an awkward expression or an error in grammar.

6. (a) Most of us are so busy these days that eating dinner at 6pm is a thing of the past. (b) If we work late, go to the gym on our way home or catch up with friends for a drink, we might end up to eat at 9 pm. (c) Or, if we're too tired to cook, we might just indulge in an unhealthy snack or takeout. (d) We often feel too rushed to worry about the nutritional implications, but small changes can make a big difference.

30 DAYS TEPS 800+Final Sum-up

Theme 05 준동사

Part 01

1. A: Do you know where Susan is? I just can't find her.
   B: She's not in the office now. She went to the immigration office _____ her visa.

   (a) renew
   (b) to renew
   (c) renewing
   (d) renewed

   해설
   본동사가 went이므로 문장에서 빈칸은 이민국에 간 목적을 이야기해 주는 준동사가 위치해야 한다. 목적을 나타낼 수 있는 준동사의 형태는 to 부정사이다. 정답은 (b)이다.

   해석
   A: 수잔이 어디 있는지 아시나요? 그녀를 찾을 수가 없네요.
   B: 그녀는 지금 사무실에 없어요. 그녀는 비자를 갱신하기 위해서 이민국에 갔어요.

   어휘
   immigration office 이민국   renew 갱신하다

2. A: Why don't you give him a shot?
   B: I'd _____, but I can't. It's not something I can decide on my own.

   (a) like
   (b) like to
   (c) like to do it
   (d) like doing it

   해설
   반복을 싫어하는 영어의 특성상, 같은 부정사구를 반복해 쓰는 것을 피하기 위해서 대부정사 to를 사용한다. 즉, 대부정사 to만으로도 A가 언급한 give him a shot이라는 내용을 받을 수 있다. 그러므로 정답은 (b)이다.

   해석
   A: 그에게 기회를 줘 보는 것이 어때?
   B: 그러고 싶지만 그럴 수가 없어. 나 혼자서 단독으로 결정할 수 있는 게 아니라고.

   어휘
   give someone a shot ~에게 기회를 주다

Part 02

3. Natasha turned her car around to head back to the office, because she remembered _____ her purse on the desk.

   (a) leave
   (b) to leave
   (c) leaving
   (d) to be left

   해설
   동사 remember의 목적어로 to 부정사가 또는 동명사가 오느냐에 따라서 그 의미가 다르다. 'remember +to 부정사'는 '~하는 것을 기억하다' 이고 'remember+동명사'는 '(과거에 ~했던 것을) 기억하다'란 의미다. 본 문장에서는 지갑을 놓고 온 것을 기억했고, 그래서 차를 사무실로 돌렸다고 하는 것이 문맥상 적절하다. 그러므로 정답은 (c)이다.

   해석
   나타샤는 그녀의 차를 돌려 사무실로 향했는데, 그녀가 책상 위에 지갑을 놓고 왔다는 것을 기억했기 때문이다.

   어휘
   turn something around ~을 돌리다   head ~로 향하다   purse (여성용) 지갑

4. _____ worn out, Rove decided to stay home and take a rest.

   (a) To feel
   (b) Feel
   (c) Feeling
   (d) Felt

   해설
   분사구문을 만드는 알맞은 분사를 찾아야 하는 문제 유형이다. 주절의 주어인 Rove가 피곤을 느껴서 집에 머물며 쉬기로 결정한 것이므로 (C)의 능동의 분사 Feeling이 정답이다.

   해석
   너무 피곤해서 로브는 집에 있으면서 휴식을 취하기로 결정했다.

   어휘
   worn out 지친, 피곤한   take a rest 휴식을 취하다

Part 03

5. (a) A: How was the movie?
(b) B: I found difficult to stay awake.
(c) A: Really? It must have been very boring.
(d) B: Yeah, pretty much. It wasn't worth paying for.

 해설

A: 그 영화 어땠니?
B: 자지 않고 깨어 있는 게 힘들더라고.
A: 정말? 굉장히 재미없었구나.
B: 응, 꽤 그랬지. 돈 내고 볼 만한 가치가 없었어.

 어휘

awake 깨어 있는, 자지 않고	boring 지겨운	worth ~ing ~할 가치가 있는

 해설

선택지 (b)에서 동사 found의 직접 목적어는 to 부정사 이하인데, 이 부분이 difficult의 뒤에 위치하기 위해서는 found와 difficult 사이에 가목적어인 it이 대신 들어가야 한다. 정답 (b) found difficult → found it difficult

Part 04

6. (a) Most of us are so busy these days that eating dinner at 6 pm is a thing of the past. (b) If we work late, go to the gym on our way home or catch up with friends for a drink, we might end up to eat at 9 pm. (c) Or, if we're too tired to cook, we might just indulge in an unhealthy snack or takeout. (d) We often feel too rushed to worry about the nutritional implications, but small changes can make a big difference.

해설

end up은 '끝나다'란 의미로 뒤에 현재분사(~ing)가 위치해 '~한 상태로 끝나다, 결국 ~가 되다'란 의미의 관용적 표현으로 사용이 된다. 정답 (b) end up to eat → end up eating

 해석

(a) 우리들 대부분은 요즈음 너무 바빠서 저녁을 6시에 먹는 것은 과거의 일이 되었다. (b) 우리가 늦게까지 일하거나, 집에 오는 길에 헬스장에 가거나 혹은 친구들과 술 한잔하기 위해서 만나거나 하면, 우리는 결국 9시에나 식사를 하게 된다. (c) 혹은, 우리가 요리를 하기에 너무 피곤하다면 건강에 좋지 않은 간식이나 식당에서 싸가는 음식에 빠질 수도 있다. (d) 우리들은 종종 영양상의 의미에 대해서 걱정하기에는 너무 바쁘다고 느끼곤 하지만, 작은 변화들이 큰 차이를 가져올 수 있다.

어휘

catch up with ~를 따라잡다, ~를 만나다	indulge ~에 빠지다, 탐닉하다	nutritional 영양상의
end up ~ing 결국 ~하게 되다	rush 서두르다, 급히 행동하다	implication 함축, 내포된 의미

30 DAYS TEPS 800 + Final Sum-up

Theme 06
품사와 한정사

🔑 필수문법 포인트 정리

Point 1

명사는 가산명사와 불가산명사 둘로 나누어 볼 수 있다. 가산명사의 경우 단수형에는 반드시 부정관사 a/an을 붙여야 하고, 그 수가 많을 때는 many 혹은 few로 수식해 줄 수 있다. 반면 불가산명사는 much 혹은 little이 함께 쓰인다.

ex) I have few questions.
ex) I have little money.

Point 2

부사는 명사를 제외한 동사, 형용사, 부사, 또는 문장 전체 등을 수식해 줄 수 있다. 부사가 들어가야 할 자리에 형용사 형태가 들어가 있거나 형용사가 들어갈 자리에 부사가 들어가 있는 오류를 잡아내는 문제가 종종 출제된다.

ex) These shoes go nice with your pants. (x) nice → nicely
ex) We will punish any illegally activities. (x) illegally → illegal

Point 3

some과 any는 가산/불가산 명사 모두를 수식할 수 있다. 단, some은 그 수가 많지 않다는 것을 의미하는 반면, any는 불특정한 그 '어떤 것'을 의미하며 not과 함께 쓰일 경우에는 '전혀 없다/ 아니다' 라는 의미가 된다.

ex) I have some money.
ex) He is not any good at his job.

Point 4

such, half, quite 등이 부정관사와 함께 쓰일 때는 [such/half/quite+a(n)+형용사+명사]의 어순을 갖는다.

ex) It took me quite a long time to get there.
ex) John is such a nice man.

Point 5

'~동안' 이란 의미를 가진 전치사로 for와 during이 사용되지만, for는 뒤에 구체적인 수치가 이어지는 반면, during은 일정한 기간을 갖는 명사와 함께 사용이 된다.

ex) I've worked here for 15 years.
ex) I'll visit my grandmother during the Christmas period.

Point 6

전치사 until은 어떤 일이나 상황이 특정 시점까지 계속 되어지는 행동에 해당될 때 사용되고 by는 어떤 일이 주어진 시간보다 늦지 않게 일어나는 즉, 일회적인 행동에 사용된다.

ex) I cannot work on this project until tomorrow.
ex) We have to hand in the report by tomorrow.

Theme 06
품사와 한정사

Mini-Test Part 01

Choose the best answer for the blank.

1. A: Excuse me, do you have _____ for the vending machine?
   B: No, sorry. I don't.

   (a) a change
   (b) change
   (c) changes
   (d) the change

2. A: Do you have _____ particular concern over this issue?
   B: Well, I have some, but I don't want to talk about it right now.

   (a) this
   (b) that
   (c) any
   (d) the

Mini-Test Part 02

Choose the best answer for the blank.

3. No matter how big this house is, it is _____ too small for their family.

   (a) very
   (b) more
   (c) far
   (d) little

4. This tunnel is _____ construction for the purpose of dissolving traffic congestion.

   (a) for
   (b) during
   (c) under
   (d) on

Mini-Test Part 03

Identify the option that contains an awkward expression or an error in grammar.

5. (a) A: Gordon Brown released a new book titled "Lagoon" a week ago.
   (b) B: I know. I bought the book and finished reading it a couple of days ago.
   (c) A: Did you enjoy it?
   (d) B: To be honest, it was as not amazing as people say.

Mini-Test Part 04

Identify the option that contains an awkward expression or an error in grammar.

6. (a) Cash is not the same as profit. (b) Even though you're making profitable sales, your business can still suffer if those sales aren't being converted into money in the bank. (c) Or, if your business is expanding rapid and your expenses are rising, you could suffer a cash flow squeeze just when sales are strongest. (d) That's why you need to use every available tool to keep cash flowing.

Theme 06 품사와 한정사

30 DAYS TEPS 800+ Final Sum-up

Answers

Part 01

1. A: Excuse me, do you have _____ for the vending machine?
   B: No, sorry. I don't.

   (a) a change
   (b) change
   (c) changes
   (d) the change

   해설
   change가 명사로 '잔돈, 거스름돈' 이란 의미로 사용될 경우, 불가산명사로 취급된다. 그러므로 보기 (a), (c)는 탈락. change 앞에 the가 붙게 되면, 이는 딱 정해둔 어떤 돈을 의미하는 것이므로 본 대화의 문맥과는 맞지 않는다. 그러므로 정답은 (b)이다.

   해석
   A: 실례합니다. 자판기를 사용하려고 하는데 거스름돈 있으신가요?
   B: 아뇨. 죄송합니다. 없네요.

   어휘
   vending machine 자판기

2. A: Do you have _____ particular concern over this issue?
   B: Well, I have some, but I don't want to talk about it right now.

   (a) this
   (b) that
   (c) any
   (d) the

   해설
   A의 질문에 B는 특정한 근심을 언급하지 않고, some concern이 있다고 대답하고 있다. 그러므로 빈칸에 들어갈 단어 역시 특정한 것을 물어보는 어휘가 아닌 any가 들어가는 것이 적절하다. 정답은 (c)이다.

   해석
   A: 이 문제에 대해서 특별히 걱정되는 게 있으신가요?
   B: 음, 몇 가지가 있긴 하지만 지금은 그것들에 대해서 이야기하고 싶지는 않네요.

   어휘
   particular 특정한, 특별한   concern 걱정, 근심   issue 문제(점)

63

Part 02

3. No matter how big this house is, it is _____ too small for their family.

    (a) very
    (b) more
    (c) far
    (d) little

    해설
    기본 원칙만 알고 있으면 금방 정답을 고를 수 있는 쉬운 문제 유형이다. 'too+형용사/부사'의 의미를 더 강조하여 '지나치게, 너무'라는 의미를 더해 줄 수 있는 것은 far 또는 much이다. 정답은 (c)이다.

    해석
    이 집이 얼마나 큰가는 상관없이, 그들 가족들에게는 지나치게 작습니다.

    어휘
    No matter ~에 상관없이

4. This tunnel is _____ construction for the purpose of dissolving traffic congestion.

    (a) for
    (b) during
    (c) under
    (d) on

    해설
    전치사 under의 쓰임새를 알고 있는지 묻고 있다. under는 '~의 아래에'라는 의미 이외에 '(작업 또는 고려) 중인'이란 의미로도 사용된다. 예를 들어, under consideration은 '고려중인'이고 under repair는 '수리중인'이란 뜻이다. 같은 맥락에서 '공사중인'은 'under construction'이다. 정답은 (c)이다.

    해석
    이 터널은 교통 혼잡을 해결하기 위해서 공사중이다.

    어휘
    construction 공사   dissolve 해소하다   congestion 혼잡
    purpose 목적

품사와 한정사

Part 03

5. (a) A: Gordon Brown released a new book titled "Lagoon" a week ago.
   (b) B: I know. I bought the book and finished reading it a couple of days ago.
   (c) A: Did you enjoy it?
   (d) B: To be honest, it was as not amazing as people say.

> **해설**
> 원급비교의 어순은 'as+형용사/부사의 원급+as'가 되어야 한다. 선택지 (d)의 경우 as와 원급 사이에 not이 들어가 있으므로 적절치 못하다. 정답 (d) as not amazing as → not as amazing as

 해석

A: 고든 브라운이 "Lagoon"이란 제목의 새 책을 발매했대.
B: 나도 알아. 나 그 책 사서 이틀 전에 다 읽었어.
A: 재미있었니?
B: 솔직히 말해서, 그의 새 소설은 사람들이 말하는 만큼 훌륭하지는 않았어.

어휘

release 발매하다 title 제목을 붙이다 to be honest 솔직히 말해서

Part 04

6. (a) Cash is not the same as profit. (b) Even though you're making profitable sales, your business can still suffer if those sales aren't being converted into money in the bank. (c) Or, if your business is expanding rapid and your expenses are rising, you could suffer a cash flow squeeze just when sales are strongest. (d) That's why you need to use every available tool to keep cash flowing.

> **해설**
> 동사를 꾸며줄 수 있는 것은 부사이지 형용사가 아니다. 선택지 (c)에서 동사 expand를 형용사 rapid가 뒤에서 의미를 더해주고 있다. 형용사를 부사 형태로 수정해야 한다. 정답 (c) rapid → rapidly

 해석

(a) 현금이 소득과 동일한 것은 아니다. (b) 비록 당신이 수익성 있는 판매를 올리고 있다 하더라도, 이러한 판매가 은행에서 현금으로 전환되지 않는다면 여전히 당신의 사업은 어려움을 겪을 수 있다. (c) 혹은, 당신이 사업이 빠르게 확장되어 가거나 비용이 증가한다면, 당신은 판매가 가장 잘 될 때에도 현금 흐름에 압박을 겪을 수도 있다. (d) 그것이 왜 당신이 현금의 흐름을 유지하기 위해 사용가능한 모든 수단을 다 사용해 할 필요가 있는가에 대한 이유이다.

어휘

profit 수익, 소득 expand 확장하다 cash flow squeeze 현금 흐름 압박
convert 전환하다 rapidly 빠르게 tool 도구, 수단

30 DAYS TEPS 800+Final Sum-up

Theme 07
관계사와 접속사

🔑 필수문법 포인트 정리

Point 1

관계대명사와 선행사의 관계를 다음 표를 보면서 정리하도록 하자.

선행사	관계대명사의 격		
	주격	목적격	소유격
사람	who	whom	whose
사물/동물	which	which	whose (of which)
모두 포함	that	that	
선행사 없음	what	what	

* 목적격 관계대명사의 경우 문장 내에서 생략이 가능하다 (what 제외)

Point 2

관계부사와 선행사의 관계를 다음 표를 보면서 정리하도록 하자.

	선행사	관계부사
시간	the day, the time 등	when
이유	the reason(생략가능)	why
장소	the city, the place 등	where
방법	the way 혹은 how 중 한가지만 사용해야 함	how

* 관계부사는 '전치사+관계대명사'로 바꿀 수 있다.

Point 3

상관등위접속사는 both A and B만이 뒤에 동사가 올 경우에 복수를 취하고, either A or B / Neither A nor B / Not only A but also B 등은 B에 수 일치를 시킨다.

ex) Both Jane and Mike live in Seoul.
ex) Neither my sisters nor my brother was at the party.

Point 4

등위접속사 and, but, or 등으로 연결되는 구문들은 같은 형태의 구조이어야 한다.

ex) I like playing basketball and listening to the music.
ex) He told her the truth, and she got really mad.

Theme 07
관계사와 접속사

Mini-Test Part 01

Choose the best answer for the blank.

1. A: We have red pants here. Do you want to try these on?
   B: Yes, that's exactly _____ I was looking for.

   (a) whom
   (b) that
   (c) which
   (d) what

2. A: Most of the people haven't showed up yet. Should we cancel the meeting?
   B: _____ the turnout is low, we should hold it anyway.

   (a) If
   (b) While
   (c) Although
   (d) Because

Mini-Test Part 02

Choose the best answer for the blank.

3. The company _____ manufactured these products has gone bankrupt.

   (a) that
   (b) of which
   (c) what
   (d) who

4. Hurry up, _____ you won't make it to the meeting on time.

   (a) and
   (b) so
   (c) or
   (d) then

Mini-Test Part 03

Identify the option that contains an awkward expression or an error in grammar.

5. (a) A: I have just bought this magazine. Let's have a look at the entertainment page and see what is on.
   (b) B: Okay. Wow, there are many interesting shows to go to. Particularly, the play of which is on at the Civic Theater sounds amusing. What do you think?
   (c) A: It seems okay. But why don't we call our friends and see if they want to join us?
   (d) B: Good idea! Let's call them up and leave the decision to them.

Mini-Test Part 04

Identify the option that contains an awkward expression or an error in grammar.

6. (a) Doctors know that if a man loses weight and reduces the circumference of his neck, he tends to snore less and have less obstructive sleep apnea. (b) Researchers now believe that mouth and tongue exercises can also help. (c) The exercises involve tongue twisting and include activities such as blowing up balloons. (d) People with moderate apnea which did 30 minutes of these exercises daily for three months were found to have a significant decrease in neck circumference and an almost 40% reduction in apnea.

Theme 07
관계사와 접속사

Part 01

1. A: We have red pants here. Do you want to try these on?
   B: Yes, that's exactly _____ I was looking for.

   (a) whom
   (b) that
   (c) which
   (d) what

   해설
   '내가 찾던 것이다'는 뜻의 영어 표현(~exactly what I'm looking for)을 통으로 암기해두자. 빈칸은 빈칸 앞 be동사의 보어가 되면서 동시에 문장 맨 뒤의 전치사 for의 목적어 역할을 해야 하는데, 이 같이 선행사를 포함하는 관계대명사는 what뿐이다. 정답은 (b)이다.

   해석
   A: 이곳에 붉은 바지가 있습니다. 입어보시겠어요?
   B: 네, 딱 제가 찾고 있었던 거네요.

   어휘
   try on (옷 가게 등에서) 입어보다, 착용해보다
   That's exactly what I'm looking for. 내가 정확히 찾던 것이다.

2. A: Most of the people haven't showed up yet. Should we cancel the meeting?
   B: _____ the turnout is low, we should hold it anyway.

   (a) If
   (b) While
   (c) Although
   (d) Because

   해설
   대부분의 사람들이 아직 나타나지 않은 회의를 취소하는지 여부를 묻는 질문에 참석자 수가 적더라도 어쨌든 회의를 열자는 대답을 하고 있다. 종속절의 내용과 주절의 내용은 '비록 ~하더라도 ~을 하자'라는 의미로 연결되어야 하므로 정답은 (c)이다. 선택지에는 없지만 'Even if' 역시 정답으로 가능하다.

   해석
   A: 대부분의 사람들이 아직 오지 않았어요. 회의를 취소해야 할까요?
   B: 참석자 수가 비록 적더라도, 어쨌든 저희는 회의를 열어야 합니다.

   어휘
   show up 나타나다, 모습을 드러내다
   turnout 참석자 (수)
   hold (회의, 행사 등을) 열다
   cancel 취소한

Part 02

3. The company _____ manufactured these products has gone bankrupt.

    (a) that
    (b) of which
    (c) what
    (d) who

🔒 해설

일단 보기들만 살펴봐도 관계대명사 문제임을 알 수 있다. 선행사가 company(회사)이므로 일단 who는 제외되고, 선행사를 필요로 하지 않는 관계대명사인 what도 제외시킨다. 빈칸 뒤에 위치하고 있는 것이 동사이므로 빈칸은 주격관계대명사 which 혹은 that이 정답으로 와야 한다. 정답은 (a)이다.

🔒 해석

이 상품들을 제조했던 회사가 파산했다.

 어휘

manufacture 제조하다   product 상품   go bankrupt 파산하다

4. Hurry up, _____ you won't make it to the meeting on time.

    (a) and
    (b) so
    (c) or
    (d) then

🔒 해설

'명령문+or'는 '~해라, 그렇지 않으면'이란 뜻을 가진다. 즉, 서두르지 않으면 제 시간에 도착하지 못할 거라고 하는 것이 문맥상 적절하다. 정답은 (c)이다. 나머지 접속사들은 그 의미를 고려했을 때 뜻이 연결이 되지 않는다.

🔒 해석

서둘러, 그렇지 않으면 제 시간에 회의에 도착하지 못할 거야.

 어휘

make it to ~에 도착하다   on time 정각에, 제 시간에

Part 03

5. (a) A: I have just bought this magazine. Let's have a look at the entertainment page and see what is on.
   (b) B: Okay. Wow, there are many interesting shows to go to. Particularly, the play of which is on at the Civic Theater sounds amusing. What do you think?
   (c) A: It seems okay. But why don't we call our friends and see if they want to join us?
   (d) B: Good idea! Let's call them up and leave the decision to them.

해설

선택지 (b)에서 the play를 선행사로 두고 관계대명사 이후에 나오는 내용은 관계대명사가 주격이어야지만 의미가 통한다. 또한, 소유격 관계대명사인 of which나 whose 뒤에는 동사가 위치할 수 없다. 정답 (b) of which → which

해석

A: 나 이 잡지를 방금 샀어. 연예 · 오락 페이지를 보고 뭐가 상영중인가 보자.
B: 그래. 와우, 가볼만한 흥미있는 쇼들이 많네. 특히, Civic 극장에서 하는 연극이 재미있을 것 같아. 네 생각은 어때?
A: 괜찮은 것 같네. 근데 우리 친구들에게 전화해서 우리랑 같이 가고 싶은지 물어보는 게 어때?
B: 좋은 생각이야! 전화해서 걔들에게 결정을 맡기자.

어휘

join 합류하다, 함께하다
entertainment page 연예 · 오락 란
play 연극
leave the decision to ~에게 결정을 미루다

Part 04

6. (a) Doctors know that if a man loses weight and reduces the circumference of his neck, he tends to snore less and have less obstructive sleep apnea. (b) Researchers now believe that mouth and tongue exercises can also help. (c) The exercises involve tongue twisting and include activities such as blowing up balloons. (d) People with moderate apnea which did 30 minutes of these exercises daily for three months were found to have a significant decrease in neck circumference and an almost 40 % reduction in apnea.

해설

선택지 (d)에서 which 이하의 내용은 선행사가 apnea가 아니라 이 증상을 갖고 있는 사람들(people)이다. 이는 which 이하의 내용을 해석하면 쉽게 파악할 수 있다. 선행사가 사람인 주격관계대명사는 who 또는 that만이 올 수 있다. 정답 (d) which → who or that

해석

(a) 의사들은 만약 사람이 몸무게를 줄이거나, 목의 두께가 줄어들게 된다면, 그는 코를 더 적게 골고 폐쇄성 수면성 무호흡이 더 적어지는 경향이 있다는 것을 알고 있다. (b) 연구조사원들은 이제 입과 혀의 운동 또한 이에 도움을 줄 수 있다고 믿고 있다. (c) 본 운동들은 혀 돌리기를 포함하고, 풍선을 부는 것과 같은 활동들을 담고 있다. (d) 이 운동들을 3개월에 걸쳐서 매일 30분씩 한 심하지 않은 무호흡증을 가진 사람들은 목둘레가 상당히 감소하고 거의 40%에 가까운 무호흡증의 감소를 보였다고 밝혀졌다.

어휘

lose weight 체중이 감소하다
circumference 원주, 둘레
obstructive sleep apnea 폐쇄성 수면성 무호흡
blow up ~을 불다

30 DAYS TEPS 800+Final Sum-up
Theme 08
문장의 어순과 가정법

🔑 필수문법 포인트 정리

Point 1

다음 어순들은 TEPS 시험에서 출제 가능성이 높으니 반드시 기억해 두도록 하자.

(1) such 어순: [such+(a)+형용사+명사]
ex) It's such a great idea. 그거 정말 훌륭한 생각이구나.

(2) 명사구의 어순: [(관사)+부사+형용사+명사]
ex) I work out almost every day. 나는 거의 매일 운동을 해요.

(3) 형용사 enough의 어순: [enough+명사]
ex) I have enough money. 전 충분한 돈이 있어요.

(4) 부사 enough의 어순: [형용사/부사+enough]
ex) I'm old enough to see the movie. 난 그 영화를 볼 나이가 충분히 돼요.

(5) 동사구와 대명사 목적어의 어순: [동사+대명사+부사]
ex) He will pick me up at 7. 그는 7시에 날 데리러 올 거야.

Point 2

다음 도치문장들은 TEPS 시험에서 출제 가능성이 높으니 반드시 기억해 두도록 하자.

(1) '마찬가지로 ~이다': [So+동사+주어 / Neither+동사+주어]
ex) A: I'm so happy B: So am I.
    A: I don't like him. B: Neither do I.

(2) 부정어의 도치: never, no sooner, nor 등
ex) Never have I experienced such heat.

(3) 준 부정어의 도치: hardly, rarely, little 등
ex) Hardly have I seen anything like this.

Point 3

가정법이란 현재 또는 과거의 사실과 반대되는 상황을 가정하여 말하는 표현 방식이다.

(1) 가정법 과거(현재의 사실과 반대): If+주어+과거동사, 주어+would(should/could)+동사원형
ex) If I were you, I would fire him right away.
ex) If I knew the truth, I would tell you the truth.

(2) 가정법 과거완료(과거의 사실과 반대): If+ 주어+had p.p, 주어+would(should/could)+ have p.p
ex) If you had asked me, I would have let you go.
ex) If I had had enough time, I could have finished this report yesterday.

(3) I wish의 가정법
ex) I wish I were you.(현재의 반대 상황을 가정)
ex) I wish I had studied harder.(과거의 반대 상황을 가정)

Theme 08
문장의 어순과 가정법

Mini-Test Part 01

Choose the best answer for the blank.

1. A: It took us almost six hours to get here.
   B: Unbelievable. If _____ a navigation system in our car, we would have arrived much earlier.

   (a) we had
   (b) we have
   (c) we had had
   (d) we have had

2. A: You know what? You're a pain in the neck.
   B: So _____!

   (a) are you
   (b) you are
   (c) am I
   (d) be you

Mini-Test Part 02

Choose the best answer for the blank.

3. Fiji is _____ for a group of people to go on vacation.

   (a) a such nice place
   (b) too such a place
   (c) too a such place
   (d) such a nice place

4. _____ so many complaints that were directed toward the president and his party.

(a) I've heard never
(b) Have heard never I
(c) Never I've heard
(d) Never have I heard

Mini-Test Part 03

Identify the option that contains an awkward expression or an error in grammar.

5. (a) A: I wish we have more day offs.
   (b) B: Tell me about it. I even work on Saturdays and Sundays.
   (c) A: Me, too. I can't even remember the last time I took a day off from work.
   (d) B: This is crazy, isn't it? Most Korean companies are taking advantage of their employees.

Mini-Test Part 04

Identify the option that contains an awkward expression or an error in grammar.

6. (a) A swedish political party that represents internet pirates have been voted into the European Parliament. (b) The Pirate Party wants to deregulate copyright, abolish patents and reduce surveillance on the internet. (c) It captured 7.1% of the vote, which is enough a seat to win. (d) The party gained support when the owners of a Swedish File-sharing site were sentenced to a year in jail.

Theme 08 문장의 어순과 가정법

Part 01

1. A: It took us almost six hours to get here.
   B: Unbelievable. If _____ a navigation system in our car, we would have arrived much earlier.

   (a) we had
   (b) we have
   (c) we had had
   (d) we have had

   해설
   이미 오랜 시간이 걸려서 도착을 한 상황에 대해서 네비게이션 시스템이 있었더라면 더 일찍 왔을 거라며 과거의 반대상황을 가정하여 말하고 있으므로 가정법 과거완료 용법이다. 주절에서 'would have+pp' 형태로 문장이 전개되고 있기 때문에 종속절은 'had+pp'임을 순간적으로 떠올릴 수 있어야 한다. 정답은 (c)이다.

   해석
   A: 여기까지 오는데 거의 6시간이나 걸렸네.
   B: 믿을 수가 없군. 만약 우리가 차에 네비게이션 시스템을 갖추고 있었더라면, 우린 훨씬 더 일찍 도착했을 거야.

   어휘
   unbelievable 믿을 수 없는

2. A: You know what? You're a pain in the neck.
   B: So _____!

   (a) are you
   (b) you are
   (c) am I
   (d) be you

   해설
   So를 이용한 긍정의 대답은 주어와 동사가 서로 도치된다. 자신을 골칫덩어리라고 부르는 사람에게 So am I(나도 그래)라고 대답하는 건 어울리지 않는다. 그러므로 자신을 골칫덩어리라고 말하는 상대방에게 '너도 마찬가지다'라고 반박하는 형태인 So are you! 즉, (a)가 정답이다.

   해석
   A: 그거 알아? 넌 정말 골칫덩어리야.
   B: 너도 그렇거든!

   어휘
   a pain in the neck 골칫덩어리

Part 02

3. Fiji is _____ for a group of people to go on vacation.

   (a) a such nice place
   (b) too such a place
   (c) too a such place
   (d) such a nice place

   해설
   such는 '(형용사)+명사'를 강조해 준다. 명사가 가산명사 단수일 경우에 'such+a/an+형용사+명사'의 어순을 따라야 한다. 정답은 (d)이다.

   해석
   피지는 사람들이 무리를 지어 휴가를 떠나기에 굉장히 좋은 곳입니다.

   어휘
   a group of ~의 떼(무리)   go on vacation 휴가를 떠나다

4. _____ so many complaints that were directed toward the president and his party.

   (a) I've heard never
   (b) Have heard never I
   (c) Never I've heard
   (d) Never have I heard

   해설
   조동사 never는 일반 동사 앞에 위치하는 것이 원칙이다. 그러므로 (a), (b)는 탈락. Never가 문두로 나와 도치될 경우, 어순은 '동사+주어'가 되어야 한다. 정답은 (d)이다.

   해석
   대통령과 그의 정당으로 향하는 그렇게 많은 불평들을 들어보기는 처음이다.

   어휘
   complaint 불평, 불만

문장의 어순과 가정법

Part 03

5. (a) A: I wish we have more day offs.
   (b) B: Tell me about it. I even work on Saturdays and Sundays.
   (c) A: Me, too. I can't even remember the last time I took a day off from work.
   (d) B: This is crazy, isn't it? Most Korean companies are taking advantage of their employees.

 해설

선택지 (a) wish 가정법 문장이다. wish 가정법 문장은 동사가 과거동사 또는 had+p.p를 취해야 한다. 여기서는 현재의 상황을 가정하는 것이기 때문에 과거동사가 위치해야 한다. 정답 (a) have → had

 해석

A : 우리가 더 많은 휴일을 가졌으면 좋겠어.
B : 동감이야. 나는 토요일과 일요일조차도 일을 해.
A : 나도 그래. 내가 마지막으로 직장에서 쉬었던 날조차도 기억이 나질 않아.
B : 이건 미친 짓이야, 안 그래? 대부분의 한국 회사들은 고용인들을 착취하고 있는 거야.

 어휘

day-off 비번, 휴일   Tell me about it. 동감이야.   take advantage of ~을 이용하다

Part 04

6. (a) A swedish political party that represents internet pirates have been voted into the European Parliament. (b) The Pirate Party wants to deregulate copyright, abolish patents and reduce surveillance on the internet. (c) It captured 7.1% of the vote, which is enough a seat to win. (d) The party gained support when the owners of a Swedish File-sharing site were sentenced to a year in jail.

 해설

형용사 enough 뒤에는 관사 a가 위치할 수 없다. 투표의 7.1%를 획득한 것이 한 좌석을 차지할 정도론 충분했다고 하는 것이 문맥상 맞다. 그러므로 '~하기엔 충분한'이란 뜻의 'enough+to 부정사'의 어순을 취하는 것이 옳다.
정답 (c) is enough a seat to win → is enough to win a seat

해석

(a) 인터넷 저작권 침해를 대표하는 스웨덴의 한 정당이 유럽 국회에 투표로 선출되었다. (b) 이 Pirate(저작권 침해) 정당은 저작권에 대한 규제를 철폐하고, 특허권을 폐지하고, 인터넷에 대한 감시를 줄이는 것을 원한다. (c) 이 정당은 한 자리를 차지하기 충분한 투표의 7.1%를 획득했다. (d) 본 정당은 스웨덴의 파일공유 사이트의 소유자들이 징역 1년형을 받았을 때 지지를 획득했다.

 어휘

represent 대표하다   abolish 폐지하다   surveillance 감시
pirate 해적(판)   patent 특허   be sentenced to ~의 형을 언도받다
deregulate 규칙을 철폐하다

Section 03

30 DAYS TEPS 800 + Final Sum-up

Actual Test

앞에서 우리는 TEPS 문법에서 출제 가능한 모든 유형과 주제들의 문제를 풀어보면서 TEPS 고득점을 위한 사전 준비 작업을 완료했다. 이제 총 3회분의 Actual Test를 풀어봄으로써 실전 TEPS 시험을 대비한 최종 점검을 해보도록 하자.

☞ 실제 시험, 이것만은 꼭 기억하자!!!

1. 총 50개의 문법 문항을 풀기위해 주어지는 시간은 단 25분!! 전체 내용을 살펴보면서 정답을 찾아내야 하는 Part 3와 Part 4에 더 많은 시간이 소요되므로 Part 1과 Part 2의 경우 1문항당 20초 이내의 짧은 시간에 정답을 찾아내야 한다. 절대로 한 문제에 너무 많은 시간을 투자하지 말고, 모르면 과감히 다음 문제로 넘어가는 대범함이 필요하다.

2. 반드시 선택지에 주어진 보기들을 빠르게 본 후, 문제가 묻고 있는 문법 사항이 무엇인지 확인하고 문제 풀이를 접근할 수 있도록 한다.

3. 하나의 문장으로 주어지는 Part 2의 경우 우선 문장의 주어-동사 관계를 이루는 것이 무엇인지 명확히 파악하도록 한다.

4. Part 1/2의 경우 준동사, 시제, 태, 조동사 등의 순으로 출제가 많이 되므로, 이들에 대한 문법적 내용을 확실히 학습해 두도록 한다.

5. Part 3/4의 경우 문장의 주어-동사 관계를 바탕으로 한 수일치, 형용사-부사의 적절한 삽입, 시제의 일관성, 명사-대명사-관사의 적절한 쓰임 등은 반드시 출제가 되는 문법사항이므로 문장을 읽을 때 이들의 적절성 여부는 반드시 확인하도록 한다.

Grammar
Actual Test • 1

Directions

This part of the exam tests your grammar skills.
You will have 25 minutes to complete the 50 questions.
Be sure to follow the directions given by the proctor.

Actual Test · 1

> **Part 1** *Questions 1~20*
>
> *Choose the best answer for the blank.*

1. A: How's your French class?
   B: Well, it seems _____.

    (a) too a little difficult for me
    (b) for me too a little difficult
    (c) a little for me to difficult
    (d) a little too difficult for me

2. A: What's the matter, Jack? You look very tired.
   B: I've been having trouble _____ at night.

    (a) to sleep
    (b) for sleeping
    (c) slept
    (d) sleeping

3. A: Who is helping the professors do their work?
   B: _____ are financially supporting them to finish the research.

    (a) Of the politicians
    (b) The politicians who
    (c) It is the politicians who
    (d) As the politicians

4. A: _____ you plan to do, make the most out of them.
   B: I'll keep that in mind.

    (a) What
    (b) Whichever
    (c) Whatever
    (d) Which

5. A: I _____ playing computer games for two hours when my mom told me to go to bed.
   B: Didn't she scold you about it?

    (a) am
    (b) will be
    (c) had been
    (d) would be

6. A: I think you should do something to make things right.
   B: If so, what _____?

   (a) would you I do suggest
   (b) do you suggest I would
   (c) I do would you suggest
   (d) would you suggest I do

7. A: I wonder what your hobby is.
   B: Well, it's _____ the net.

   (a) surfs
   (b) surfing
   (c) surfed
   (d) for surfing

8. A: I have decided to promote him to supervisory level.
   B: You're making a mistake. He's not _____ good at his work.

   (a) any
   (b) some
   (c) many
   (d) far

9. A: All the furniture in the rooms _____ made specifically for the king.
   B: So I've heard.

   (a) are
   (b) is
   (c) have
   (d) has

10. A: Do I have to fill in this form?
    B: No, you don't _____.

    (a) have to do
    (b) have to do it
    (c) have do it
    (d) have to

11. A: John wants me to get involved in another project, but I don't know what to do.
    B: If I were you, _____ out of it.

    (a) I stay
    (b) I'll stay
    (c) I'd stay
    (d) I'd have stayed

12. A: Just tell me how you would like _____.
    B: Make it square, please.

    (a) your nail to do
    (b) done your nail
    (c) your nail done
    (d) your nail doing

13. A: Mike thinks he is the cream of the crop.
    B: His brother, James, _____.

    (a) do, either
    (b) do, as well
    (c) does, either
    (d) does, as well

14. A: How long have you lived in this apartment?
    B: As of next year, I _____ here for 5 years.

    (a) live
    (b) will live
    (c) will have lived
    (d) have lived

15. A: We've got only forty dollars left. Do you think the money is enough for her birthday?
    B: I don't think _____ enough to buy her a gift.

    (a) they are
    (b) they were
    (c) that is
    (d) that was

16. A: Let me make _____. Okay?
    B: Okay. But may I ask who you're calling?

    (a) the quick phone call
    (b) quick the phone call
    (c) a phone quick call
    (d) a quick phone call

17. A: What's the documentary film about?
    B: It's about a guy _____ up the corporate ladder in Wall Street.

    (a) climbed
    (b) climb
    (c) climbing
    (d) having climbed

18. A: I would like to rent a house _____ downhill where garage is a level below the house.
    B: No problem. I'll go through the list of houses you requested.

    (a) face
    (b) having faced
    (c) facing
    (d) faces

19. A: I didn't expect to see you here, Mr. Kim.
    B: Oh, _____.

    (a) I didn't, neither
    (b) I neither didn't
    (c) Neither did I
    (d) Neither didn't I

20. A: I think your girlfriend is a bit taller than you.
    B: What are you talking about? We're _____.

    (a) same height.
    (b) a same height
    (c) the same heights
    (d) the same height

Actual Test · 1

Part 2 *Questions 21~40*

Choose the best answer for the blank.

21. Users can destroy their opponent's clothing, _____ may end up being rather embarrassing for the female characters.

    (a) when
    (b) what
    (c) which
    (d) that

22. The team's series of victories _____ to an end about a week ago in the match against England.

    (a) come
    (b) came
    (c) have come
    (d) had come

23. The chairman of the conference thanked all the delegates _____ actively contributing to the deliberations of the conference.

    (a) under
    (b) for
    (c) to
    (d) with

24. Most of the rules of play for rugby are similar to _____ of American football.

    (a) ones
    (b) these
    (c) that
    (d) those

25. With a bit of difficulty, we managed to find out that the rabbit was hiding in the garden, in which there _____ plenty of trees and flowers.

    (a) was
    (b) were
    (c) be
    (d) is

26. _____ drains and bad odors are facts of life, but you can tackle them without harming the environment.

   (a) Blocking
   (b) Blocked
   (c) Having blocked
   (d) Block

27. The newly inaugurated CEO of Telstra made a speech emphasizing that companies should not only look for profit but also _____.

   (a) making donations to the society
   (b) for making donations to the society
   (c) to make donations to the society
   (d) make donations to the society

28. The child prodigy successfully solved the last math question, _____ his counterpart didn't even finish the second one.

   (a) while
   (b) since
   (c) for
   (d) as

29. The public is going to impeach some politicians _____ ignoring the public opinion these days.

   (a) who
   (b) whose
   (c) which
   (d) who are

30. Little _____ that I would work on Wall Street.

   (a) do I know
   (b) I knew
   (c) I know
   (d) did I know

31. _____ we must give up the carnal part of our mind and submit ourselves to the divine reason.

   (a) The time has come when
   (b) The time when has come
   (c) Has the time come when
   (d) When has the time come

32. The man _____ wife died when a commercial jet slammed into his house in Las Vegas says he doesn't hold a grudge against the pilot involved in the tragedy.

   (a) of that
   (b) whose
   (c) who was
   (d) whom

33. Mr. Johnson loves drinking juice with Turkish food, and his wife drinks _____ he does.

   (a) as much as juice almost
   (b) as much juice almost as
   (c) almost as much juice as
   (d) almost as much as juice

34. _____ the effect of these changes on the environment will be positive or negative.

   (a) It is to say difficult whether
   (b) It is difficult whether to say
   (c) It is difficult to say whether
   (d) It is whether to say difficult

35. The most unique factor of this movie was the fact _____ there was no violent conflict between the characters.

   (a) in that
   (b) which
   (c) of which
   (d) that

36. My legs and shoulders feel so heavy and stiff now, and _____ _____.

   (a) the rest of my body so does
   (b) so does the rest of my body
   (c) so the rest of my body does
   (d) so did the rest of my body

37. _____ Spain, she played for the US national soccer team due to her American ancestry.

   (a) Being born
   (b) Although born
   (c) Although she was born
   (d) Although born in

38. The truth is that he did not attack anyone, _____.

   (a) he threatened to attack neither
   (b) and nor did he threaten to attack
   (c) neither did he threaten to attack
   (d) nor did he threaten to attack

39. The more you spend on miscellaneous items, _____ save.

   (a) the less money will you
   (b) the less money you will
   (c) the money less you will
   (d) the less you will money

40. _____ in Japan, Jong-Su suffered racism from local people.

   (a) Bringing up
   (b) Having brought up
   (c) Having been brought up
   (d) To be brought up

Part 3 *Questions 41~45*

Identify the option that contains an awkward expression or an error in grammar.

41. (a) A: This style is the nicest I've seen so far. Couldn't you order more pairs in my size?
    (b) B: No problem. I'll get it sent over from the warehouse.
    (c) A: When do you think they will arrive in the store?
    (d) B: I think the staff at the warehouse can let me have them by tomorrow afternoon.

42. (a) A: Excuse me, I have to buy ties and a few presents for my foreign friends. Which department should I go to?
    (b) B: If you go down to the first floor, you will find everything you're looking for.
    (c) A: Thanks. By the way, do you know where is the elevator?
    (d) B: Well, it's right behind you.

43. (a) A: Excuse me, this little blue suitcase looks like mine. Where did you get it?
    (b) B: What are you talking about? This suitcase is mine.
    (c) A: I don't think so. Here is my passport. Please compare my name for the one on the suitcase.
    (d) B: Oh, you're right. I'm sorry. I genuinely made a mistake.

44. (a) A: Shall we go out together this afternoon?
    (b) B: I am sorry, but I have a lot to do. Tomorrow I have an appointment with some important clients, and I also have to prepare for the conference.
    (c) A: What a pity! I just wanted to show around you. Maybe we can get together later on have dinner together. What do you think?
    (d) B: I like that. Give me a call later.

45. (a) A: Do you have the list of clients?
    (b) B: Yes, I have everything. The list and their fax numbers.
    (c) A: Could you please also contact my secretary? It is already quarter to nine and she hasn't arrived yet.
    (d) B: Perhaps she is waiting for the bus still.

Part 4 *Questions 46~50*

Identify the option that contains an awkward expression or an error in grammar.

46. (a) Musical ability is linked to genes that aid social bonding. (b) The finding supports the theory that music may have developed as a way to cement human relationship. (c) Researchers recruited people from families with at least one professional musician and testing their aptitudes for distinguishing rhythm, pitch and musical pattern. (d) These abilities ran in families, consistent with their having a genetic origin.

47. (a) Two American journalists have each been sentenced to 12 years' hard labor for illegal entering North Korea. (b) The two were arrested in March on the border with China, while filming a documentary on refugees. (c) The verdict comes at a time of worsening relations between North Korea and the United States following a recent nuclear test and test-firing of missiles. (d) A Former US vice-president was tipped as a possible mediator for the journalists, whose fate is now enmeshed in wider diplomatic machinations.

48. (a) There has been much discussion and debate in the media about the increasing problem of obesity amongst the population. (b) This is a trend affecting not only adults but also children with an estimated 20-25% of American children now considered obese. (c) American children are growing fatter so rapidly that at the current rate it is predicted that 65% will be overweight or obese by 2020. (d) Given that obese children are very likely to become obese adults this is a disturbed figure.

49. (a) I have, over the years, tried to master the art of cooking the perfect steak and for anyone else who has tried you would know that it is as not easy as it looks. (b) But now, after eating a steak at the Rock Tavern I am quite happy to leave this pursuit to the professionals. (c) Their first rule of thumb is to only turn their steaks once. (d) They also source them from the very best suppliers that ensure they are fresh, tender, and full of flavor.

50. (a) As a singer and musician, my background has been highly involved in music, but I understand that many parents may feel awkward about introducing music with their child. (b) However, singing and even speaking in sing-song voice to your child is natural for most parents. (c) Something inside us tells that music elicits joy and happiness and can often be a great calming tool. (d) Now, I would like to elaborate on how easy it is to bring music into children's lives.

Grammar
Actual Test • 2

Directions

This part of the exam tests your grammar skills.
You will have 25 minutes to complete the 50 questions.
Be sure to follow the directions given by the proctor.

Part 1 *Questions 1~20*

Choose the best answer for the blank.

1. A: What happened to your arm?
   B: I had my arm _____ because of the car accident.

   (a) break
   (b) broke
   (c) broken
   (d) breaking

2. A: Why didn't you tell him the truth?
   B: I wanted _____, but I knew that would just make him more angry.

   (a) to do it
   (b) to do
   (c) doing so
   (d) to

3. A: Do you think it _____ tomorrow?
   B: I don't know. Why don't you check the weather on the internet?

   (a) snows
   (b) will snow
   (c) is snowing
   (d) will have snowed

4. A: I read on the newspaper that there will be _____ plan to cut forces in Iraq by half.
   B: Yeah, I've heard that one the news, too.

   (a) few
   (b) no
   (c) all
   (d) any

5. A: I have no idea how he made that dog _____ barking.
   B: Me, neither. He must be a dog trainer or something.

   (a) stop
   (b) to stop
   (c) stopped
   (d) be stopped

6. A: The doctor confided that he made a mistake, _____ harmed one of his patients.
   B: I know. I'm sure he will lose his doctor's license.

   (a) which
   (b) that
   (c) what
   (d) whom

7. A: Jason, where are you now?
   B: I'm _____ my way. I'll be there soon.

   (a) in
   (b) at
   (c) on
   (d) under

8. A: John really enjoys writing and publishing his own books.
   B: Really? When _____ he publish his first book?

   (a) does
   (b) has
   (c) will
   (d) did

9. A: Who's that man over there?
   B: Oh, he's a new employee. I don't know his name, _____.

   (a) but
   (b) even
   (c) though
   (d) either

10. A: They say you're still single because you're looking for the perfect guy.
    B: That's not true. I'm just looking for someone who's right for me, _____ he may be.

    (a) however
    (b) whenever
    (c) whichever
    (d) whoever

11. A: I'd like _____.
    B: No worries. By when do I have to finish it?

    (a) my manuscript to proofread you
    (b) proofread my manuscript to you
    (c) you to proofread my manuscript
    (d) to proofread my manuscript you

12. A: I'm throwing a party on Friday night. You should come.
    B: I'd love to, but _____ me check my schedule first.

    (a) letting
    (b) to let
    (c) let
    (d) lets

13. A: You have worked on this project since 2008. Am I right?
    B: Right. But having worked on the project for so long, I _____ to finish it.

    (a) am determining
    (b) was determined
    (c) am determined
    (d) am being determining

14. A: I really don't know how to put this.
    B: Stop _____ around the bush. Just get to the point.

    (a) beating
    (b) to beat
    (c) beat
    (d) being beaten

15. A: Happy birthday. Take this gift. I bought this for you.
    B: Thank you. Wow, this is the _____ one I wanted.

    (a) such
    (b) too
    (c) that
    (d) very

16. A: Have you read my report?
    B: Not yet, but I'll read it once I _____ this assignment.

    (a) finish
    (b) will finish
    (c) finishes
    (d) am finishing

17. A: I found a wallet under the chair. Is this yours?
    B: No, it's _____ Tom has been looking for.

    (a) a wallet
    (b) wallet
    (c) the wallet
    (d) one wallet

18. A: I was looking for you. Where did you go this morning?
    B: I went to the grocery to buy _____.

    (a) two dozen banana
    (b) two dozens bananas
    (c) two dozens banana
    (d) two dozen bananas

19. A: This book is great. It _____ not only as serious biography but also as a social commentary.
    B: It sure sounds intriguing.

    (a) reads
    (b) was reading
    (c) had read
    (d) has been reading

20. A: _____ an actor, I would have made lots of money.
    B: Well, who wouldn't?

    (a) If I become
    (b) If I became
    (c) Have I become
    (d) Had I become

Part 2 *Questions 21~40*

Choose the best answer for the blank.

21. The number of crocodiles in this area _____ come to over 5,000.

    (a) is
    (b) are
    (c) has
    (d) have

22. The current situation will not become complicated unless something _____ wrong.

    (a) will go
    (b) went
    (c) has gone
    (d) goes

23. By 2014, the Maxon Corporation _____ a total of 200 million dollars on roads and other infrastructure in Thailand.

    (a) invests
    (b) will have invested
    (c) will invest
    (d) is investing

24. If the agreement _____ reached earlier, then the murderous rampage in the city wouldn't be taking place now.

    (a) had been
    (b) was
    (c) were
    (d) will be

25. A number of things _____ since we last met.

    (a) has happened
    (b) have happened
    (c) has been happened
    (d) have been happened

26. It was known that Arabic and Jewish cultures co-existed in a period _____.

   (a) great beauty of creativeness
   (b) of beauty great creative
   (c) of great creative beauty
   (d) great creativeness of beauty

27. _____ on the team assignment, I got to know my co-workers better.

   (a) Worked
   (b) Working
   (c) I worked
   (d) While I works

28. Your signature indicates that you fully understand the study and consent to participate _____.

   (a) voluntary
   (b) volunteerism
   (c) voluntarily
   (d) volunteer

29. There is _____ that Noah's flood really happened.

   (a) an gathering evidence
   (b) gathering evidences
   (c) gathering evidence
   (d) the gathering evidences

30. If _____, outdoor swimming pools can pose a danger to children.

   (a) are they unattended
   (b) they are unattended left
   (c) attended left
   (d) left unattended

31. _____ that her life was about to undergo a tumultuous change after her friend's death.

   (a) Little she realized
   (b) Little did she realize
   (c) She realizes little
   (d) She little did realize

32. _____ the restructing period, this program may provide a boost to the US industry.

   (a) During
   (b) While
   (c) For
   (d) At

33. The sculpture that had lain _____ for about 200 years has been identified as the work of French artist Lilly Dejouray.

   (a) unrecognizing
   (b) unrecognizes
   (c) recognition
   (d) unrecognized

34. It was rainy the whole day, but _____.

   (a) it seems it's sunny getting now
   (b) it's sunny now it seems getting
   (c) it's getting now sunny it seems
   (d) now it seems it's getting sunny

35. In general, students are much less creative when they _____ by others.

   (a) were scrutized
   (b) scrutinzed
   (c) are being scrutinized
   (d) will scrutinize

Actual Test 2

36. Mr. Gibson told us that there is _____ over the question.

    (a) no use arguing
    (b) no use to argue
    (c) not use arguing
    (d) no use to arguing

37. _____ the matter with other members of the committee since early this morning, I need to take a break to clear my head in the afternoon.

    (a) Discussed
    (b) Discussing
    (c) Having discussed
    (d) Having been discussed

38. Tom _____ over the mooon when Jane asked him out on a date.

    (a) can be
    (b) must be
    (c) should have been
    (d) must have been

39. Susan sent her story to the radio station so that other people _____ the pain she went through.

    (a) might avoid
    (b) to avoid
    (c) shall avoid
    (d) are avoiding

40. _____ the American public is sill not convinced that climate change is attributed to human activities.

    (a) Large number of
    (b) The most of
    (c) Number of
    (d) The majority of

Part 3 *Questions 41~45*

Identify the option that contains an awkward expression or an error in grammar.

41. (a) A: Take a look at my new apartment. I have painted everything green and yellow because they are my favorite colors.
    (b) B: Everything is nice and bright, including the furnitures. Have you had the help of an interior decorator?
    (c) A: Yea, a bit. But mostly I trusted my own taste.
    (d) B: Wow, that's impressive. It's a nice apartment.

42. (a) A: I've been very busy this week. I'm a bit tired.
    (b) B: Me, too. I have also had a terrible week. I'm completely worn out. I just can't wait to get home.
    (c) A: Hey, Jack and I are going to see a musical adapting from a novel by Jack Kent after work. Would you like to join?
    (d) B: No, thanks. I'd rather go home and take a rest.

43. (a) A: When are you leaving for Toronto?
    (b) B: I'm leaving today.
    (c) A: Oh, I see. I hope you have a good trip. I will miss you a lot.
    (d) B: So do I. As soon as I arrive in Toronto, I will send you lots of nice postcards.

44. (a) A: I didn't see Jack today. Do you know where he is?
    (b) B: He is home sick today. He has come down with the flu.
    (c) A: Oh, that's too bad. Did you know when he will be back to work?
    (d) B: Well, he said that the doctor told him to stay home at least two more days.

45. (a) A: Tom, I need a favor. Can you lend me some money?
    (b) B: Yes, but promise to pay me back until the end of this week.
    (c) A: Sure. You have my word.
    (d) B: Okay. I'll go and get my wallet.

Part 4 Questions 46~50

Identify the option that contains an awkward expression or an error in grammar.

46. (a) According to a wise old proverb, a joy shared is a joy made double. (b) Whether traveling alone or with a partner, it's easy to double up on the fun factor by taking a small group tour. (c) Chances are you'll meet people with the same sense of adventure and interests, making your journey all the more memorably. (d) We've rounded up the best specialist tours from scenic walks to food and wine escapades.

47. (a) The richest 20% in Australia have lost an average of $ 400,000 since the start of the recession. (b) However, the value of the loss is still more than the average wealth of the remaining 80%. (c) The total wealth of the top 20% is more than five times those of the rest of the population. (d) While the value of share portfolios and property held by the richest have fallen most, the net worth of all groups has decreased.

48. (a) If your head to your bedroom with a busy mind or feeling physically wound up, sleep would have been elusive. (b) And when you do eventually collapse into a deep slumber, you're likely to have a restless night and wake up feeling tired. (c) If this sounds familiar, you need to give yourself time to calm down before you head hits the pillow. (d) This transition time is essential for a sound sleep as it's an opportunity for you to distance yourself from what's on you mind.

49. (a) The World Bank is forecasting the first contraction in the international economy for 50 years and the largest fall in global trade for 80 years. (b) That gloomy outlook comes as Japan revealed its first current account deficit in 13 years. (c) The World Bank warns with the cost of helping poor nations in the crisis would exceed the current financial resources of multilateral lenders. (d) The report, released ahead of next month's G20 summit, emphasizes the growing financial crisis is likely to lead to social and political unrest.

50. (a) Desperate parents rammed cars into a burning child-care center in the Mexican town in efforts to rescue 142 children. (b) More than 40 died in the center with reports of one of two doors being locked, and fire alarms not operating. (c) More than 30 children were hospitalized after suffering serious burns. (d) President Felipe Calderon promised a full investigation in the tragedy.

Grammar
Actual Test • 3

Directions

This part of the exam tests your grammar skills.
You will have 25 minutes to complete the 50 questions.
Be sure to follow the directions given by the proctor.

Actual Test 3

> **Part 1** *Questions 1~20*
>
> *Choose the best answer for the blank.*

1. A: Long time no see, Jack.
   B: Yes, indeed. It _____ ages since we last met.

   (a) will be
   (b) has been
   (c) is being
   (d) was

2. A: Why did you take a bus to school today?
   B: I had a minor car accident last night, so it needs _____.

   (a) to repair
   (b) repairing
   (c) repair
   (d) to be repairing

3. A: Why are you giving up on him now?
   B: _____ his love for that woman, I have to forget him and move on with my life.

   (a) Knowing
   (b) Being known
   (c) Know
   (d) Known

4. A: How much do you think _____?
   B: Around 500 to 600 dollars, I guess.

   (a) will they cost
   (b) they cost will
   (c) they will cost
   (d) cost they will

5. A: I'm starving. Can we have dinner now?
   B: No, we have to wait _____ home from work.

   (a) for everyone comes
   (b) that everyone coming
   (c) until everyone comes
   (d) till everyone coming

6. A: How long have you been directing movies?
   B: I _____ movies for 5 years next month.

   (a) am directing
   (b) have been directing
   (c) will have been directing
   (d) will be directing

7. A: May I speak to Mr. Brenson?
   B: I'm sorry, but he is _____ another line at the moment.

   (a) in
   (b) at
   (c) on
   (d) for

8. A: My parents want me to break up with my boyfriend. I don't know what to do.
   B: Oh, I'm really sorry. I wish I _____ how to help you.

   (a) know
   (b) knew
   (c) had known
   (d) could have known

9. A: What's your plan for the weekend?
   B: I don't have anything _____.

   (a) do to except mow to the lawn
   (b) do except mowing the lawn
   (c) to do except to mow the lawn
   (d) to do except mow the lawn

10. A: I've bought a present for you.
    B: Oh, it's very nice _____ you, but I can't accept this.

    (a) for
    (b) on
    (c) to
    (d) of

11. A: You look so worried. What's bugging you?
    B: I _____ to resign with no reasons given.

    (a) asked
    (b) was asked
    (c) have been asking
    (d) will ask

12. A: I have 1,000 dollars with me right now.
    B: Do you think _____ enough?

    (a) that is
    (b) they are
    (c) they were
    (d) that was

13. A: What did you do last night?
    B: _____ very tired, I just stayed home and took a rest.

    (a) To feel
    (b) Feeling
    (c) I feel
    (d) Having been felt

14. A: Let me tell you what. _____ other people will do you no good.
    B: I know, but I just can't help it.

    (a) Backbiting
    (b) Backbite
    (c) Backbitten
    (d) To have backbitten

15. A: I'd like to drink _____.
    B: There's a vending machine down the hall.

    (a) coffees
    (b) a coffee
    (c) the coffee
    (d) the coffees

16. A: When did the accident happen?
    B: They told me that it happened _____ after the take-off.

    (a) shortly
    (b) short
    (c) shorter
    (d) shortest

17. A: I cannot find my bag.
    B: Your bag? I think I remember _____ it somewhere in the living room.

    (a) seeing
    (b) see
    (c) to see
    (d) saw

18. A: Could you please pass me the plate on the other side of the table?
    B: No problem. _____.

    (a) Here are you
    (b) You are here
    (c) Here you are
    (d) You here are

19. A: Hop in. I will _____.
    B: No thanks. I'd rather walk.

    (a) give you home a lift
    (b) give a lift you to home
    (c) give you for a lift home
    (d) give you a lift home

20. A: I don't think he's doing his job. Don't you think?
    B: You said it. We should remind him that it's his responsibility to take care of it, _____.

    (a) however may it be difficult
    (b) however it may difficult be
    (c) whatever difficult it may be
    (d) however difficult it may be

Actual Test 3

> **Part 2** *Questions 21~40*
>
> *Choose the best answer for the blank.*

21. What parents do _____ their children in a great many ways.

    (a) influence
    (b) influences
    (c) is influenced
    (d) are influenced

22. _____ been more successful in creating empirically based social science research than Kathleen Kenyon.

    (a) Any other archaeologists have
    (b) Any archaeologist has
    (c) No other archaeologist has
    (d) No any archaeologist has

23. The agency has approved a new marketing strategy, but it hasn't been implemented _____.

    (a) already
    (b) still
    (c) so
    (d) yet

24. The resulting memory loss is persistent, _____ indicates that the memory can be permanently erased.

    (a) who
    (b) which
    (c) that
    (d) what

25. By the end of the first year of study, all students are expected _____ prerequisite requirements.

    (a) to be fulfilling
    (b) to have fulfillment
    (c) to have fulfilled
    (d) to fulfilling

26. Corporate management is resistant to changes because _____ companies can afford to invest money to improve effectiveness.

   (a) little
   (b) a little
   (c) few
   (d) a few

27. Stock performance is evaluated in real time without _____ reference to the past.

   (a) any
   (b) no
   (c) some
   (d) so

28. The government seems to have decided to avoid _____ the problems of housing and living conditions of mine workers.

   (a) to confront
   (b) being confronted
   (c) to be confronted
   (d) confronting

29. The state has declared _____ second Tuesday of every month to be "Use Public Transportation Day."

   (a) the
   (b) a
   (c) this
   (d) that

30. The meeting plans to talk about the split between _____.

   (a) young and old
   (b) youngs and olds
   (c) the young and the old
   (d) the youngers and olds

31. _____ any other questions regarding this, please contact the Customer Service Center.

   (a) Should you have
   (b) Could you have
   (c) Would you have
   (d) If you have had

32. The newly-opened website _____ to keep up with the traffic.

   (a) runs fastly enough
   (b) runs fast enough
   (c) runs enough fastly
   (d) runs enough fast

33. The committee has agreed upon reviving the building of the railway line _____.

   (a) no matter it takes what
   (b) no matter what it takes
   (c) what no matter it takes
   (d) what it takes no matter

34. I wish my laptop _____ good enough to try this software out.

   (a) are
   (b) were
   (c) has been
   (d) being

35. After watching the politicians on television, we thought they _____ brainwashed into believing something that is not true.

   (a) have thoroughly
   (b) had thoroughly
   (c) have been thoroughly
   (d) had been thoroughly

36. A survey conducted by Channel 7 found _____ among the top three sports people want to watch.

    (a) soccer being
    (b) it soccer to be
    (c) soccer to be
    (d) it soccer being

37. _____ sometimes more complicated than building machines from scratch.

    (a) Fixing is broken machinery
    (b) Fixing broken machinery is
    (c) Broken machinery is fixing
    (d) Broken machinery fixing is

38. When I walked into the conference room, Mr. Baker _____ his presentation.

    (a) rehearsed
    (b) was rehearsing
    (c) has rehearsed
    (d) has been rehearsing

39. An intense exercise on a bike will pump up your legs _____ it will feel like you've done an hour of squats.

    (a) so that incredibly
    (b) so incredible that
    (c) such incredibly that
    (d) so incredibly that

40. _____ any evidence that can be used against me.

    (a) To hide is important
    (b) You are important to hide
    (c) Hiding is important
    (d) It is important to hide

Part 3 *Questions 41~ 45*

Identify the option that contains an awkward expression or an error in grammar.

41. (a) A: I've decided quitting school.
    (b) B: Why? Don't you think that you have to at least graduate from high school?
    (c) A: No, I'll start making money instead of wasting my time at school.
    (d) B: Please try to give it a second thought.

42. (a) A: Tomorrow is my brother's birthday.
    (b) B: Really? What are you going to buy your brother for his birthday?
    (c) A: I'm going to buy him either a MP3 player nor a cell phone.
    (d) B: That's great. I'd like to chip in some money if it's okay with you.

43. (a) A: Have you heard the news? Mr. Jackson won two million dollars on the lottery ticket.
    (b) B: What lucky guy he is. What would you do if you won the lottery?
    (c) A: I would quit my job and spend the rest of my life traveling around the world.
    (d) B: That makes the two of us.

44. (a) A: What happened between you and your boss?
    (b) B: We had an argument. I got really upset so I called him names.
    (c) A: Are you serious? Boy, you shouldn't have done that.
    (d) B: I know. I regret to say that. I'm sure I'll get the pink slip today.

45. (a) A: I think your father is very stubborn.
    (b) B: That's right. It's almost impossible to communicate with him.
    (c) A: Then, I guess you don't talk to him much, right?
    (d) B: Yeah, I rare talk to him unless I have important things to tell him.

Part 4 *Questions 46~50*

Identify the option that contains an awkward expression or an error in grammar.

46. (a) A well-preserved mammoth skeleton has been found in eastern Serbia. (b) The skeleton was uncovered during excavations of an archaeological site at Viminacium. (c) Experts estimate that the mammoth was over four meters taller and weighed up to ten tones. (d) They speculate that the animal could have died on its way from northern Africa to southern Europe.

47. (a) Australia's two largest populations of koalas are heavily inbred and at risk of swift extinction. (b) A recent study of koala populations on Kangaroo Island and French Island have drawn attention to the need for genetic-based conservation methods. (c) The inbreeding is the result of a well-meaning relocation program that began more than a century ago. (d) Between 1923 and 1925, a group of 18 koalas from French Island were transported to Kangaroo Island to begin a new colony.

48. (a) A 29-year-old man died after police have attempted to subdue him with capsicum spray. (b) The incident occurred after police were called to a domestic dispute between a mother and a son. (c) There has been an intense debate both in New Zealand and other countries over use of the spray. (d) Christchurch recently became the first New Zealand's police force to issue capsicum spray to officers.

49. (a) Mainland China's first Gay Pride Festival kicked off in Shanghai with a series of films and other events. (b) However, the organizers were keeping it low-key comparing the flamboyant festivals seen in San Francisco or Sydney. (c) There was no parade and the festival was pitched as entertainment for foreigners. (d) The promotional literature was also in English.

50. (a) The closer you position yourself to a heat source, such as a heater, your skin will be dry. (b) So, when you're feeling cold, instead of moving in on the heater, put on another layer of clothes, wrap yourself in a blanket or have a warming cup of tea. (c) A bowl of water evaporating in a room can help reduce the drying effect of heating on your skin. (d) Also, don't forget to apply moisturizer to your face and body.

텝스한달만 제대로 공부해보자

Vocabulary

Perfect TEPS

어휘편

Vocabulary

Contents 어휘

Section 01
어휘 2가지 유형별(Type) 접근법

Part 1
- Type 01 구어체 빈칸 유형 ………………………… 117

Part 2
- Type 02 문어체 빈칸 유형 ………………………… 118

Pre-Test
- Pre-Test 1 ……………………………………………… 120
- Pre-Test 2 ……………………………………………… 122
- Pre-Test 3 ……………………………………………… 124

Section 02
어휘 5가지 주제별(Theme) 접근법

Mini-Test

- Theme 01 이디엄 …………………………………… 128
- Theme 02 연어 ……………………………………… 134
- Theme 03 혼동 어휘 ……………………………… 140
- Theme 04 이어 동사 ……………………………… 146
- Theme 05 고난도 어휘・일반 어휘 …………… 152

Section 03
Vocaburary Actual Test

- Actual Test 1 ………………………………………… 159
- Actual Test 2 ………………………………………… 170
- Actual Test 3 ………………………………………… 181

정답편
- Pre-Test 1・2・3 ……………………………………… 50
- Actual Test 1・2・3 …………………………………… 55

113

Section 01
30 DAYS TEPS 800+Final Sum-up

어휘 2가지
유형별(Type) 접근법

TEPS 어휘 시험은 총 2가지 Part로 나뉘며, Part 1은 구어체 어휘들을 중심으로 총 25문항, Part 2는 문어체 어휘들을 중심으로 총 25문항이 출제되어 총 50문항을 풀어야 한다.

각 파트별로 서로 다른 유형별 접근법이 있기보다는 50문항에 달하는 문제를 15분이라는 짧은 시간 내에 풀어야 하므로 평소에 많은 문제를 풀어보며 문맥 속에서 적절한 의미를 갖는 단어들을 정리하여 어휘실력을 쌓아 놓는 것이 고득점을 위한 필수 선행 조건이다.

Part 1의 경우 문맥에 적절한 다양한 일반 어휘들을 가장 많이 물어보고, 그 뒤로 연어와 구어체 관용표현, 이디엄, 이어동사 등의 순으로 출제가 많이 되므로 특히 청해를 공부할 때 등장하는 어구, 표현 등을 철저히 정리하여 자신의 것으로 만드는 것이 중요하다.

Part 2의 경우 문맥에 적절한 다양한 일반 어휘들과 혼동 어휘, 연어, 그리고 고난도 어휘 등의 순으로 출제가 많이 되므로 평소에 형태나 의미상으로 혼동되기 쉬운 단어, 연어 등을 잘 정리해 두고 다양한 지문 등을 접하며 고급어휘 등을 정리해두는 실질적인 어휘력 향상 노력을 꾸준히 해두어야 한다.

이 Section에서는 각 Part별 문제 유형들을 실전문제를 통해서 확인해 보는 시간을 갖도록 한다. 각 유형에 대한 파악이 완료가 되면 Pre-Test 3회분의 문제를 풀어보도록 하는데, 각 Pre-Test는 어휘에서 출제가 되는 사항들을 고루 담고 있으므로, 학습자들은 각 Part별로 실제 시험에 어떠한 어휘 요소가 출제가 되는지 정리해보는 기회를 가지며 자신감을 높일 수 있다.

Part 1
Type 01 구어체 빈칸 유형

Part 2
Type 02 문어체 빈칸 유형

Pre-Test
Pre-Test • 1
Pre-Test • 2
Pre-Test • 3

Part
유형별 접근법
30 DAYS TEPS 800 + Final Sum-up

Part 1   구어체 빈칸 유형
A-B 대화문에서 빈칸에 들어갈 적절한 단어를 고르는 문제 유형으로 총 25문제가 출제된다. 대화문이라는 특성상, 두 문장의 흐름이 가장 자연스럽도록 이끌어 주는 어휘를 찾는 것이 중요하다. 평소에 다양한 구어체 관용표현, 연어, 숙어 등을 문장을 통해서 암기해 두고 있어야, 빠르게 문제를 읽어가면서 정답을 골라낼 수 있다. 굳이 대화문을 다 읽지 않고 보기를 확인 후 빈칸이 포함된 문장만으로 정답을 확인할 수 있는 것도 많으므로 문제당 소요시간을 최소화할 수 있도록 노력해야 한다.

Part 2   문어체 빈칸 유형
하나의 독립된 문장에서 빈칸이 주어지고, 그 안에 들어갈 문맥상 알맞은 단어를 고르는 문제 유형이다. Part 1과 마찬가지로 총 25문제가 출제되며, 주로 일반어휘, 혼동어휘, 연어 등의 출제 비중이 높다. 개별적 단어들만의 학습은 TEPS 어휘의 점수 향상에 크게 도움이 되지 않는다. TEPS에서 출제되는 어휘 문제 유형을 바탕으로 해서, 해당 어휘가 포함되어 있는 문장을 위주로 평소 탄탄한 어휘학습을 해 두는 것이 필수다.

Type 01 구어체 빈칸

Check This Out!

Choose the best answer for the blank.

A: How did my test results _____ out?
B: There is nothing to worry about. You're in good health.

(a) make
(b) turn
(c) break
(d) rule

 해설

이어동사 문제이다. 문맥상 검진 결과가 어떻게 나왔는지 물어보는 것이 적절하다. turn out은 알려지지 않았던 사실이 어떠한 결과 또는 모습으로 '나타나다, 판명되다'란 의미로 사용된다. 정답은 (b)이다.

 해석

A: 제 검사결과가 어떻게 나왔나요?
B: 걱정할 것 전혀 없습니다. 당신은 건강합니다.

 어휘

result 결과
be in good health 건강하다
make out 알아보다, 이해하다
break out 발생하다
rule out 제외하다

Type 02 문어체 빈칸

30 DAYS TEPS 800 + Final Sum-up

Check This Out!

Choose the best answer for the blank.

The patient has been complaining of a _____ pain in the upper left side of the abdomen.

 (a) contrary
 (b) constant
 (c) constable
 (d) converse

> 해설
> 전체 문장의 서술부가 현재완료진행형이므로 환자가 통증을 계속 호소해 왔음을 알 수 있다. 빈칸에는 '지속적인' 혹은 '끊임없는'이란 뜻을 가진 형용사 constant가 오는 것이 적절하다. constant pain은 '끊임없는 통증(고통)'이란 의미의 collocation으로 기억해두자. 정답은 (b)이다.

 해석
그 환자는 복부의 왼쪽 상단에 지속적인 통증이 있음을 계속 호소하고 있다.

 어휘
patient 환자
complain 불평하다, 호소하다
abdomen 복부
constant 지속적인
constable (영국의) 경찰관
converse 거꾸로의, 정반대인

118

Pre-Test

30 DAYS TEPS 800 + Final Sum-up

- Pre-Test · 1
- Pre-Test · 2
- Pre-Test · 3

Type 01 구어체 빈칸 유형
Type 02 문어체 빈칸 유형

Pre-Test · 1 Vocabulary

Part 01

1. A: You look frustrated. What's the matter?
   B: Boy, am I in trouble! I totally _____ the Biology test.

   (a) crashed
   (b) passed
   (c) flunked
   (d) captured

2. A: Mom, someone's knocking on the door!
   B: Sweetheart, I'm a little busy right now. Can you _____ the door for me?

   (a) see
   (b) get
   (c) take
   (d) bring

3. A: You'd better hurry up. The deadline for the assignment is this Wednesday.
   B: Well, it seems impossible for me to _____.

   (a) hold
   (b) catch
   (c) make
   (d) meet

Part 02

4 When applying for a job, the fact that a person _____ a degree makes the person more qualified than those who didn't.

(a) bought
(b) caught
(c) entered
(d) earned

5 The golf tournament was successfully held in Sydney under the _____ of the Australian Sports Commission.

(a) jeopardy
(b) auspices
(c) purport
(d) proctor

6 The lecture will particularly focus on the _____ that have contributed to the high population growth.

(a) tokens
(b) factors
(c) clues
(d) symptoms

Pre-Test · 2 Vocabulary

Part 01

1. A: Good job. I think you made a good _____ during your speech.
   B: Thanks. I just hope my opinion gets through to them.

   (a) goal
   (b) benefit
   (c) sign
   (d) point

2. A: See? I told you it would not work. What were you thinking?
   B: Hey, don't _____ it in. I'm in a bad mood right now.

   (a) flip
   (b) rub
   (c) stroke
   (d) scrape

3. A: Amy got a new cell phone yesterday, and guess what? Susan bought a new cell phone, too.
   B: That's really funny. I think Susan is tyring to _____ the Joneses.

   (a) look down on
   (b) do away with
   (c) put up with
   (d) keep up with

Part 02

4. My friend, Jack, told me that he is a(n) _____ reader of everything from mainstream fiction to autobiographies.

   (a) languid
   (b) avid
   (c) rancid
   (d) lanky

5. The easiest way to get the information on how many _____ of the book were sold is to search through the Internet.

   (a) copies
   (b) makers
   (c) issues
   (d) releases

6. Their music is so _____ that it makes people dance to it all night long.

   (a) diffusing
   (b) extenuating
   (c) intoxicating
   (d) sedating

Pre-Test・3 Vocabulary

Part 01

1. A: I'm starving. Why don't we take a _____?
   B: Okay. Let's go out and grab something to eat.

   (a) nap
   (b) break
   (c) leisure
   (d) turn

2. A: Do you know who has the _____ to publish this manuscript?
   B: Well, the author is still in negotiation with a couple of publishers.

   (a) access
   (b) rule
   (c) right
   (d) integrity

3. A: George. Please _____ the hammer on the floor.
   B: Okay. Here you are.

   (a) build up
   (b) look up
   (c) pick up
   (d) bring up

Part 02

4. Some people insist that schools have nothing to with teaching students moral _____ because it's the parents' responsibility to do so.

    (a) senses
    (b) discourses
    (c) values
    (d) deliveries

5. Killing thousands of people in New Orleans, Hurricane Katrina really brought _____ to me the power of nature.

    (a) signal
    (b) home
    (c) idea
    (d) message

6. This is a once-in-a-lifetime _____ for you to show the world what you have to offer.

    (a) tragedy
    (b) responsibility
    (c) happening
    (d) opportunity

Section 02 30 DAYS TEPS 800+Final Sum-up

어휘 5가지
주제별(Mini-Test) 접근법

총 50문항이 출제가 되는 어휘 시험은 다음 5가지 주제를 바탕으로 해서 문제가 출제된다.

(1) 이디엄
이디엄은 주어진 개별단어들을 조합해서 그 의미를 유추해내는 것이 쉽지 않다. 평소에 다양한 이디엄들을 문장을 통해서 통째로 외워두는 것이 중요하다.

(2) 연어
연어는 특정한 단어들이 함께 어울렸을 때 그 의미가 적절하다고 판단되는 표현들로 크게 '동사+목적어' 구조와 '형용사+명사' 구조, 그리고 마지막으로 '명사+명사' 구조로 나누어 볼 수 있다. 평소에 TEPS에 등장하는 많은 문장들을 접하며 어떠한 단어들이 서로 짝을 이뤄 쓰이고 있는지 정리해 두는 것이 중요하다.

(3) 혼동 어휘
혼동 어휘는 크게 '형태상 혼동 어휘'와 '의미상 혼동 어휘' 두 가지로 나뉜다. 두 가지 모두 각 단어들의 개별적 의미를 얼마나 명확히 알고 있는가가 문제 해결의 핵심이 된다.

(4) 이어동사
'동사+부사' 혹은 '동사+전치사'의 형태로 원래 동사가 갖고 있는 의미가 전치사의 뉘앙스와 결합되어 새로운 의미를 만들어 내는 동사들을 이어동사라고 한다. 이디엄과는 다르게 기본동사의 의미와 전치사의 뉘앙스로 그 뜻을 유추할 수 있기도 하지만 모든 이어동사가 그렇지는 않으므로 다양한 이어동사들을 정리해두도록 한다.

(5) 고난도 · 일반 어휘
어떤 트릭이 숨어 있기보다는 명확히 주어진 선택지의 단어들의 의미를 알고 있다면 문제를 풀 수 있다. 단, 고난도 어휘의 경우 빈출되었던 어휘들과 함께 다양한 어휘들을 학습해두는 노력이 필요하다.

이 Section에서는 위에 언급한 각 주제별로 6문항의 Mini-Test를 제공하고, 시험을 대비해 반드시 외워두어야 할 주요 문장들을 제공하니 학습자들이 지나치지 말고 반드시 외워두어 실전시험을 대비할 수 있도록 한다.

Theme 01 이디엄
  Mini-Test

Theme 02 연어
  Mini-Test

Theme 03 혼동 어휘
  Mini-Test

Theme 04 이어 동사
  Mini-Test

Theme 05 고난도 어휘 일반 어휘
  Mini-Test

30 DAYS TEPS 800+Final Sum-up
Theme 01
이디엄

이디엄(Idiom)은 몇몇의 단어들이 모여서 각 단어별 의미와는 전혀 다른 새로운 의미를 형성하는 표현들을 뜻한다. 이디엄은 개개 단어들만으로는 그 표현이 가진 의미를 정확히 유추해 내기가 쉽지 않으므로, 사전에 많은 이디엄들을 암기해두는 것이 문제 해결에 있어서 필수 조건이다.

🔑 무조건 외워두면 도움이 되는 **이디엄 관련 문장들!**

1.	I'm flattered.	과찬이십니다.
2.	It's your turn.	네 차례야.
3.	It's on the house.	공짜입니다.
4.	It's up in the air.	아직 결정 안 났어.
5.	Let's call it a day.	그만 퇴근합시다.
6.	Tell me about it.	동감입니다.
7.	This is my treat.	내가 계산할게.
8.	Snap out of it.	정신 차려.
9.	Nothing much.	별일 없어요.
10.	How's life?	잘 지내요?
11.	You've got to be kidding.	장난쳐? 농담해?
12.	Watch your tongue.	말조심해!
13.	I'm under the weather.	나 아파. 나 컨디션이 좋지 않아.
14.	That's so uncalled for.	그거 정말 적절치 못하군요.
15.	It's just the tip of the iceberg.	그건 빙산의 일각일 뿐이에요.
16.	You're the spitting image of your father.	너 아빠랑 꼭 닮았구나.
17.	That guy just stole the show.	저 녀석이 모든 관심을 다 받았어.
18.	That's the spirit.	바로 그런 자세야!
19.	I'm sick and tired of it.	난 정말 그거에 질려버렸어.
20.	I'll sleep on it.	생각해볼게요.
21.	Come on! Shake a leg!	어서! 서둘러!
22.	We don't see eye to eye.	우린 서로 의견이 맞지를 않는구나.
23.	I'll pick up the tab.	내가 계산할게.
24.	Let's just play it by ear.	그냥 즉흥적으로 하자.
25.	I pulled an all-nighter.	나 밤 샜어.
26.	Loosen up!	긴장 풀어.
27.	This is no laughing matter.	이거 웃을 일이 아냐.
28.	This is off the record, okay?	이건 기밀입니다. 알았죠?
29.	Prices are on the rise.	물가가 뛰고 있네요.
30.	Don't get me wrong.	내 말 오해하지 마.

Theme 01
이디엄

Mini-Test Part 01

Choose the best answer for the blank.

1. A: Does your son throw a(n) _____ at bedtime?
   B: Yes, he does. He shouts and cries at full pitch.

   (a) anger
   (b) fit
   (c) eye
   (d) fling

2. A: I think college isn't worth the expense. What do you say?
   B: I guess it _____.

   (a) depends
   (b) leans
   (c) counts
   (d) exchanges

3. A: I'm going to invite Jack over to my party tonight.
   B: I don't think it's a good idea. He is a _____.

   (a) good-sport
   (b) jack of all trades
   (c) wet blanket
   (d) white elephant

Mini-Test Part 02

4. During the middle of the session, the congressman hit the _____ on the head by mentioning something that everyone was trying to hide.

    (a) fist
    (b) tack
    (c) nail
    (d) sign

5. I was over the _____ after I got my hands on the new Apple iPhone.

    (a) moon
    (b) sun
    (c) star
    (d) planet

6. The members of the committee are still discussing the agenda, so everything is up in the _____.

    (a) cloud
    (b) sky
    (c) breath
    (d) air

Theme 01 이디엄

Part 01

1. A: Does your son throw a(n) _____ at bedtime?
   B: Yes, he does. He shouts and cries at full pitch.

   (a) anger
   (b) fit
   (c) eye
   (d) fling

   해설
   아들의 잠자리에서의 행동은 소리를 지르고 울어대는 것이다. 즉, A는 아이가 잠자리에서 짜증을 내냐고 물어보고 있는 것이다. throw a fit은 '짜증을 내다'란 뜻을 갖고 있다. throw an eye는 '~을 지켜보다'란 의미로 종종 사용한다. 정답은 (b)이다.

   해석
   A: 당신 아들은 잠자리에 들기 전에 신경질을 내나요.
   B: 네, 그래요. 제일 큰 목소리로 소리를 지르고 울어대죠.

   어휘
   throw a fit 짜증을 내다
   fling 약진, 돌진
   throw an eye ~을 지켜보다
   at bedtime 잠자리 시간에

2. A: I think college isn't worth the expense. What do you say?
   B: I guess it _____.

   (a) depends
   (b) leans
   (c) counts
   (d) exchanges

   해설
   It depends on the situations.(상황에 따라 다르다)를 줄여서 간단히 사용되는 표현이 바로 It depends. 이다. 정답은 (a)이다.

   해석
   A: 대학은 그 비용의 가치가 없다고 생각해. 네 의견은 어때?
   B: 상황에 따라 다른 것 같습니다.

   어휘
   worth ~의 가치가 있는
   It depends. 상황에 따라 다르다.
   lean 기대다, 의지하다
   expense 비용

3. A: I'm going to invite Jack over to my party tonight.
   B: I don't think it's a good idea. He is a _____.

   (a) good-sport
   (b) jack of all trades
   (c) wet blanket
   (d) white elephant

   > **해설**
   > 빈칸의 내용은 잭을 파티에 초대하겠다는 A의 말에 그것이 좋은 생각이 아니다라고 한 답변을 뒷받침해주는 것이 되어야 한다. 정답은 (c) '분위기 깨는 사람'이란 의미를 가진 wet blanket이다. 보기 (d)의 경우 우리말 해석이 '애물단지'라 얼핏 정답이 될 수 있을 것도 같지만, 이 표현은 쓸데없이 많은 돈을 써서 구입한 쓸모 없는 사물을 가리켜 사용된다.

   해석
   A: 난 오늘밤 내가 여는 파티에 잭을 초대할 거야.
   B: 그거 좋은 생각 같지 않은데. 걔는 분위기를 깨는 애잖아.

   어휘
   invite someone over ~를 초대하다
   good sport 즐거운(유쾌한) 사람
   wet blanket 분위기 깨는 사람
   jack of all trades 팔방미인
   white elephant 애물단지

Part 02

4. During the middle of the session, the congressman hit the _____ on the head by mentioning something that everyone was trying to hide.

   (a) fist
   (b) tack
   (c) nail
   (d) sign

   > **해설**
   > '모든 이들이 숨기려고 한 무언가를 언급함으로써 정곡을 찔렀다'란 문장이 만들어져야 한다. hit the nail on the head는 '정곡을 찌르다'란 의미를 가진 숙어이므로 꼭 외워두도록 하자. 정답은 (c)이다.

   해석
   회의중에, 그 국회의원은 모든 사람들이 숨기려고 했던 무언가를 언급함으로써 정곡을 찔렀다.

   어휘
   session 회의
   congressman 국회의원
   hit the nail on the head 정곡을 찌
   hide 숨기다
   tack 압정
   fist 주먹

이디엄

5. I was over the _____ after I got my hands on the new Apple iPhone.

    (a) moon
    (b) sun
    (c) star
    (d) planet

> **해설**
> idiom인 'over the moon'을 알고 있는지 여부를 물어보고 있는 문제이다. 새로운 애플 아이폰을 구하게 되었으므로 문맥상 기분이 굉장히 좋다고 하는 것이 적절하다. 정답은 (a)이다.

해석
난 새로운 애플 아이폰을 얻게 된 후 기분이 너무 좋았다.

어휘
over the moon 행복한, 기분 좋은   get one's hands on ~을 얻다, 구하다

6. The members of the committee are still discussing the agenda, so everything is up in the _____.

    (a) cloud
    (b) sky
    (c) breath
    (d) air

> **해설**
> 'up in the air(미정인)'란 표현을 알고 있다면 빈칸과 선택지만 보고도 쉽게 정답을 구할 수 있다. 안건을 여전히 논의하고 있는 중이기 때문에, 모든 것이 결정이 나지 않은 상태라는 것이 문맥상 적절하다. 정답은 (d)이다.

해석
위원회 구성원들은 여전히 그 안건을 토의중이기에 아무것도 결정된 것은 없다.

어휘
committee 위원회   agenda 안건   up in the air 미결인, 미정인
discuss 토의하다

30 DAYS TEPS 800+Final Sum-up
Theme 02
연어

연어란 특정한 단어끼리 짝을 이루어야만 표현이 자연스러워지는 것들을 칭한다. 예를 들어, '약을 먹다'는 동사 eat을 사용해 'eat medicine'이라고 하지 않고 'take medicine'이라고 해야 자연스러운데, 바로 이것이 연어이다. 연어 문제의 경우 빈칸에 대입해도 크게 이상해 보이지 않는 선택지들이 주어지기 때문에, 평소에 다양한 연어표현들을 알아두는 노력이 반드시 필요하다.

🔑 무조건 외워두면 도움이 되는 연어 문장들!

1. Let's not address this issue today. — 오늘은 이 문제를 거론하지 맙시다.
2. Take this medicine three times a day. — 하루에 세 번 이 약을 복용하세요.
3. This city attracts lots of tourists. — 이 도시는 많은 관광객들을 유치합니다.
4. I hope your efforts bear fruit. — 자네의 노력이 결실을 맺길 바라네.
5. It's not easy to break the ice. — 어색한 분위기를 깨는 건 쉽지가 않아.
6. The bank bounced a check. — 은행이 수표를 부도처리했습니다.
7. Don't forget to cast a vote. — 투표하는 것 잊지 마세요.
8. I think I caught a cold. — 나 감기에 걸린 것 같아요.
9. Hey, don't change the subject. — 야, 말 돌리지 마.
10. Who brought up this subject? — 누가 이 주제를 말 꺼낸 거야?
11. The actress committed a suicide. — 그 여배우가 자살을 했어요.
12. The court will deliver a verdict today. — 법원은 오늘 평결을 내릴 겁니다.
13. He failed to earn a degree. — 그는 학위를 따는 데 실패했어요.
14. I gained weigh this winter. — 나 이번 겨울에 살 쪘어.
15. I'll give you a ride. — 내가 태워다줄게.
16. We'll hold a meeting after lunch. — 우린 점심식사 후에 회의를 열겁니다.
17. How often do the buses run? — 버스가 얼마나 자주 다녀요?
18. Let's do something to boost the sales. — 판매를 증진시키기 위해 무언가를 합시다.
19. Let's weight the consequences. — 결과를 신중히 고려해 봅시다.
20. I'm throwing a party tonight. — 나 오늘밤 파티를 열거야.
21. He is a complete stranger to me. — 그는 내게 완전 낯선 사람이에요.
22. You're in big trouble. — 너 이제 큰일 났다.
23. It was a close call. — 큰일 날 뻔 했어요.
24. It was a foregone conclusion. — 그건 뻔한 결과였어요.
25. Why the long face? — 왜 그렇게 시무룩하니?
26. I don't share your rosy view of the world. — 난 네 장밋빛 전망을 공유하지 않아.
27. Don't change things without prior notice. — 사전공지 없이 일들을 변경하지 마세요.
28. What a small world. — 세상 참 좁군요.
29. I don't want to have a desk job. — 전 사무직은 싫어요.
30. US beef is a thorny issue. — 미국 소고기는 매우 까다로운 문제다.

Theme 02 연어

Mini-Test Part 01

Choose the best answer for the blank.

1. A: My brother has got a _____ addiction to gambling.
   B: Really? I didn't know it was that serious.

   (a) chronic
   (b) decisive
   (c) energetic
   (d) casual

2. A: The storm _____ havoc on several of the city's streets.
   B: Yeah, that's why it was bumper to bumper this morning.

   (a) wrecked
   (b) concealed
   (c) levied
   (d) nudged

3. A: Mike is _____ the consequences of renouncing his citizenship.
   B: I hope he makes the right decision for himself.

   (a) weighing
   (b) adjusting
   (c) ordering
   (d) carrying

Mini-Test Part 02

4. Doctors told my grandmother that she might have _____ tuberculosis.

   (a) developed
   (b) received
   (c) delivered
   (d) taken

5. These unique animals which only live in the environs of Allison Springs in Australia are _____ the curiosity of people around the world.

   (a) making
   (b) dragging
   (c) charming
   (d) drawing

6. Residents are advised to visit their nearest hospital for a vaccine before a flue _____ strikes.

   (a) discharge
   (b) antidote
   (c) epidemic
   (d) breakthrough

30 DAYS TEPS 800+ Final Sum-up

Theme 02
연어

Part 01

1. A: My brother has got a _____ addiction to gambling.
   B: Really? I didn't know it was that serious.

   (a) chronic
   (b) decisive
   (c) energetic
   (d) casual

   > **해설**
   > B의 대답을 통해서 도박 중독이 심하게 되어 있음을 유추할 수 있다. chronic addition은 '만성중독'이란 의미로 사용되는 collocation이다. 정답은 (a)이다. 보기 (c)의 decisive는 어떤 현안이나 사안 또는 증거의 중대성을 말할 때 사용되는 어휘이다.

   해석
   A: 우리 형은 도박에 만성 중독되어 있어.
   B: 정말? 난 그게 그렇게 심각할 줄은 몰랐어.

   어휘
   chronic addiction 만성 중독   decisive 결정적인, 중대한   casual 우연한, 무관심한
   gambling 도박

2. A: The storm _____ havoc on several of the city's streets.
   B: Yeah, that's why it was bumper to bumper this morning.

   (a) wrecked
   (b) concealed
   (c) levied
   (d) nudged

   > **해설**
   > 명사 havoc은 '파괴'란 의미인데, 동사 wreck과 함께 쓰여, wreck havoc (on) 즉, '~을 파괴하다, 황폐화시키다'라는 의미로 사용되는 collocation이다. 그러므로 정답은 (a)이다.

   해석
   A: 폭풍우가 도시의 몇몇 도로들을 파괴시켰어요.
   B: 네, 그래서 오늘 아침 차가 엄청나게 막혔죠.

   어휘
   wreck havoc on ~을 파괴하다, 엉망으로 만들다   bumper to bumper 차가 엄청 막히는   levy 징수하다
   conceal ~을 숨기다   nudge 슬쩍 찌르다

3. A: Mike is _____
   the consequences of renouncing his citizenship.
   B: I hope he makes the right decision for himself.

   (a) weighing
   (b) adjusting
   (c) ordering
   (d) carrying

> **해설**
> 바른 결정을 하길 바란다는 B의 대답으로 보아 시민권을 버렸을 때의 결과를 아직 고려하고 있다는 내용이 나와야 할 것이다. 동사 weigh는 '심사숙고하다'란 의미로 weigh the consequence는 '결과를 신중히 고려하다'라는 의미가 된다. 정답은 (a)이다.

해석
A: 마이크가 시민권을 버렸을 때의 결과를 신중히 고려하고 있어.
B: 그가 그 자신을 위해 올바른 결정을 했으면 좋겠다.

어휘
weigh 심사숙고하다
weigh the consequences 결과를 신중히 고려하다
renounce 포기하다
citizenship 시민권

Part 02

4. Doctors told my grandmother that she might have _____ tuberculosis.

   (a) developed
   (b) received
   (c) delivered
   (d) taken

> **해설**
> 빈칸 뒤는 병명인 tuberculosis(결핵)이 나오고 있다. 이렇게 '(병에) 걸렸다'라는 말을 할 때 사용하는 동사는 develop이다. 정답은 (a)이다. 참고로, 감기와 같은 다소 가벼운 증상의 병에는 동사로 catch가 사용된다. ex) I caught a cold.(나 감기 걸렸어.)

해석
의사는 나의 할머니에게 그녀가 결핵에 걸렸을 수도 있다고 말했다.

어휘
develop (병에) 걸리다
tuberculosis 결핵
deliver 배달하다, 전달하다

연어

5. These unique animals which only live in the environs of Allison Springs in Australia are _____ the curiosity of people around the world.

    (a) making
    (b) dragging
    (c) charming
    (d) drawing

해설
'draw the curiosity'는 하나의 짝으로 기억해두자. 한 군데에서만 살아가는 독특한 동물들이 전 세계 사람들의 관심을 끌어내고 있다고 하는 것이 문맥상 적절하다. 정답은 (d)이다. 보기 (b)의 drag는 말 그대로 땅에 '질질 끌다'라는 의미이므로 본 문장에서는 적절치 않다.

해석
오직 호주의 Allison Springs의 환경에서만 사는 이 독특한 동물들은 전 세계 사람들의 호기심을 끌고 있다.

어휘
unique 독특한
environs 환경
drag 질질 끌다
charm ~의 마음을 빼앗다, 매혹시키다
draw the curiosity 호기심을 이끌어 내다

6. Residents are advised to visit their nearest hospital for a vaccine before a flue _____ strikes.

    (a) discharge
    (b) antidote
    (c) epidemic
    (d) breakthrough

해설
주민들은 이것이 닥치기 전에 병원을 방문하여 백신을 맞으라고 권고되었다는 내용의 문장이다. 병원에서의 백신과 연계했을 때 적절한 어휘는 '전염병'이란 뜻을 가진 보기 (c) epidemic이다.

해석
거주민들은 독감 유행병이 강타하기 전 백신을 맞도록 가장 가까운 병원을 방문할 것을 권고 받았다.

어휘
be advised to ~하도록 권고되다
epidemic 유행(병)
strike 갑자기 덮치다, 시작하다
discharge 발사, 해방
breakthrough 큰 발전, 약진, 돌파구
antidote 해독제

30 DAYS TEPS 800+Final Sum-up
Theme 03
혼동 어휘

혼동 어휘는 크게 두 가지로 나누어 분류할 수 있다. 하나는 형태상의 혼동 어휘이고, 다른 하나는 의미상의 혼동 어휘이다. 형태상의 혼동 어휘는 'allusion(암시)'과 'illusion(환영)'처럼 그 형태는 비슷하지만 의미가 완전히 다른 단어들을 칭하며, 의미상의 혼동 어휘는 'cost(비용)'과 'fee(수수료)'처럼 그 형태는 전혀 다르지만 뜻하는 바가 유사한 단어들을 칭한다. 상당히 난이도가 높은 유형으로 평소 철저히 어휘학습을 해 놓는 것이 고득점을 위한 필수조건이다.

🔑 무조건 외워두면 도움이 되는 혼동 어휘 관련 문장들!

1. He's going through the customs. — 그는 세관 절차를 밟고 있습니다.
2. He will have a blood transfusion today. — 그는 오늘 수혈을 받을 것이다.
3. Keep this fact confidential. — 이 사실을 기밀로 하게.
4. It's hard to adapt to a new culture. — 새로운 문화에 적응하는 것은 쉽지 않아요.
5. Smoking might affect your health. — 담배는 건강에 영향을 줄지도 모릅니다.
6. They will transfer me to another ward. — 그들은 나를 다른 병동으로 옮길 거예요.
7. Thank you for your compliment — 칭찬해주셔서 감사합니다.
8. The river is shallow enough to cross. — 강은 건널 수 있을 만큼 충분히 얕아요.
9. Let's proceed with the meeting. — 회의를 계속 합시다.
10. What is the likelihood of his success? — 그의 성공 가능성은 어떤가요?
11. The political incident was unexpected. — 그 정치적 사건은 예견된 것이 아니었다.
12. I'd extend my stay for 2 more days. — 이틀 더 머물고 싶습니다.
13. He is a very vulnerable person. — 그는 매우 상처받기 쉬운 사람입니다.
14. They plan to raise price of alcohol. — 그들은 술 가격을 올리려고 계획하고 있습니다.
15. Please put your signature here. — 여기다가 사인해 주세요.
16. My hobby is to collect stamps. — 제 취미는 우표를 수집하는 겁니다.
17. There are only aisle seats available. — 복도 자리만이 남아 있네요.
18. They're distributing food in a refugee camp. — 그들은 난민 캠프에서 음식을 나눠주고 있어요.
19. We're expecting clear skies this morning. — 오늘은 맑은 아침을 예상하고 있습니다.
20. How much is the bus fare in Seoul? — 서울의 버스 요금이 얼마인가요?
21. Can I borrow your pen? — 네 펜 빌려도 될까?
22. I have a previous engagement. — 전 선약이 있습니다.
23. It varies from time to time. — 그건 시간에 따라 달라집니다.
24. I'm here to renew my driver's license. — 운전면허증 갱신하러 왔습니다.
25. I'd like to withdraw some money. — 돈을 조금 인출하고 싶습니다.
26. The room can accommodate 50 people. — 그 방은 50명을 수용할 수 있습니다.
27. What is the status of my order? — 제 주문 상태가 어떤가요?
28. The animal became extinct. — 그 동물은 멸종되었습니다.
29. Do you have an appointment? — 예약이 되어 있으신가요?
30. The building is intact as shown in the photo. — 사진과 같이 빌딩은 손상되지 않았어요.

Theme 03
혼동 어휘

Mini-Test Part 01

Choose the best answer for the blank.

1. A: I ran into Mike this morning. He has changed beyond _____.
   B: Has he? I wonder how he looks now.

   (a) cognition
   (b) appreciation
   (c) recognition
   (d) realization

2. A: Ouch! Something just bit me. What if it has _____ venom into me?
   B: Don't worry. It was just an ant. You'll be fine.

   (a) injected
   (b) insisted
   (c) injested
   (d) incurred

3. A: I'm sorry, but can you hold my _____ for a second? I won't be long.
   B: No problem. Go ahead.

   (a) spot
   (b) stain
   (c) dot
   (d) status

Mini-Test Part 02

4. People have a tendency to _____ the importance of economic power and undervalue the significance of social power.

    (a) value
    (b) overvalue
    (c) overcalculate
    (d) overpopulate

5. During the recent expansion of the Museum's _____, the curator noticed some of the precious documents were stolen.

    (a) arcade
    (b) artifacts
    (c) architecture
    (d) archives

6. The world denounced the country because its _____ Administration was not democratically elected after the military coup.

    (a) integral
    (b) interim
    (c) intertidal
    (d) intuitive

Theme 03
혼동 어휘

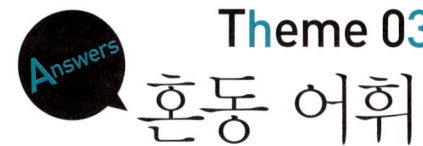

Part 01

1. A: I ran into Mike this morning. He has changed beyond _____.
   B: Has he? I wonder how he looks now.

   (a) cognition
   (b) appreciation
   (c) recognition
   (d) realization

   해설
   A-B의 대화 내용상 알아보지 못할 만큼 변했다는 내용이 오는 것이 적절하다. 사람을 '알아보다'라는 말을 할 때는 동사 recognize를 사용한다. ex) Do you recognize me? 그래서 명사형인 recognition을 이용한 beyond recognition은 '알아보지 못할 정도'란 의미를 갖는다. 정답은 (c)이다.

   해석
   A: 나 오늘 아침 우연히 마이크를 마주쳤어. 알아보지 못할 만큼 변했더라고.
   B: 그래? 지금 어떻게 생겼을지 궁금하네.

   어휘
   run into ~를 우연히 마주치다
   cognition 인식, 인지
   appreciation 감상, 평가
   realization 실현, 구현
   beyond recognition 알아보지 못할 만큼

2. A: Ouch! Something just bit me. What if it has _____ venom into me?
   B: Don't worry. It was just an ant. You'll be fine.

   (a) injected
   (b) insisted
   (c) injested
   (d) incurred

   해설
   선택지 어휘들은 모두 동사고 빈칸 뒤에 위치한 venom은 '독액'을 의미한다. 걱정하지 말라는 B의 답변을 통해 A는 자신을 문 무언가가 자신에게 독을 넣었으면 어쩌냐고 물어보는 것이 문맥상 자연스럽다. 이에 적절한 어휘는 '주입하다'란 뜻을 갖고 있는 보기 (a) injested이다.

   해석
   A: 앗! 뭔가가 날 물었어. 그게 나한테 독을 주입했으면 어쩌지?
   B: 걱정하지 마. 그냥 개미였어. 너 괜찮을 거야.

   어휘
   bite 물다
   venom 독액
   inject 주입하다
   insist 강요하다, 주장하다
   injest (음식물 등을) 섭취하다
   incur 초래하다, (빚 등을) 지다

3. A: I'm sorry, but can you hold my _____ for a second? I won't be long.
   B: No problem. Go ahead.

   (a) spot
   (b) stain
   (c) dot
   (d) status

 해설

문맥은 잠시 자리를 비울 테니 자리를 지켜달라는 내용이다. 자리는 spot으로 나타낸다. 정답은 (a)이다. stain이나 dot은 '얼룩' 혹은 '점'이라는 뜻이고 status는 사회적인 자리로써의 '직위'라는 뜻이다. 참고로 I 대신 It won't be long을 써도 되는데, It~은 절차상의 시간을 강조할 때 쓴다.

 해석

A: 미안하지만 제 자리 좀 잠시 맡아주시겠어요? 오래 걸리지는 않을 겁니다.
B: 그러세요. 어서 다녀오세요.

🔍 어휘

hold one's spot 자리를 맡다, 지키다
stain 얼룩
dot 점
status (사회적인 자리로의) 지위
I won't be long. 오래 걸리지는 않을 것이다.

Part 02

4. People have a tendency to _____ the importance of economic power and undervalue the significance of social power.

   (a) value
   (b) overvalue
   (c) overcalculate
   (d) overpopulate

 해설

등위접속사 and를 통해서 사람들이 가지고 있는 두 가지 경향을 설명하고 있다. 사회적 힘의 중요성을 과소평가 하는 것이 하나라면 나머지 하나는 경제적 힘의 중요성을 과대평가한다는 것이어야 한다. 정답은 (b)이다. 보기 (c)의 overcalculate은 수치의 계산을 의미하므로 추상적 개념인 힘(power)을 목적어로 받는 것은 적절치 않다.

 해석

사람들은 경제적 힘의 중요성은 과대평가하고 사회적 힘의 중요성은 과소평가하는 경향을 가지고 있다.

🔍 어휘

overvalue 과대평가하다 opp)
undervalue 과소평가하다
significance 중요성
overcalculate (수치를) 높게 계산하다
overpopulate 인구를 과밀화시키다
have a tendency to ~하는 경향이 있다

혼동 어휘

5. During the recent expansion of the Museum's _____, the curator noticed some of the precious documents were stolen.

    (a) arcade
    (b) artifacts
    (c) architecture
    (d) archives

🔓 **해설**

박물관의 이것이 확장되는 동안 중요한 문서가 사라졌다는 것을 알아차렸다는 내용의 문장이다. 문맥상 빈칸에 가장 적절한 어휘는 '문서보관소'라는 의미를 가진 보기 (d)이다.

🔓 **해석**

그 박물관의 문서 보관소가 최근에 확장되는 동안, 관장은 몇몇 귀중한 물품들이 사라졌다는 것을 알아차렸다.

🔍 **어휘**

recent 최근의
expansion 확장
archives 문서 보관소
curator 관장
architecture 건축술, 건축학
artifact 공예품
arcade 게임센터, 아치형 지붕이 세워진 상가나 통로

6. The world denounced the country because its _____ Administration was not democratically elected after the military coup.

    (a) integral
    (b) interim
    (c) intertidal
    (d) intuitive

🔓 **해설**

세계가 비난하는 그 국가의 내각은 쿠데타 이후에 민주적으로 뽑히지 않은 내각이다. 보기 중 문맥상 빈칸에 가장 적절한 어휘는 '임시'라는 뜻을 가진 보기 (b)의 interim이다.

🔓 **해석**

세계는 그 국가가 군사 쿠데타 이후에 임시 내각을 민주적으로 선출하지 않았기에 그들을 비난했다.

🔍 **어휘**

denounce 비난하다, 비방하다
intuitive 직관력이 있는
interim 임시의
administration 내각
democratically 민주적으로
elect 뽑다, 선출하다
integral 필수불가결한, 본질적인
intertidal 만조와 간조 사이의

30 DAYS TEPS 800+Final Sum-up
Theme 04
이어 동사

동사에 전치사가 붙거나 혹은 부사가 붙어서 새로운 의미를 만들어 내는 경우로 '동사구' 라고도 불린다. 해당 동사의 기본 의미와 각 전치사들이 갖는 대표적 뉘앙스를 파악한다면 어느 정도 뜻을 유추할 수 있지만, 이 역시 완전하지는 않기에 다양한 구동사 표현들을 사전에 학습해 놓을 필요가 있다.

🔑 **무조건 외워두면 도움이 되는 이어 동사 관련 문장들!**

1. Everything will work out well. — 모든 일이 다 잘 풀릴 거야.
2. I can't get over her. — 그녀를 잊을 수가 없어요.
3. I'll figure it out. — 제가 (정답/해답을) 알아낼게요.
4. I ran into your sister last night. — 나 어제 밤에 네 여동생을 우연히 만났어.
5. We get along well with each other. — 우린 서로 친하게 지내요.
6. This computer is acting up. — 이 컴퓨터 상태가 좋지 않네.
7. Let's get to it. — 시작 합시다 / 착수 합시다.
8. Drop me off at the next stop. — 다음 정류장에서 내려 주세요.
9. My alarm didn't go off. — 제 알람시계가 울리지 않았어요.
10. I usually hang out with Susan. — 전 보통 수잔하고 어울려 놀아요.
11. I just came by to say hello. — 그냥 안부 인사나 하려고 들렀어요.
12. I ended up losing all of my money. — 전 결국 가진 돈을 모두 잃고 말았어요.
13. He blew things up. — 그가 일들을 망쳤어요.
14. Somebody broke into my apartment. — 누가 우리 집에 몰래 침입했어요.
15. She broke up with Jack. — 그녀는 잭이랑 헤어졌어.
16. Don't bring that up. — 그 얘기 꺼내지 마.
17. Who's going to look after her son? — 누가 그녀의 아들을 돌봐 줄 거죠?
18. You can drop by anytime you want. — 원할 때는 언제든지 들려도 돼.
19. I turned down their job offer. — 그들의 일자리 제안을 거절했어요.
20. Can we put off the meeting? — 저희 회의를 연기해도 될까요?
21. I'll look into the problem. — 제가 그 문제를 조사하겠습니다.
22. Did you apply for the job? — 너 그 일자리에 지원했니?
23. He asked me out. — 그가 내게 데이트 신청을 했어.
24. I want you to cut back on spending. — 돈 쓰는 것 좀 줄여요.
25. I came down with flu. — 나 감기에 걸렸어요.
26. Let's all chip in. — 우리 모두 돈을 조금씩 걷자.
27. Please fill in the application form. — 신청서를 작성해 주시기 바랍니다.
28. The party strictly adheres to Islamic law. — 그 정당은 완고하게 이슬람법을 고수한다.
29. Why are you dressed up? — 너 왜 옷을 차려 입은 거니?
30. We ran out of gas. — 우리 기름이 다 떨어졌어.

Theme 04
이어 동사

Mini-Test Part 01

Choose the best answer for the blank.

1. A: It's a scorcher, isn't it?
   B: Tell me about it. I'm really _____ for something cold.

   (a) wanting
   (b) running
   (c) covering
   (d) longing

2. A: What's done is done. Just let it go.
   B: Okay. I'll try not to _____ it.

   (a) dwell on
   (b) look down on
   (c) get over
   (d) live on

3. A: Guys! Could you please _____ it down? I'm trying to get some sleep.
   B: Oh, sorry. We were too loud, weren't we?

   (a) boil
   (b) cut
   (c) keep
   (d) settle

Mini-Test Part 02

4. Jennifer called in sick because she _____ down with flu.

    (a) got
    (b) turned
    (c) came
    (d) went

5. Tonight, there's a match between Manchester United and Chelsea, and I'll be _____ for Manchester United.

    (a) covering
    (b) rooting
    (c) running
    (d) calling

6. I went to the impound lot to see if any cars were _____ away from the hotel.

    (a) kept
    (b) carried
    (c) towed
    (d) thrown

Theme 04
이어 동사

Part 01

1. A: It's a scorcher, isn't it?
   B: Tell me about it. I'm really _____ for something cold.

   (a) wanting
   (b) running
   (c) covering
   (d) longing

   해설
   더운 날씨에는 분명 무언가 시원한 것을 원할 것이다. 정답은 (d)이다. 보기 (a) want는 기본적으로 '동사 ing' 형태로 쓰이지 않으며, 또한 뒤에 전치사 for 없이 바로 목적어가 와야 정답이 될 수 있다.

   해석
   A: 날씨가 푹푹 찌는 구나, 그렇지 않니?
   B: 정말 그러네. 뭔가 정말 차가운 걸 간절히 원해.

   어휘
   scorcher 푹푹 찌는 날씨   cover for ~를 대신하다   Tell me about it. 동감이야. 내말이 그거야.
   run for (선거에) 출마하다   long for ~을 간절히 원하다

2. A: What's done is done. Just let it go.
   B: Okay. I'll try not to _____ it.

   (a) dwell on
   (b) look down on
   (c) get over
   (d) live on

   해설
   빈칸 내용은 지나간 일을 잊어버리라는 A의 말에 긍정하는 답변이어야 한다. dwell on은 '~을 곰곰히 생각하다'란 의미가 있으므로 '그 일을 곰곰이 생각하지 않겠다'라는 뜻이 문맥상 적절하다. 정답은 (a)이다.

   해석
   A: 이미 벌어진 일이잖아. 그냥 잊어버려.
   B: 알았어. 너무 곰곰이 생각하지 않도록 노력할게.

   어휘
   let something go ~을 보내주다, ~을 잊어버리다   look down on ~을 멸시하다, 무시하다   live on ~을 먹고 살다
   get over ~을 극복하다

3. A: Guys! Could you please _____ it down? I'm trying to get some sleep.
   B: Oh, sorry. We were too loud, weren't we?

   (a) boil
   (b) cut
   (c) keep
   (d) settle

 해설

잠을 자려고 한다는 것과 B가 미안하다며 시끄러웠죠라고 물어보는 내용을 통해 빈칸은 조용히 해달라고 요청하는 내용이 나와야 함을 유추할 수 있다. '(소리를) 낮춰달라'는 의미로 사용되는 이어동사에는 keep down 외에 turn down도 있으니 같이 기억해두도록 하자. 정답은 (c)이다.

 해석

A: 저기요! 좀 조용히 좀 해줄래요? 나 잠 좀 자려고 하거든요.
B: 아, 미안해요. 우리가 너무 시끄러웠죠, 그렇죠?

어휘

Guys! 얘들아!, 여러분!   cut down (비용 등을) 삭감하다   settle down 정착하다
keep down 낮추다, 조용히 하다

Part 02

4. Jennifer called in sick because she _____ down with flu.

   (a) got
   (b) turned
   (c) came
   (d) went

 해설

병가를 낸 이유가 because 이하의 문장이기 때문에 '감기에 걸렸다'라고 하는 것이 문맥과 일맥상통한다. 감기에 걸리다라는 표현은 일반적으로 catch a cold라고 하는데, 같은 의미의 구동사 표현으로는 'come down with flu' 혹은 'come down with a cold'이다. 정답은 (c)이다.

해석

제니퍼는 감기에 걸렸기 때문에 병가를 냈다.

어휘

call in sick 병가를 신청하다   come down with flu 감기에 걸리다

5. Tonight, there's a match between Manchester United and Chelsea, and I'll be _____ for Manchester United.

    (a) covering
    (b) rooting
    (c) running
    (d) calling

해설

root for는 '~를 응원하다'란 의미를 가진 구동사이다. 정답은 (b)이다.

 해석

오늘 밤, 맨체스터 유나이티드와 첼시와의 경기가 있고 나는 맨체스터 유나이티드를 응원할 것이다.

 어휘

run for ~에 출마하다   call for ~을 요청하다   root for ~을 응원하다

6. I went to the impound lot to see if any cars were _____ away from the hotel.

    (a) kept
    (b) carried
    (c) towed
    (d) thrown

해설

압수품 보관소로 갔다는 것에서 이미 차가 견인되어 갔을 것임을 유추할 수 있다. 정답은 (c)이다. 보기 (d)의 경우, 보관소 가면서 차가 버려졌는지 확인하러 간다는 것은 논리적으로 맞지 않다.

 해석

난 호텔에서부터 견인되어 간 차가 있는지 확인하기 위해서 압수품 보관소에 갔다.

 어휘

impound lot 압수품 보관소   be thrown away 버려지다   be towed away 견인되다
be carried away 넋을 잃다, 열광하다

30 DAYS TEPS 800+Final Sum-up
Theme 05
고난도 어휘 · 일반 어휘

가장 출제 비중이 높은 유형으로 선택지는 기본적인 어휘들로 이루어져, 학습자들의 정확한 어휘사용 능력을 측정한다. 전체적으로 평이한 어휘들이 출제되어 크게 어렵지 않은 유형 중 하나지만 후반부에서는 고난도 어휘들이 다수 출제되기 때문에 평소에 다양한 어휘들을 철저히 학습해 두어야 한다.

🔑 무조건 외워두면 도움이 되는 **고난도 어휘 관련 문장들!**

1.	Apple failed to acquire the company.	애플은 그 회사를 인수하는 데 실패했다.
2.	I am against Euthanasia.	난 안락사에 반대야.
3.	My sister has a vivacious personality.	내 여동생은 활발한 성격을 가지고 있어.
4.	She got estranged from her husband.	그녀는 그녀의 남편과 소원해졌다.
5.	The car has been totaled.	그 차는 완전히 박살났어요.
6.	The man is famous for his licentious behavior.	그 남자는 그의 방탕한 행동으로 유명하다.
7.	Let's just adjourn the meeting.	그냥 회의를 연기합시다.
8.	He's only trying to enjoy transient happiness.	그는 그저 덧없는 행복을 즐기려고 노력할 뿐이죠.
9.	The movie is not cohesive enough.	그 영화는 응집력이 충분하지 못하다.
10.	Jaymax's books are always engrossing.	제이맥스의 책들은 항상 마음을 사로잡아.
11.	He died from complications of the disease.	그는 그 병의 합병증으로 사망했어요.
12.	His fate is enmeshed in diplomatic machinations.	그의 운명은 외교적 음모에 말려들었다.
13.	The local ordinance prohibited public nudity.	지방 법령은 공공장소에서의 누드를 금했다.
14.	That's why I shun him.	그게 바로 내가 그를 기피하는 이유야.
15.	The man went on a pilgrimage.	그 남자는 순례의 길을 떠났다.
16.	Bad weather hampered visual observations.	나쁜 날씨가 시각적 관측을 방해했다.
17.	The actress put herself on a rigorous diet.	그 여배우는 혹독한 다이어트를 시작했다.
18.	His long winning streak finally came to an end.	그의 오랜 연승행진은 마침내 끝났다.
19.	The man disparaged my work.	그 남자는 내 작품을 깔봤어.
20.	Seoul is notorious for traffic congestion.	서울은 교통 혼잡으로 악명이 높다.
21.	She received exuberant applause.	그녀는 열광적인 박수를 받았다.
22.	Would it be presumptuous of me to ask to do it?	제가 그것을 하면 주제넘은 짓일까요?
23.	His explanation sounds plausible.	그의 설명은 그럴듯하다.
24.	I sojourned at a nearby resort.	난 근처의 리조트에서 묵었어.
25.	You should try harder to placate her.	넌 그녀를 달래주려면 더 노력해야 해.
26.	He seems a bit languid to me.	그는 내게는 다소 열의가 없어 보여.
27.	It was wrong from the inception.	그건 시초부터 잘못된 거였어요.
28.	The company decided not to scrimp the budget.	그 회사는 예산을 삭감 안 하기로 결정했다.
29.	I wish you were congenial.	네가 호의적으로 굴었으면 좋겠어.
30.	You are infringing on the copyright of the author.	당신은 그 저자의 저작권을 침해하고 계신 겁니다.

Theme 05
고난도 어휘 · 일반 어휘

Mini-Test Part 01

Choose the best answer for the blank.

1. A: His report was very _____ and to the point.
   B: I couldn't agree with you more.

    (a) tedious
    (b) succinct
    (c) long-winded
    (d) fluent

2. A: What is your company focusing on this year?
   B: This year, consumer satisfaction is our top _____.

    (a) premium
    (b) preference
    (c) notch
    (d) priority

3. A: I don't understand. I can't log onto my email address.
   B: It's probably some _____ in the system. Try again later.

    (a) blotch
    (b) glitch
    (c) speckle
    (d) bleach

Mini-Test Part 02

4. His gift for paintings would have been considered _____ had it not been for Picasso, the greatest artist of the 20th century.

    (a) prodigious
    (b) destructive
    (c) hazardous
    (d) comly

5. Police continued to claim that the assaults against Indian students are not racially motivated but more _____, targeting young people who work or travel late at night.

    (a) exemplary
    (b) opportunistic
    (c) sympathetic
    (d) disorderly

6. There is no doubt that it's all part of the government's _____ plan to spy on our e-mail and phone records.

    (a) incognito
    (b) incongruous
    (c) frivolous
    (d) insidious

Theme 05
30 DAYS TEPS 800+ Final Sum-up
고난도 어휘 · 일반 어휘

Part 01

1. A: His report was very _____ and to the point.
   B: I couldn't agree with you more.

   (a) tedious
   (b) succinct
   (c) long-winded
   (d) fluent

   > **해설**
   > 보고서에 대한 설명으로 빈칸 뒤에 나오는 to the point와 그 의미가 연계되는 어휘를 골라야 한다. to the point는 '적절한' 혹은 '요령이 있는'이란 의미로 이와 가장 어울리는 것은 보기 (b)이다. 보기 (d)는 글이 아니라 외국어를 유창하게 쓸 때 사용할 수 있는 단어다.

   해석
   A: 그의 보고서는 매우 간결하고 요점을 짚어냈어요.
   B: 저도 전적으로 동감합니다.

   어휘
   tedious 지루한   long-winded 지겨운, 장황한   fluent 유창한, 유창하게 말하는
   succinct 간결한

2. A: What is your company focusing on this year?
   B: This year, consumer satisfaction is our top _____.

   (a) premium
   (b) preference
   (c) notch
   (d) priority

   > **해설**
   > 올해 회사가 중점을 두고 있는 사항을 물어보고 있다. 문맥상 고객만족도가 올해의 최우선 순위라고 말하는 것이 자연스럽다. 정답은 (d)이다. 보기 (c)의 Top notch는 무언가가 최고라는 것을 의미할 때 사용할 수 있는 표현이다. ex) This car is top notch!(이 차 최고에요!)

   해석
   A: 올해 당신의 회사는 무엇에 중점을 두고 있나요?
   B: 올해는 고객 만족도가 최우선 순위죠.

   어휘
   focus on ~에 집중하다   priority 할증금, 보험료   top notch 최고(인)
   consumer satisfaction 고객 만족도   preference 선호   priority 우선 순위

3. A: I don't understand. I can't log onto my email address.
   B: It's probably some _____ in the system. Try again later.

   (a) blotch
   (b) glitch
   (c) speckle
   (d) bleach

   🔓 해설
   이메일 계정에 로그인을 할 수 없다고 한 말에 대한 적절한 답변이 되게끔 하는 어휘를 골라야 한다. 다음에 다시 시도해 보라고 하는 것으로 보아 시스템 상에 무언가 문제가 있다고 말하는 것이 적절하다. 정답은 (b)이다. 나머지 보기들은 대화의 내용과 관련성이 전혀 없다.

   🔍 해석
   A: 이해가 안 가네. 내 이메일 주소에 로그인이 안 돼.
   B: 아마도 시스템에 결함이 있는 것 같은데. 이따가 다시 해봐.

   🔎 어휘
   log onto (~에 인터넷으로) 연결하다
   glitch 결함, 고장
   blotch (피부의) 검버섯, 큰 얼룩
   speckle 작은 반점, 얼룩
   bleach 표백제

Part 02

4. His gift for paintings would have been considered _____ had it not been for Picasso, the greatest artist of the 20th century.

   (a) prodigious
   (b) destructive
   (c) hazardous
   (d) comly

   🔓 해설
   그림에 있어서 그의 재능은 20세기 최고의 예술가인 피카소가 없었더라면, 이것으로 간주되었을 것이다라고 가정해서 말하고 있다. 문맥상 가장 적절한 어휘는 보기 (a) prodigious이다. 나머지 단어들은 주어인 gift(재능)와는 어울리지 않는다.

   🔍 해석
   그의 그림에 대한 재능은 20세기 가장 위대한 예술가인 피카소가 아니었더라면 비범한 것으로 여겨졌을 것이다.

   🔎 어휘
   gift 재능 있는
   consider ~로 여기다, ~로 간주하다
   prodigious 비범한, 놀라운
   destructive 파괴적인
   hazardous 모험적인, 위험한
   comly 잘생긴, 미모의

고난도 어휘 · 일반 어휘

5. Police continued to claim that the assaults against Indian students are not racially motivated but more _____, targeting young people who work or travel late at night.

    (a) exemplary
    (b) opportunistic
    (c) sympathetic
    (d) disorderly

해설
빈칸 뒤에 추가 설명되는 부분이 중요하다. 인도 학생들에 대한 공격은 인종적 차별에 동기를 받은 것이 아니지만 밤에 늦게 다니는 사람들을 목표로 잡은 것이라는 얘기다. 즉, 이것은 특정대상을 폭행할 기회를 기다렸다는 것과 일맥상통하므로 보기 (b) opportunistic이 정답이 된다. 나머지 보기들은 문맥과 전혀 어울리지 않는다.

해석
경찰은 인도 학생들에 대한 폭행이 인종적 동기를 받은 것이 아니고 밤늦게 여행을 하거나 일을 하는 젊은 친구를 목표로 한 기회적인 것에 가깝다고 지속적으로 주장하고 있다.

어휘
assault 폭행
racially 인종의
motivate ~에게 동기를 주다
exemplary 모범적인, 훌륭한
opportunistic 기회주의적인
sympathetic 동정심이 있는, 동정적인
disorderly 지저분한, 난잡한

6. There is no doubt that it's all part of the government's _____ plan to spy on our e-mail and phone records.

    (a) incognito
    (b) incongruous
    (c) frivolous
    (d) insidious

해설
우리의 이메일과 전화기록을 감시하는 정부의 계획에 가장 적합한 어휘를 골라야 한다. spy의 동사적 의미를 고려할 때 '교활한, 음흉한'이란 뜻을 가진 보기 (d) insidious가 가장 적절하다. incognito는 사람이 자신의 신분이나 이름을 숨기는 경우에 쓰이는 단어이다.

해석
그것이 우리의 이메일과 전화기록들을 감시하려고 하는 정부의 교활한 계획의 일부임에 의심의 여지가 없다.

어휘
doubt 의심
insidious 교활한
spy (on) ~를 감시하다
incognito 익명의, 가명의
frivolous 시시한
incongruous 조화하지 않는, 어울리지 않는

Section 03
30 DAYS TEPS 800 + Final Sum-up

Actual Test

앞에서 우리는 TEPS 어휘에서 출제 가능한 모든 유형과 주제들의 문제를 풀어보면서 TEPS 고득점을 위한 사전 준비작업을 완료했다. 이제 총 3회분의 어휘 Actual Test를 풀어봄으로써 실전 TEPS 시험을 대비한 최종 점검을 해보도록 하자.

🔑 실제 시험, 이것만은 꼭 기억하자!!!

1. 총 50개의 어휘 문항을 풀기 위해 주어지는 시간은 단 15분!! 한 문항을 풀기위해 소요되는 시간은 15초를 넘겨서는 곤란하다. 절대로 한 문항에 너무 많은 시간을 투자하지 말고, 모르면 과감히 다음 문제로 넘어가는 대범함이 필요하다.

2. 본인이 생각할 때 문맥에 적절하다고 판단되는 어휘가 두 가지일 경우, 빈칸 뒤에 위치하는 전치사와 그 쓰임새가 어울리는 어휘를 선택하도록 한다.

3. 아무리 쉬운 단어라 하더라도 성급히 정답을 선택하지 말고, 전체 문맥을 기반으로 하여 적절한 어휘를 고를 수 있도록 한다. TEPS 어휘 시험의 경우 개별적 단어의 의미도 중요하지만 문장에서의 쓰임새가 더 중요하다.

4. 결국은 요령이 아니라 실질적인 어휘능력이 풍부한 사람만이 고득점을 획득할 수 있다. 이 Section의 Actual Test 3회분을 통해서 오답으로 주어진 단어들의 의미까지도 명확히 정리해 놓는 노력을 반드시 쏟자.

Vocabulary

Actual Test • 1

Directions

This part of the exam tests your vocabulary skills.
You will have 15 minutes to complete the 50 questions.
Be sure to follow the directions given by the proctor.

Actual Test · 1

> **Part 1** *Questions 1~25*
>
> *Choose the best answer for the blank.*

1. A: Are you having fun?
   B: Yeah, so _____ so good.

   (a) been
   (b) far
   (c) long
   (d) too

2. A: I'm throwing a party tonight. Do you want to come?
   B: Why not? Who else are you _____?

   (a) proposing
   (b) serving
   (c) inviting
   (d) pinching

3. A: Could I speak to Mrs. Kidman directly?
   B: Sure. I'll _____ him on the phone.

   (a) connect
   (b) get
   (c) reach
   (d) take

4. A: I finished my homework. Can I go out and play?
   B: Yes, but _____ your room before you go out.

   (a) tidy up
   (b) bring on
   (c) throw out
   (d) see through

5. A: I'd like to apologize for what I've done the other day.
   B: Apology _____. Don't ever disrespect me again.

   (a) happened
   (b) forgiven
   (c) admitted
   (d) accepted

6. A: What was the verdict?
   B: The man was _____ to 30 days in jail.

   (a) sentenced
   (b) offended
   (c) convicted
   (d) accused

7. A: The new employee wasn't as good as I expected.
   B: You're right. He was of about _____ ability.

   (a) middle
   (b) average
   (c) halfway
   (d) center

8. A: Are you _____ me on this?
   B: Of course.

   (a) for
   (b) into
   (c) in
   (d) with

9. A: Do you know which _____ it is to the nearest convenience store?
   B: It's at the corner on your right.

   (a) road
   (b) location
   (c) way
   (d) passage

10. A: Hi, I'd like to _____ my flight.
    B: Sure. May I ask your name and flight number?

    (a) miss
    (b) confirm
    (c) remove
    (d) pass

Actual Test · 1

11. A: Hello. I'm returning Mr. Brenson's call.
    B: Hold the _____, please. I'll put you through.

    (a) phone
    (b) ring
    (c) receiver
    (d) line

12. A: I think you have to _____ a cavity rather than remove it.
    B: How much would it cost?

    (a) get
    (b) fill
    (c) operate
    (d) reinstate

13. A: I think Mrs. Johnson _____ you over me.
    B: That's nonsense. She equally loves us both.

    (a) looks
    (b) inclines
    (c) favors
    (d) indulges

14. A: Thanks for the pep talk.
    B: No _____. I'm sure you can do it.

    (a) deal
    (b) fret
    (c) speech
    (d) sweat

15. A: Wow, you're huge. When is the baby _____?
    B: In a couple of weeks.

    (a) expecting
    (b) due
    (c) going
    (d) carrying

16. A: There's no need to rush anything.
    B: Okay. I _____ you.

    (a) do
    (b) hear
    (c) see
    (d) push

17. A: How can I make a(n) _____ call from my office phone?
    B: Just dial 0 and you'll get a dial tone.

    (a) exotic
    (b) outside
    (c) abroad
    (d) exterior

18. A: No worries. I'll fax the results to your place.
    B: Thanks. I _____ you one.

    (a) appreciate
    (b) thank
    (c) show
    (d) owe

19. A: The board appointed him as Chief Executive Officer.
    B: That's absurd. I don't think he's _____ to lead.

    (a) fit
    (b) pertinent
    (c) well
    (d) feasible

20. A: Do you think Max will keep his promise?
    B: Of course. He is a man of his _____.

    (a) sentence
    (b) idea
    (c) word
    (d) speech

Actual Test · 1

21. A: I have to try harder. I've been unemployed for almost a month now.
    B: Take it easy on yourself and don't _____ yourself too hard to get a good job.

    (a) mind
    (b) provoke
    (c) simplify
    (d) push

22. A: Rise and shine! It's time to _____ out of bed.
    B: Okay. What's for breakfast?

    (a) jump
    (b) fall
    (c) hover
    (d) leave

23. A: What's that on the tree?
    B: I guess it's an owl _____ its wings.

    (a) wagging
    (b) flapping
    (c) trembling
    (d) flipping

24. A: Has the boss made up his mind about investing in China?
    B: No, he still has some _____ about the proposal.

    (a) reservations
    (b) appointments
    (c) conclusions
    (d) judgements

25. A: I'm sorry for the _____, but I have news for you.
    B: Are they good news or bad news?

    (a) disturbance
    (b) commotion
    (c) stoppage
    (d) interruption

Part 2 *Questions 26~50*

Choose the best answer for the blank.

26. In North Korea, many people are barely _____ without food, water and shelter.

    (a) breathing
    (b) surviving
    (c) embattling
    (d) struggling

27. _____ is one of the most common skin diseases during adolescence and early childhood.

    (a) Typhlitis
    (b) Acne
    (c) Gastritis
    (d) Constipation

28. Homosexuality was _____ as hooliganism in China until 1997, and still regarded as a mental illness until 2001.

    (a) refined
    (b) defined
    (c) employed
    (d) minded

29. A Change Your Password Day has been introduced as a way to _____ awareness about online security.

    (a) materialize
    (b) cogitate
    (c) consume
    (d) raise

30. Journalists are required to present their press _____ in order to gain access to the press room.

    (a) capabilities
    (b) credentials
    (c) modifications
    (d) qualifications

Actual Test · 1

31. The location change will be _____ right after lunch.

    (a) translated
    (b) announced
    (c) pronounced
    (d) acclaimed

32. The engineer has successfully solved the recurring software glitch in the sophisticated PRIUS computer system for _____.

    (a) great
    (b) fine
    (c) good
    (d) proficiency

33. The pharmacist recommended me to take this pill to _____ the symptom.

    (a) exaggerate
    (b) withdraw
    (c) alleviate
    (d) allude

34. This software focuses on providing a range of advanced presentation techniques to help people enhance and _____ their range of dramatic skills.

    (a) extend
    (b) obstruct
    (c) deteriorate
    (d) dismantle

35. In conclusion, this scientific evidence shows that maternal smoking _____ fetal growth and doubles the risk of having a low birth weight baby.

    (a) resumes
    (b) retards
    (c) resolves
    (d) reinstates

36. Our guests will not only be able to enjoy the beauty of the place but also get _____ pleasure through contemporary cuisine.

   (a) palate
   (b) tongue
   (c) visual
   (d) auditory

37. If you're having trouble finding the answer you're looking for, you can always call our _____ Customer Support Center.

   (a) sacrificed
   (b) violated
   (c) dedicated
   (d) dictated

38. A retired State Department intelligence official and his wife have been arrested and _____ with spying for Cuba.

   (a) booked
   (b) reserved
   (c) charged
   (d) ticketed

39. I have no _____ for the people who take drugs and then whine when they get into trouble later.

   (a) sympathy
   (b) spirit
   (c) fervor
   (d) emotion

40. Voters should become intelligent and _____ if they don't want to elect politicians who only think about their bank accounts.

   (a) volatile
   (b) restless
   (c) rational
   (d) emotional

Actual Test·1

41. For Alzheimer's sufferers, getting dressed is one of the last tasks the memory _____.

    (a) revives
    (b) revolts
    (c) refurbishes
    (d) retains

42. One in three parents feels guilty for missing work to _____ after a sick child.

    (a) take
    (b) come
    (c) run
    (d) look

43. Many people still believe that President Kennedy was _____ _____ as a result of conspiracy.

    (a) died
    (b) nullified
    (c) resuscitated
    (d) assassinated

44. The city has decided to fine people who _____ and do not wear seatbelts in cars.

    (a) scurry
    (b) tread
    (c) slither
    (d) jaywalk

45. More than 1,500 child-care centers set up by the government to _____ for working mothers and single fathers are leased to private operators.

    (a) forgo
    (b) gratify
    (c) cater
    (d) oblige

46. The man had a _____ accident that led to the amputation of his hands and legs.

    (a) auspicious
    (b) horrendous
    (c) belligerent
    (d) vicious

47. Tom was hospitalized because he started to experience _____ as a result of taking drugs.

    (a) intonation
    (b) proposition
    (c) hallucination
    (d) stimulation

48. Huge winds caused a boat to _____ off Somalia's southern coast.

    (a) capsize
    (b) indict
    (c) annihilate
    (d) disseminate

49. Authors are not encouraged to use too many _____ in their work because it can make readers wonder how original they are after all.

    (a) cliches
    (b) metaphors
    (c) novelties
    (d) contrasts

50. These food ingredients are considered _____ to human health as they can form carcinogenic compounds in the body.

    (a) susceptible
    (b) impervious
    (c) detrimental
    (d) vulnerable

Vocabulary

Actual Test • 2

Directions

This part of the exam tests your vocabulary skills.
You will have 15 minutes to complete the 50 questions.
Be sure to follow the directions given by the proctor.

Part 1 *Questions 1~25*

Choose the best answer for the blank.

1. A: I have to go now. I will call you later.
   B: Okay. Please give my best _____ to your wife.

   (a) hope
   (b) regards
   (c) hello
   (d) minds

2. A: I think Tom wants to ask you out.
   B: I couldn't _____ less. I'm not interested in him at all.

   (a) want
   (b) care
   (c) stress
   (d) charge

3. A: Good afternoon. Is there anything I can help you with?
   B: No, it's okay. I'm just _____.

   (a) shopping
   (b) looking
   (c) finding
   (d) seeing

4. A: Are you planning on studying in America next year?
   B: I'd like to, but I'm not _____.

   (a) sure
   (b) clear
   (c) perfect
   (d) secure

5. A: Who are you most _____ to for your renewed health?
   B: It's my wife, Susan.

   (a) authorized
   (b) indebted
   (c) appointed
   (d) entitled

Actual Test 2

6. A: Can I pay by credit card?
   B: I'm sorry, sir. We don't _____ payment by credit card.

   (a) admit
   (b) hug
   (c) assure
   (d) accept

7. A: I saw John shaking his _____ at you. What's up between you two?
   B: It's nothing. He just can't take a joke.

   (a) elbow
   (b) head
   (c) thigh
   (d) fist

8. A: Does Mr. Johnson still work for the company?
   B: No, he's _____.

   (a) eliminated
   (b) retired
   (c) surrendered
   (d) hired

9. A: Hi. This is Tom speaking. Can I speak to Monica, please?
   B: Sure. Please _____ on a second.

   (a) get
   (b) hold
   (c) wait
   (d) delay

10. A: Tom. How's _____?
    B: Not bad. Can't complain. How about yourself?

    (a) existence
    (b) living
    (c) life
    (d) actuality

11. A: John, I need to talk to you about something.
    B: Can it _____? I have a very tight schedule today.

    (a) wait
    (b) delay
    (c) hinder
    (d) set

12. A: How was your date with Susan?
    B: It was great. We really _____ it off.

    (a) turned
    (b) hit
    (c) pulled
    (d) staked

13. A: Why do you have your leg in a cast?
    B: I _____ while stepping in the elevator.

    (a) limped
    (b) staggered
    (c) tripped
    (d) wobbled

14. A: What are the qualifications for the job?
    B: The job _____ a high school diploma or equivalent and up to 2 years of experience.

    (a) requests
    (b) possesses
    (c) inquires
    (d) requires

15. A: _____ me for a second. I have to go check my kids.
    B: No problem. Please go ahead.

    (a) Release
    (b) Break
    (c) Excuse
    (d) Forget

Actual Test 2

16. A: How did you like the novel?
    B: It was excellent. I just couldn't _____ it down.

    (a) make
    (b) put
    (c) jot
    (d) split

17. A: Please pay attention to what I'm trying to say to you.
    B: Okay. I'm all _____.

    (a) noses
    (b) strokes
    (c) ears
    (d) fires

18. A: Miranda's husband passed away last night.
    B: Oh, dear. I hope she'll _____ over it soon.

    (a) take
    (b) come
    (c) get
    (d) do

19. A: I came by to make sure you were okay.
    B: Yeah, I'm _____ pretty good.

    (a) doing
    (b) experiencing
    (c) hoping
    (d) coming

20. A: I don't think I can _____ this gift.
    B: Oh, please. It's the least I can do.

    (a) agree
    (b) return
    (c) accept
    (d) concur

21. A: I'm starving. Why don't we go out and grab something to eat?
    B: You just read my mind. Let's go. It's my _____.

    (a) tab
    (b) foot
    (c) shout
    (d) mouth

22. A: I'm _____ of listening to your complaints.
    B: Did I whine that much?

    (a) sick
    (b) ill
    (c) queasy
    (d) exhausted

23. A: Isn't the scenery beautiful?
    B: Absolutely. Especially, I love the way the light is _____ on the lake.

    (a) abdicating
    (b) shimmering
    (c) resounding
    (d) promulgating

24. A: Mr. Kim. Tell me specifically what's wrong with your nose.
    B: My nose keeps getting _____ and my throat hurts.

    (a) choked
    (b) pierced
    (c) congested
    (d) suffocated

25. A: My son wants to transfer to another school. But he just won't tell me why.
    B: That's strange. Isn't there the possibility of _____ at school?

    (a) enlightening
    (b) tolerating
    (c) bullying
    (d) overlooking

Part 2 *Questions 26~50*

Choose the best answer for the blank.

26. The Megastore will offer 45 percent discounts on all silver products, only for a(n) _____ time.

    (a) limited
    (b) clear
    (c) definite
    (d) infinite

27. The man has raised a good _____ which I found very interesting.

    (a) point
    (b) respect
    (c) edition
    (d) clue

28. Protests by indigenous groups in Peru's Amazon region _____ violent when government security forces attacked anti-development blockades.

    (a) turned
    (b) made
    (c) found
    (d) ran

29. It came as a shock to me that neither one of the students had had the _____ to stand up against the bullies in school.

    (a) cell
    (b) gland
    (c) nerve
    (d) vitality

30. The management of the company has strongly _____ the employees to reduce operational expenses in order to survive in today's extremely competitive marketplace.

    (a) pulled
    (b) addressed
    (c) demanded
    (d) urged

31. A US funeral director has been _____ of his licence after a man's legs were cut off to fit inside a standard coffin.

   (a) naked
   (b) stripped
   (c) dismissed
   (d) pivoted

32. The television show, which will take an in-depth look at the _____ of the iPod, will be aired on Friday next week.

   (a) genesis
   (b) generics
   (c) genetics
   (d) generals

33. A special team of Australian military cooks has been rushed to Afghanistan to produce Australian food after _____ of soldiers complained about tasteless dishes served at the Dutch-run mess.

   (a) points
   (b) scores
   (c) grades
   (d) credits

34. The defense argued it was the defendant's father who killed the rest of the family in their home before _____ suicide.

   (a) accomplishing
   (b) committing
   (c) executing
   (d) carrying

35. The new immigration policy to be implemented in 2011 is _____ with questions about fairness.

   (a) spurred
   (b) endorsed
   (c) fraught
   (d) overcast

36. A group of men _____ everyone in the bank hostage, and then demanded 1 million dollars.

    (a) treated
    (b) got
    (c) held
    (d) handed

37. I want you to _____ that I put a lot of time and effort into this event.

    (a) acknowledge
    (b) intertwine
    (c) endure
    (d) sympathize

38. Agrochemicals should be kept out of _____ of children under 10 years of age.

    (a) arm
    (b) reach
    (c) longevity
    (d) length

39. The only reason why many students try to get into prestigious schools is to get a _____ paid job after graduation.

    (a) absolutely
    (b) highly
    (c) fully
    (d) deeply

40. The Korean public is not in _____ of making English the official language.

    (a) freight
    (b) favor
    (c) majority
    (d) rapport

41. The role of the chairperson in meetings is to help focus the discussion when it _____ from the point.

    (a) whines
    (b) wonders
    (c) worships
    (d) wanders

42. An intramuscular _____ of penicillin will cure a person who has had the disease for less than a year.

    (a) projection
    (b) dissection
    (c) injection
    (d) injunction

43. Ronaldo pulled a hamstring in practice, and might have to _____ the rest of the season.

    (a) call
    (b) lose
    (c) stop
    (d) miss

44. There are some children who have a huge _____ to onions or anything onion-like.

    (a) enmity
    (b) aversion
    (c) sickness
    (d) hatred

45. The boy's parents made him apologize for his _____ behavior to the neighbors, and grounded him for five days.

    (a) clement
    (b) congenital
    (c) insolent
    (d) lenient

46. Students should not risk their future by trying to _____ their teachers.

    (a) discharge
    (b) defy
    (c) confer
    (d) default

47. His driver's license was _____ due to DUI in New York about 6 months ago.

    (a) dismissed
    (b) deprived
    (c) solicited
    (d) revoked

48. The actress was incarcerated after _____ rules of her probation.

    (a) violating
    (b) bisecting
    (c) following
    (d) addressing

49. A CFO of Delta investment company has been charged with _____ the company's books and defrauding investors out of more than 200 million dollars.

    (a) writing
    (b) stretching
    (c) cooking
    (d) drawing

50. Soviet-supplied chemical weapons have killed thousands of people in the Middle East and now it's becoming a _____ to society worldwide.

    (a) mitigation
    (b) amelioration
    (c) menace
    (d) truce

Vocabulary

Actual Test • 3

Directions

This part of the exam tests your vocabulary skills.
You will have 15 minutes to complete the 50 questions.
Be sure to follow the directions given by the proctor.

Actual Test 3

Part 1 *Questions 1 ~ 25*

Choose the best answer for the blank.

1. A: You look _____.
   B: Yeah, I stayed up all night studying for the test.

   (a) wiped out
   (b) freaked out
   (c) pumped up
   (d) fired up

2. A: It sounds like you have a better idea.
   B: Actually, I do. I'll _____ it out for you.

   (a) check
   (b) map
   (c) take
   (d) cut

3. A: I didn't know you like _____ stamps.
   B: Well, it's one of my hobbies. What's yours?

   (a) gathering
   (b) collecting
   (c) gleaning
   (d) picking

4. A: The Johnsons have decided to _____ a child from Cambodia.
   B: Again? I guess they are really into children.

   (a) adapt
   (b) adjust
   (c) adopt
   (d) abduct

5. A: I can't take this anymore. Now I'm going to stand up to him.
   B: That's my boy! That's the _____.

   (a) hope
   (b) tenor
   (c) zest
   (d) spirit

6. A: Excuse me. Is this seat _____?
   B: No, it's not. Have a seat.

   (a) taken
   (b) eaten
   (c) gotten
   (d) retrieved

7. A: May I speak to Ms. Simpson?
   B: I'm afraid she just stepped out for lunch. May I ask who's _____?

   (a) asking
   (b) talking
   (c) calling
   (d) saying

8. A: She was _____ that it was the only way to improve economic conditions.
   B: I know, but clearly she was wrong.

   (a) contracepted
   (b) convinced
   (c) converged
   (d) conversed

9. A: I finally got a promotion at work.
   B: _____ for you!

   (a) Nice
   (b) Well
   (c) Good
   (d) Bad

10. A: We've come a long _____ since we first started our business.
    B: That's right. We've really had a heck of time, huh?

    (a) road
    (b) course
    (c) lapse
    (d) way

11. A: Can I try on one of your shirts?
    B: Of course. You can have it for the _____.

    (a) asking
    (b) grilling
    (c) soliciting
    (d) questioning

12. A: Good to see you again, John. How's life _____ you?
    B: Same old, same old.

    (a) handling
    (b) treating
    (c) covering
    (d) directing

13. A: Do you have a minute? There's something I need to talk to you about.
    B: Okay. Just make it quick because I'm _____ for time.

    (a) hurry
    (b) busy
    (c) pressed
    (d) flattened

14. A: Hurry up, darling. We're going to be late for the movie.
    B: I'm all _____. Let's get going.

    (a) stable
    (b) set
    (c) handy
    (d) available

15. A: I can't find your car anywhere.
    B: Yeah, I left it at the repair shop because it _____ up again.

    (a) rose
    (b) acted
    (c) took
    (d) kept

16. A: Can I borrow your book?
    B: What _____?

    (a) with
    (b) for
    (c) to
    (d) on

17. A: Would you like to have more chicken?
    B: No, thanks. I'm _____.

    (a) starved
    (b) stuffed
    (c) pissed
    (d) doomed

18. A: You look so nervous. You need to _____ up.
    B: I know. But I'm just not comfortable being here.

    (a) cheer
    (b) show
    (c) brush
    (d) loosen

19. A: Good morning. How can I help you?
    B: Hi. I have a(n) _____ with Dr. Brown at 2.

    (a) promise
    (b) pledge
    (c) appointment
    (d) agreement

20. A: I _____ into your cousin, Jake, at the grocery store.
    B: Really? I haven't seen him for years myself.

    (a) sticked
    (b) drilled
    (c) rolled
    (d) bumped

21. A: Who's that man over there? He looks _____.
    B: Actually, he is. He graduated summa cum laude from Havard.

    (a) indiscreet
    (b) audacious
    (c) brilliant
    (d) imbecile

22. A: What's your final _____ on this trip?
    B: Finland, the country of the lakes.

    (a) scapegoat
    (b) purpose
    (c) domicile
    (d) destination

23. A: Please make sure that this _____ between us.
    B: Don't worry. I'll keep a secret.

    (a) lives
    (b) stays
    (c) survives
    (d) haunts

24. A: You must feel bad because your boyfriend cheated on you.
    B: Yeah, it's totally _____.

    (a) invigorating
    (b) enthralling
    (c) exhilarating
    (d) humiliating

25. A: Are you and Susan going _____?
    B: Yes, we are. We really love each other.

    (a) sturdy
    (b) steady
    (c) stout
    (d) stiff

Part 2 Questions 26~50

Choose the best answer for the blank.

26. I helped Mrs. Gibson apply for Medicare and preformed many professional services on her _____.

    (a) label
    (b) behalf
    (c) status
    (d) belief

27. Everybody thinks Andrea is a stuck-up because he loves _____ about himself.

    (a) caring
    (b) scolding
    (c) bragging
    (d) concealing

28. Some 20,000 riot police have been mobilized in an effort to block the _____ to the Parliament

    (a) reach
    (b) vacancy
    (c) access
    (d) approach

29. We all know how hard it is to _____ the habit of smoking.

    (a) give
    (b) wield
    (c) smash
    (d) break

30. The accusation that I defamed the man's honor was so _____ that I couldn't help but laugh out loud.

    (a) erudite
    (b) ludicrous
    (c) capricious
    (d) irruptive

Actual Test·3

31. Professor Gibson told his students that a(n) _____ examination on the environmental pollution by mining activities should be taken into consideration in this study.

    (a) nearby
    (b) close
    (c) adjacent
    (d) neighboring

32. The nutritionists have decided to observe the patients' weight changes in order to prove the effectiveness of this _____.

    (a) regimen
    (b) remuneration
    (c) misdiagnosis
    (d) constitution

33. My uncle has not been on speaking _____ with his daughter since he had an argument with her.

    (a) relation
    (b) jargons
    (c) terms
    (d) conditions

34. Acupuncture is a traditional Chinese medical technique that helps relieve _____.

    (a) contention
    (b) tension
    (c) dispute
    (d) ease

35. He made a fortune by selling his property at a _____ high price.

    (a) thoroughly
    (b) bitterly
    (c) hardly
    (d) ridiculously

36. Jim Collins will begin a new _____ arts class for a group of adults who wish to become chefs of their own restaurant.

    (a) disciplinary
    (b) literary
    (c) martial
    (d) culinary

37. The vast majority of the world's governments have _____ about the nuclear threat posed by Iran and North Korea.

    (a) enlightenment
    (b) reservations
    (c) conservation
    (d) plagiarism

38. I recommend you to _____ your hair in that salon because the stylist there is fantastic.

    (a) nip
    (b) slice
    (c) do
    (d) keep

39. They started to _____ when they remembered seeing their father dance alone in the kitchen.

    (a) snort
    (b) whimper
    (c) snicker
    (d) chuckle

40. After a slow start, the effort to reconstruct this unique facility is now gaining _____.

    (a) progress
    (b) impulse
    (c) momentum
    (d) catalyst

41. Please be cautious when handling these boxes as they contain _____ items.

    (a) feeble
    (b) fragile
    (c) imbecile
    (d) introversive

42. The long-held belief that investing in shares will _____ better investment returns than bonds is wrong.

    (a) manufacture
    (b) yield
    (c) crop
    (d) elicit

43. The personal and friendly style of education in Canada was the main _____ for me to come and study at Toronto University.

    (a) speed
    (b) drive
    (c) motor
    (d) ride

44. It is important that all the contract products _____ the specification of government quality control standard.

    (a) succeed
    (b) jump
    (c) meet
    (d) get

45. The woman asked her husband to _____ the math to figure out how much it would cost to furnish the whole room.

    (a) calculate
    (b) do
    (c) divide
    (d) finish

46. Due to a tax _____ on alcoholic beverages, sales plunged to a 10 year low in July this year.

    (a) enhancement
    (b) appendix
    (c) promotion
    (d) hike

47. Most of the people in the concert hall got _____ when the group announced their break-up.

    (a) thunderstruck
    (b) mesmerized
    (c) enthralled
    (d) crestfallen

48. Many people believe that there is a _____ agreement running through the power structure of their society.

    (a) delinquent
    (b) lachrymose
    (c) flamboyant
    (d) tacit

49. The close _____ to beautiful natural environment was very attractive to me in choosing this university.

    (a) attachment
    (b) insecurity
    (c) intimacy
    (d) proximity

50. Some religious people try to force _____ into believing their religion.

    (a) autocrats
    (b) rectors
    (c) agnostics
    (d) racists

Perfect! TEPS

이충훈 &
J&L English Lab 지음

텝스 한달만 제대로 공부 해보자

Grammar & Vocabulary 정답편

Perfect!
TEPS

이충훈 &
J&L English Lab 지음

이비톡

텝스한달만 제대로 공부해보자

Perfect TEPS

Grammar

문법 정답편

Pre-Test 1·2·3
Actual Test 1·2·3

Pre-Test·1 Answers

1. (c)   2. (c)   3. (d)
4. (d)   5. (c)   6. (c)

1.

A: I don't think I can go to the post office today.
B: No worries. I'll ask John _____ the package for you.

(a) get
(b) getting
(c) to get
(d) gets

🔓 해설

5형식 구문에서 목적보어의 형태를 물어보고 있다. 동사 ask가 5형식 문장에서 '~에게 ~ 할 것을 요청하다'는 의미로 사용될 경우, 목적보어는 to부정사가 되어야 한다. 정답은 (c)이다.

🔓 해석

A: 저 오늘 우체국에 갈 수 없을 것 같아요.
B: 걱정하지 마세요. 존에게 당신을 위해 소포를 가져다 달라고 요청할게요.

🔍 어휘

No worries. 걱정하지 마.

✓ 정답 (c)

2.

A: Your sister is _____ your mother.
B: Yes, she is. Actually, she plans to participate in the Beauty Pageant 2009.

(a) as beautiful as a woman
(b) as a beautiful woman as
(c) as beautiful a woman as
(d) as beautiful as woman as

🔓 해설

비교되는 두 대상이 비슷비슷하다는 의미로 사용되는 원급비교의 형태는 'as+형용사/부사의 원급+as'이다. 단, 명사가 같이 사용될 경우에는 'as+형용사의 원급+a(an)+명사+as'의 어순을 따라야 한다. 그러므로 정답은 (c)이다.

🔓 해석

A: 네 여동생은 너희 어머니만큼이나 아름다운 여성이구나.
B: 네, 그래요. 사실 제 여동생은 2009년 미인대회에 참가할 계획이에요.

🔍 어휘

participate 참가하다   Beauty Pageant 미인대회

✓ 정답 (c)

3.

By the time I finish school next year, I _____ close to 200,000 dollars for tuition.

(a) will spend
(b) an spent
(c) will have been spent
(d) will have spent

🔓 해설

주어진 기점 시제가 미래(by the time ~ next year)이고, 그때가 되었을 때의 완료될 상황을 이야기하고 있기 때문에 서술어는 'will have + pp'의 미래완료시제 형태가 되어야 한다. 정답은 (d)이다.

🔓 해석

내년에 내가 학교를 끝마치게 될 때가 되면, 난 수업료로 200,000달러 가까이 쓰게 될 것이다.

🔍 어휘

close to ~에 가까이
tuition 수업료

✓ 정답 (d)

4.

As many as 10,000 people _____ to protest the ban on gay marriage since last December in Los Angeles.

(a) has gathered
(b) gathers
(c) gathered
(d) have gathered

🔓 해설

주어가 복수이므로 (a)와 (b)는 정답이 될 수 없다. 남은 두 개의 보기 중 문장에 적절한 시제를 갖춘 것을 골라야 하는데, 문제에서 'since December'라고 언급되어 있으므로 현재완료시제를 갖춘 보기 (d)가 정답이다.

🔓 해석

10,000명 가까운 사람들이 지난 12월부터 로스앤젤레스에 동성간 결혼 금지를 항의하기 위해서 모였다.

🔍 어휘

protest 항의하다
ban 금지, 금지하다
gay marriage 동성결혼

✓ 정답 (d)

5.

(a) A: Good morning. May I see your passport and ticket, please?
(b) B: Just one moment. It's in my purse. Here you are.
(c) A: Thank you. Do you have any luggages?
(d) B: Yes, I've got some here. I hope they don't weigh too much.

🔒 **해설**

(c)에서 '짐'을 뜻하는 luggage는 불가산명사다. luggages에서 s를 빼야 한다.

🔓 **해석**

A: 어서 오세요. 여권과 티켓을 봐도 될까요?
B: 잠시만요. 지갑에 있어서요. 여기 있습니다.
A: 감사합니다. (부칠) 가방은 있나요?
B: 네, 여기 몇 개 있습니다. 짐 무게가 초과하지 않으면 좋겠네요.

🔍 **어휘**

Just one moment. 잠시만요.
purse 지갑
weigh 무게가 나가다

✅ **정답** (c)

6.

(a) Her goal to use simple ingredients in a modern way has turned the food guru into a global brand. (b) Donna Hay started her career as a food stylist with the Australian Women's Weekly before becoming food editor at Marie Claire. (c) She launched into her own food magazine in 2001 and by 2008 had a readership of 347,000. (d) She has also published 17 cookbooks, selling 3.3 million copies in seven languages.

🔒 **해설**

launch는 타동사로 '~을 개시하다' 혹은 '출판하다'란 의미가 있다. 그러므로 전치사 into가 생략되어야 한다.

🔓 **해석**

(a) 현대적인 방식으로 간단한 재료들을 사용하겠다는 그녀의 목표는 이 음식 전문가를 세계적인 브랜드로 만들었다. (b) Donna Hay 씨는 Marie Claire에서 음식 편집자가 되기 전에 그녀의 경력을 Australian Women's Weekly에서 음식 스타일리스트로 시작했다. (c) 그녀는 그녀만의 음식 잡지를 2001년도에 출판했고, 2008년도가 되어서는 347,000명의 독자를 확보했다. (d) 그녀는 17권의 요리책을 출판했고, 7개의 언어로 3백 30만 부가 판매되었다.

🔍 **어휘**

ingredient 재료
editor 편집자
launch 시작하다, 출판하다
readership 독자 수
publish 출간하다

✅ **정답** (c)

Pre-Test·2 Answers

| 1. (d) | 2. (b) | 3. (c) |
| 4. (b) | 5. (a) | 6. (c) |

1.

A: How do you want your gift _____ ?
B: No, it's okay. I'll come pick it up myself.

(a) to delivering
(b) to deliver
(c) delivering
(d) delivered

🔒 **해설**

want의 목적어인 your gift와 선택지에 주어진 동사의 기본 형태인 deliver는 '선물(gift)'이 배달되어져야 하는 대상임을 감안할 때 서로 수동의 관계이다. 그러므로 정답은 to be delivered가 되어야 한다. 단, 이 경우 'to be'는 생략이 가능하고 p.p 형태만 남을 수 있다. 그러므로 정답은 (d)이다.

🔓 **해석**

A: 선물을 어떻게 배달해 드릴까요?
B: 아뇨, 괜찮아요. 제가 가서 직접 가져올게요.

🔍 **어휘**

deliver 배달하다
pick up ~을 가져가다

✅ **정답** (d)

2.

A: See, I told you it would fail.
B: What? _____ suggested the idea.

(a) You were who
(b) It was you who
(c) Who it was you
(d) You who it was

🔒 **해설**

'~한 건 바로 ~다'라는 해석의 강조구문의 어순은 다음과 같다. 'It+be동사+강조대상+that(who) ~.' 여기서 강조의 대상은 you이므로 that 대신 who가 위치하고 있다.

🔓 **해석**

A: 봤지, 내가 그거 실패할 거라고 네게 말했잖아.
B: 뭐? 그 아이디어 제안한 건 바로 너잖아.

🔍 **어휘**

fail 실패하다　　　　　suggest 제안하다

✅ **정답** (b)

3.

Permanent line marking will be installed to make provision of a single traffic lane, bike lane and buffer zone adjacent _____ the center parking.

(a) of
(b) in
(c) to
(d) for

🔒 **해설**

'인접한' 이란 뜻을 갖는 형용사 adjacent는 전치사 to를 취한다. 따라서 (c)가 답이다.

🔒 **해석**

영구적인 라인 마킹은 단 하나의 자동차 도로, 자전거 도로 그리고 중앙 주차장과 인접해 있는 완충지대를 만들 준비를 위해 설치될 것이다.

🔍 **어휘**

permanent 영구적인　　　adjacent (to) 인접한
install 설치하다　　　　lane 차도
make provision 준비하다

✅ **정답** (c)

4.

Soft drinks contain lots of sugar that _____ energy, but no nutrients.

(a) provide
(b) provides
(c) was provided
(d) have provided

🔒 **해설**

sugar는 셀 수 없는 불가산명사이다. 그러므로 그 양이 많다고 해도 동사는 복수를 취해서는 안 된다. 또한, 일반적인 사실을 이야기하고 있는 문장이므로 시제는 단순현재시제이어야 한다. 정답은 (b)이다.

🔒 **해석**

청량음료는 에너지를 공급하지만 영양분은 들어 있지 않은 많은 당분을 포함하고 있다.

🔍 **어휘**

soft drink 청량음료
nutrient 영양분

✅ **정답** (b)

5.

(a) A: Kevin, what did I tell you? You can't watch television until you will finish your schoolwork.
(b) B: I know. That's why I'm watching TV right now.
(c) A: What do you mean?
(d) B: I finished it an hour ago. It was as easy as pie.

🔒 **해설**

시간과 조건의 부사절에서는 현재시제가 미래시제를 대신한다. 보기 (a)에서 until 이하의 문장은 '~때까지' 라는 시간의 부사절로 미래를 나타내지만 동사는 현재 형태가 되어야 한다. 정답은 (a)이다.

🔒 **해석**

A: 케빈, 내가 뭐라고 했니? 학교숙제를 끝낼 때까지는 텔레비전 못 본다고 했잖아.
B: 알아요. 그래서 제가 지금 텔레비전을 보고 있는 거예요.
A: 무슨 소리니?
B: 한 시간 전에 숙제 끝냈어요. 정말 쉬웠거든요.

🔍 **어휘**

as easy as pie 정말 쉬운

✅ **정답** (a) will finish → finish

6.

(a) Can fleeting changes of facial expression show whether people are telling lies? (b) Forty years ago, research psychologist Dr. Elkman posed this question after he recorded a series of interviews with patients at his hospital. (c) When one patient told him that she has previously lied to him, Elkman studied the film. (d) By slowing it down he found just two frames that revealed an intense expression of anguish.

🔒 **해설**

선택지 (c)에서 환자가 그에게 거짓말을 했다는 것은 그러한 사실을 말했다는 과거의 시점보다도 한 단계 이전 시점의 과거이다. 이처럼 과거보다 더 과거의 어느 시점을 말할 때는 과거완료시제를 사용해야 한다.

🔒 **해석**

(a) 잠깐 동안의 얼굴 표정의 변화가 사람들이 거짓말을 하고 있는 것인지 아닌지 보여줄 수 있을까요? (b) 40년 전에, 연구 심리학자인 엘크만 박사는 그가 그의 병원의 환자들과의 일련의 인터뷰를 녹화한 후에 이 질문을 던졌습니다. (c) 환자 한 명이 이전에 그에게 거짓말을 했다고 말했을 때, 엘크만은 그 영상을 연구했죠. (d) 영상의 속도를 늦춤으로써, 그는 격렬한 고뇌의 표정을 드러내는 두 개의 토막 영상장면을 발견했습니다.

🔍 **어휘**

fleeting 잠깐 동안의　　　previously 이전에
pose a question 문제를 내다　frame 토막영상
patient 환자　　　　　　anguish 비통, 고뇌, 번민

✅ **정답** (c) has previously lied → had previously lied

Pre-Test · 3 Answers

1. (b)   2. (b)   3. (c)
4. (c)   5. (d)   6. (d)

1.

A: I broke up with Jane a few months ago.
B: Then, who _____ at the moment?

(a) will you date
(b) are you dating
(c) did you date
(d) have you been dating

해설

질문하고 있는 내용의 시제는 at the moment 로 '지금 이 순간'을 이야기하고 있다. 현재 데이트를 하고 사람이 누구인지 물어보고 있는 현재진행형의 (b)가 정답이다

해석

A: 난 제인이랑은 몇 달 전에 헤어졌어.
B: 그러면, 요즈음은 누구랑 사귀고 있는 거니?

어휘

break up with ~와 헤어지다
at the moment 현재, 지금

✓ 정답 (b)

2.

A: We need to talk about these matters.
B: Can we just let them go? I hate _____ touchy issues.

(a) to be brought up
(b) bringing up
(c) being brought up
(d) brings up

해설

동사 hate는 뒤에 목적어로 to 부정사와 동명사가 모두 위치할 수 있다. 그러므로 (d)는 탈락. 민감한 사안들을 꼬집어내 얘기를 나누는 것과 그것을 싫어하는 것의 주어는 I이므로 bring up과의 관계는 능동이다. 그러므로 정답은 (b)다. 동사 뒤에 to 부정사와 동명사가 모두 올 수 있는 동사에는 love, hate, like, prefer, start 등이 있다.

해석

A: 우린 이 문제들에 대해서 얘기를 나눌 필요가 있어요.
B: 그냥 덮어두면 안 될까요? 전 민감한 사안들을 꼬집어내기 싫거든요.

어휘

let go ~을 보내다, ~을 덮다
hate 싫어하다
touchy 민감한
bring up (이야기를) 꺼내다, 제기하다

✓ 정답 (b)

3.

Daily Roofing is a successful construction business _____ rapid growth.

(a) enjoys
(b) enjoyed
(c) enjoying
(d) being enjoyed

해설

빠른 성장을 누리는 것은 건설업체다. 그러므로 enjoy와 a successful construction business는 서로 능동의 관계다. 그러므로 현재분사 형태인 보기 (c)가 정답이다.

해석

Daily Roofing은 빠른 성장을 누리는 성공적인 건설업체이다.

어휘

construction 건설, 공사
enjoy 즐기다, 누리다
rapid 빠른 신속한

✓ 정답 (c)

4.

A loner is defined as someone who doesn't have any friends _____.

(a) to be played
(b) to playing
(c) to play with
(d) playing with

🔓 **해설**

to 부정사의 형용사적 용법과 관련한 문제이다. 이때 to 부정사는 명사를 뒤에서 수식해준다. 단, 의미상 '함께 놀' 친구가 되어야 하기 때문에 play 뒤에 전치사 with가 함께 붙어주어야 한다. 정답은 (c)이다.

🔓 **해석**

외톨이는 함께 놀 친구가 없는 사람으로 정의된다.

🔍 **어휘**

be defined as ~으로 정의되다

✓ **정답** (c)

5.

(a) A: Congratulations! I heard you got the job in San Francisco.
(b) B: Thanks. I didn't expect that I would be able to get the position. I guess I was just lucky.
(c) A: Oh, come on. You don't need to be humble. So, when are you leaving for San Francisco?
(d) B: Well, my work starts on 5th of July, but I'm thinking of going there at least a week in advance getting familiar with the new environment.

🔓 **해설**

선택지 (d)에서 'get' 이하의 문장은 샌프란시스코로 일주일 전에 가려고 하는 목적, 이유를 설명해주는 내용이다. 이처럼 목적 또는 이유를 설명하기 위해서는 반드시 to 부정사를 사용해야 한다. 동명사는 목적이나 이유를 나타내 줄 수 없다.

🔓 **해석**

A: 축하해. 너 샌프란시스코에 그 일자리를 구했다는 얘기를 들었어.
B: 고마워. 내가 이 일자리를 얻게 될 줄은 나도 예상 못했어. 그냥 운이 좋아 좋았던 것 같아.
A: 아, 왜 그래. 겸손해 할 필요 없어. 그러면, 언제 샌프란시스코로 떠나는 거니?
B: 음, 내 일이 7월 5일부터 시작해, 하지만 새로운 환경에 익숙해지려고 최소한 일주일 전에 그 곳으로 가려고 생각중이야.

🔍 **어휘**

in advance 사전에, 미리
get familiar with ~에 익숙해지다

✓ **정답** (d) in advance getting → in advance to get

6.

(a) The chief executive and co-founder of Apple, Steve Jobs, underwent a liver transplant two months ago. (b) His health problems began in 2004 with a rare form of pancreatic cancer. (c) Only a limited number of directors were made aware of Jobs's condition. (d) The only detail being revealed by senior executives are that Jobs is due back in the office this week.

🔓 **해설**

선택지 (d)에서 주어는 단수인 detail이므로 이를 받는 서술어 역시 단수이어야 한다. 이 detail을 수식해주는 분사 이하의 문장인 'being revealed by senior executives'의 마지막 단어인 executives를 복수인 주어로 착각하는 실수를 범하지 말아야 한다.

🔓 **해석**

(a) 애플사(社)의 최고 경영자이자 공동창업자인 스티브 잡스는 두 달 전에 간이식 수술을 받았다. (b) 그의 건강 문제는 2004년도에 드문 형태의 췌장암과 함께 시작되었다. (c) 이사진들 중 제한된 인원만이 잡스의 상태를 인지 받았다. (d) 고위 중역진들에 의해 밝혀지고 있는 유일한 세부사항은 잡스가 다음 주에 사무실로 돌아오기로 되어 있다는 것이다.

🔍 **어휘**

undergo (수술을) 받다
transplant 이식
pancreatic cancer 췌장암
senior executives 고위 중역진들
due ~하기로 되어 있는

✓ **정답** (d) are → is

Actual Test 1 Answers

01 (d)	02 (d)	03 (c)	04 (c)	05 (c)
06 (d)	07 (b)	08 (a)	09 (b)	10 (d)
11 (c)	12 (c)	13 (d)	14 (c)	15 (c)
16 (d)	17 (c)	18 (c)	19 (c)	20 (d)
21 (c)	22 (b)	23 (b)	24 (d)	25 (b)
26 (b)	27 (d)	28 (a)	29 (d)	30 (d)
31 (a)	32 (b)	33 (c)	34 (c)	35 (d)
36 (b)	37 (d)	38 (d)	39 (b)	40 (c)
41 (b)	42 (c)	43 (c)	44 (c)	45 (d)
46 (c)	47 (a)	48 (d)	49 (a)	50 (a)

---

1 A: How's your French class?
B: Well, it seems _____.

(a) too a little difficult for me
(b) for me too a little difficult
(c) a little for me to difficult
(d) a little too difficult for me

 해설

빈칸을 포함하고 있는 문장은 원래 'It seems difficult for me to understand'가 완전한 형태였으나, to 부정사 이하를 생략하고 형용사인 difficult를 수식하는 a little too가 추가되어 'It seems a little too difficult for me'가 되었다. 정답은 (d)이다.

해석

A: 프랑스어 수업 어때?
B: 음, 내게는 좀 어려운 것 같아.

어휘

French class 프랑스어 수업

정답 (d)

---

2 A: What's the matter, Jack? You look very tired.
B: I've been having trouble _____ at night.

(a) to sleep
(b) for sleeping
(c) slept
(d) sleeping

해설

동명사의 관용표현에 관해 묻고 있다. have trouble과 have a difficulty는 모두 동명사를 목적어로 받는다는 것을 기억하자. 정답은 (d)이다.

 해석

A: 무슨 일이니, 잭? 너 굉장히 피곤해 보여.
B: 나 밤에 자는 데 어려움을 겪고 있어.

어휘

What's going on? 무슨 일이야?, 뭐가 문제야?
have trouble ~ing ~하는 데 어려움을 겪다

정답 (d)

---

3 A: Who is helping the professors do their work?
B: _____ are financially supporting them to finish the research.

(a) Of the politicians
(b) The politicians who
(c) It is the politicians who
(d) As the politicians

해설

보기 (a)와 (d)는 각각 전치사구와 부사절로 문장의 주어 역할을 할 수가 없다. 보기 (b) 역시 완전한 관계대명사구가 아니기에 주어가 될 수 없다. 그러므로 정답은 'It is ~who'의 강조용법인 (c)이다.

해석

A: 그 교수들이 그들의 작업을 하도록 누가 도와주고 있는 거지?
B: 그들이 연구를 끝마칠 수 있도록 재정적으로 지원하고 있는 것은 정치인들이야.

어휘

politician 정치인
financially 재정적으로
support 지원하다
research 연구

정답 (c)

4 A: _____ you plan to do, make the most out of them.
   B: I'll keep that in mind.

   (a) What
   (b) Whichever
   (c) Whatever
   (d) Which

🔓 해설
의미상 '~하던지 간에'란 뜻의 부사절을 만들어주는 보기를 선택해야 한다. '-ever'가 이런 역할을 할 수 있는데, 문제에서 말하는 계획하고자 하는 일이 특정한 두 가지의 선택사항 중 하나가 아니므로 정답은 (c)이다.

🔓 해석
A: 네가 무엇을 하기로 계획하던지 간에, 그것들을 최대한 활용할 수 있도록 하거라.
B: 명심하도록 하겠습니다.

🔍 어휘
plan to ~을 하기로 계획하다
make the most out of ~을 최대한 활용하다
keep A in mind A를 마음속에 간직하다, 명심하다

✓ 정답 (c)

5 A: I _____ playing computer games for two hours when my mom told me to go to bed.
   B: Didn't she scold you about it?

   (a) am
   (b) will be
   (c) had been
   (d) would be

🔓 해설
잠을 자라고 말한 시점이 과거이고, 컴퓨터를 두 시간 동안 해온 건 더 이전의 과거이므로 빈칸의 서술어는 과거완료로 제시되어야 한다.

🔓 해석
A: 엄마가 내게 잠을 자라고 말했을 때 나는 두 시간 동안 컴퓨터게임을 하고 있던 중이었어.
B: 그녀가 그것에 대해 너를 꾸짖지는 않았어?

🔍 어휘
scold 꾸짖다

✓ 정답 (c)

6 A: I think you should do something to make things right.
   B: If so, what _____?

   (a) would you I do suggest
   (b) do you suggest I would
   (c) I do would you suggest
   (d) would you suggest I do

🔓 해설
의문문의 올바른 어순을 맞추는 문제. 조동사가 포함된 의문문의 어순은 '의문사+조동사+주어+동사' 순이어야 한다. 정답은 (d)이다.

🔓 해석
A: 난 네가 일들을 바로잡기 위해서 무언가를 해야 된다고 생각해.
B: 만약 그렇다면, 넌 내가 어떻게 해야 한다고 제안하겠니?

🔍 어휘
make things right 일들을 바로잡다
suggest 제안하다

✓ 정답 (d)

7 A: I wonder what your hobby is.
   B: Well, it's _____ the net.

   (a) surfs
   (b) surfing
   (c) surfed
   (d) for surfing

🔓 해설
빈칸 앞에 be동사가 있으므로 동사의 원형 형태는 위치할 수 없다. 뒤의 the net을 목적어로 취하며 be동사 뒤에서 보어 역할을 해주어야 하므로 현재분사 형태인 surfing이 정답이다.

🔓 해석
A: 네 취미가 뭔지 궁금하다.
B: 음, 인터넷 서핑하는 거야.

🔍 어휘
surf 서핑하다

✓ 정답 (b)

8 A: I have decided to promote him to supervisory level.
B: You're making a mistake. He's not _____ good at his work.

(a) any
(b) some
(c) many
(d) far

🔒 **해설**
'not ~ any'는 '전혀 ~ 하지 않다'라는 의미의 완전한 부정문을 만든다. 그러므로 정답은 (a)이다. 보기 (d)의 far는 'He is far better than you'의 예에서도 볼 수 있듯이 비교급을 수식할 때 사용할 수 있는 부사이다.

🔒 **해석**
A: 그를 관리직 수준으로 승진시키기로 결심했어요.
B: 당신 실수하시는 거예요. 그는 자신의 업무를 전혀 잘하지 못한다고요.

🔍 **어휘**
promote ~를 승진시키다
supervisory 감독의, 관리상의
be good at ~을 잘하다

✅ **정답** (a)

---

9 A: All the furniture in the rooms _____ made specifically for the king.
B: So I've heard.

(a) are
(b) is
(c) have
(d) has

🔒 **해설**
주어 furniture가 단수형태만 취할 수 있으므로 동사 역시 단수형으로 제시되어야 하며, 가구는 만들어지는 수동관계에 있으므로 수동태 형태를 취해 is가 위치해야 한다.

🔒 **해석**
A: 방들의 모든 가구들이 왕을 위해 특별히 만들어진 거야.
B: 나도 그렇게 들었어.

🔍 **어휘**
specifically 특별히

✅ **정답** (b)

---

10 A: Do I have to fill in this form?
B: No, you don't _____.

(a) have to do
(b) have to do it
(c) have do it
(d) have to

🔒 **해설**
'Do I have to fill in~?'이라고 묻는 질문에 완전한 형식의 대답은 'No, you don't have to fill in this form'이다. 보통 이 경우, 언급된 단어들의 반복을 피하기 위해서 대부정사를 사용하는데, 대부정사는 to까지만 사용하는 것이 원칙이다.

🔒 **해석**
A: 제가 이 양식을 작성해야만 하나요?
B: 아니요. 그러실 필요 없습니다.

🔍 **어휘**
fill in ~을 작성하다
form 양식(서)

✅ **정답** (d)

---

11 A: John wants me to get involved in another project, but I don't know what to do.
B: If I were you, _____ out of it.

(a) I stay
(b) I'll stay
(c) I'd stay
(d) I'd have stayed

🔒 **해설**
존은 아직 프로젝트에 참여할지 여부를 결정한 것이 아니기에 B의 대답은 불가능한 현실이나 현재와 반대되는 상황을 표현하는 가정법 과거가 사용되어야 한다. 가정법 과거에서 if절은 동사의 과거형, 그리고 주절에는 'would+동사원형'이 와야 하므로 정답은 (c)이다.

🔒 **해석**
A: 존은 내가 또 다른 프로젝트에 관련되기를 원하지만, 난 어떻게 해야 할지 모르겠어.
B: 내가 너라면 그 일에 관여하지 않을 거야.

🔍 **어휘**
get involved in ~에 관련되다
stay out of ~에서 빠지다, ~에 관여하지 않다

✅ **정답** (c)

12 A: Just tell me how you would like _____.
B: Make it square, please.

(a) your nail to do
(b) done your nail
(c) your nail done
(d) your nail doing

🔒 해설
동사 do와 nail과의 관계는 수동관계이므로 nail 뒤에 do의 수동형 done을 써야 한다. 정답은 (c)이다.

🔒 해석
A: 네 손톱 손질을 어떻게 하고 싶은지 내게 말해줘.
B: 반듯하게 손질해주세요.

🔍 어휘
square 반듯하게 하다, 정사각형으로 하다

✓ 정답 (c)

13 A: Mike thinks he is the cream of the crop.
B: His brother, James, _____.

(a) do, either
(b) do, as well
(c) does, either
(d) does, as well

🔒 해설
자신이 잘났다고 생각한다는 마이크와 마찬가지로 그의 형 제임스도 똑같다고 해야지 문맥상 적절하다. 3인칭 형태인 동사 thinks를 받는 대동사 does와 함께, 긍정의 문장에 대한 동의이므로 as well이 붙어야 한다. 정답은 (d)이다.

🔒 해석
A: 마이크는 자기가 되게 잘났다고 생각해.
B: 걔 형인 제임스도 그래.

🔍 어휘
cream of the crop 가장 특출난, 가장 잘난

✓ 정답 (d)

14 A: How long have you lived in this apartment?
B: As of next year, I _____ here for 5 years.

(a) live
(b) will live
(c) will have lived
(d) have lived

🔒 해설
'How long have you ~?'의 형태로 물어보는 질문은 반드시 완료시제 형태로 답변을 해주어야 한다. 이제 시제를 파악해야 하는데, '~부터'라는 의미의 as of와 문장 마지막의 for 5 years를 통해서 시제가 미래임을 알 수 있다. 정답은 (c)이다.

🔒 해석
A : 너 이 아파트에 얼마나 오래 살았니?
B : 내년부터, 5년째 살게 되는 거야.

🔍 어휘
as of ~부터

✓ 정답 (c)

15 A: We've got only forty dollars left. Do you think the money is enough for her birthday?
B: I don't think _____ enough to buy her a gift.

(a) they are
(b) they were
(c) that is
(d) that was

🔒 해설
문맥상 (a)나 (b)의 they는 돈 또는 전체 문장을 받아야 하는데, 전체 문장을 받는 역할이 없고 또한 돈이라는 money는 단수 취급하기 때문에 they는 쓸 수 없다. 단순한 현재의 사실을 나타내기 때문에 that 뒤에 was 역시 쓸 수 없다.

🔒 해석
A: 우리는 이제 40달러만 남았다. 그녀의 생일을 위한 돈으로 충분할까?
B: 그 돈으로는 그녀에게 선물을 사기에는 부족할 것 같은데.

🔍 어휘
left 남은
gift 선물, 재능

✓ 정답 (c)

16 A: Let me make _____, Okay?
B: Okay. But may I ask who you're calling?

(a) the quick phone call
(b) quick the phone call
(c) a phone quick call.
(d) a quick phone call

🔓 해설

make a phone call은 '전화를 하다'라는 의미로 여기서 call은 가산명사이다. 그리고 형용사 quick은 phone call을 수식해 주어야 한다. 그러므로 정답은 (a) 아니면 (d)로 좁혀진다. 그런데, 여자가 걸고자 하는 전화는 B의 'May I ask who you're calling?'에서도 알 수 있듯이, 서로가 알고 있는 정해진 전화가 아니기에 정관사 the가 올 수 없다. 정답은 (d)이다.

🔓 해석

A: 급하게 전화 한 통화 할게요. 괜찮죠?
B: 그러세요. 누구에게 전화하시는 건지 물어도 될까요?

🔍 어휘

make a phone call 전화하다

✓ 정답 (d)

---

17 A: What's the documentary film about?
B: It's about a guy _____ up the corporate ladder in Wall Street.

(a) climbed
(b) climb
(c) climbing
(d) having climbed

🔓 해설

남자(guy)는 사다리를 오르는 능동에 관계에 있으므로 능동의 동사 형태인 climbing이 적절한 답이다.

🔓 해석

A: 그 다큐멘터리 영화는 무엇에 관한 거야?
B: 월가에서 기업체 서열에 있어서 승진가도를 달리는 한 남자에 관한 거야.

🔍 어휘

corporate ladder 기업의 계층적 서열

✓ 정답 (c)

---

18 A: I would like to rent a house _____ downhill where garage is a level below the house.
B: No problem. I'll go through the list of houses you requested.

(a) face
(b) having faced
(c) facing
(d) faces

🔓 해설

동사 face는 집이 아래쪽을 바라본다는 의미가 되어야 하므로 능동의 동사형인 facing이 적절한 형태의 답이다.

🔓 해석

A: 나는 차고가 집의 아래층에 있고 언덕이 보이는 집을 임대하고 싶어.
B: 문제없어. 네가 요청한 집들의 목록을 살펴볼게.

🔍 어휘

face 바라보다
go through 조사하다, 검토하다

✓ 정답 (c)

---

19 A: I didn't expect to see you here, Mr. Kim.
B: Oh, _____.

(a) I didn't, neither
(b) I neither didn't
(c) Neither did I
(d) Neither didn't

🔓 해설

자신도 그랬다는 동의 표시는 neither와 함께 Neither did I로 나타낸다. 다른 보기들의 형태로는 이 같은 뜻을 나타낼 수 없다.

🔓 해석

A: 여기서 만날 줄은 기대하지 못했네요, 미스터 김.
B: 오, 저도 그랬어요.

🔍 어휘

expect 기대하다, 예상하다

✓ 정답 (c)

20
A: I think your girlfriend is a bit taller than you.
B: What are you talking about? We're _____.

(a) same height.
(b) a same height
(c) the same heights
(d) the same height

🔒 해설
키, 신장을 나타내는 height는 단수취급이 되어야 하고, same의 앞에는 항상 정관사 the가 위치해야 한다. 정답은 (d)이다.

🔒 해석
A: 네 여자친구가 너보다 약간 더 키가 큰 것 같아.
B: 무슨 소리를 하는 거야? 우린 같은 키라고.

🔍 어휘
height 신장, 키

✓ 정답 (d)

---

22 The team's series of victories _____ to an end about a week ago in the match against England.

(a) come
(b) came
(c) have come
(d) had come

🔒 해설
동사의 알맞은 시제를 고르는 문제이다. 문장에서 'about a week ago'라는 특정한 과거시점을 알려주고 있으므로 서술어의 시제는 단순 과거시제이어야 한다. 그러므로 정답은 (b)이다.

🔒 해석
그 팀의 연승 행진은 일주일 전 잉글랜드와의 경기에서 끝났다.

🔍 어휘
a series of victories 연승
come to an end 끝나다

✓ 정답 (b)

---

21 Users can destroy their opponent's clothing, _____ may end up being rather embarrassing for the female characters.

(a) when
(b) what
(c) which
(d) that

🔒 해설
관계대명사의 계속적 용법에 관한 문제이다. 빈칸 앞에 콤마(,)가 위치해 있기 때문에 관계대명사 계속적 용법임을 알 수 있다. 그러므로 보기 (d)는 탈락. 정답은 (c)이다.

🔒 해석
사용자들은 그들의 적의 의복을 파괴할 수 있는데, 이는 여성 캐릭터들에게 있어서는 다소 난처한 일이 될지도 모른다.

🔍 어휘
opponent 적, 상대
clothing 의복
end up ~ing (결과가) ~이 되다
embarrassing 당황케 하는, 난처한

✓ 정답 (c)

---

23 The chairman of the conference thanked all the delegates _____ actively contributing to the deliberations of the conference.

(a) under
(b) for
(c) to
(d) with

🔒 해설
'thank A for B'는 'B에 대해서 A에게 감사를 표하다'라는 뜻을 가진 관용적 숙어 구문이다. 빈칸은 전치사 for가 빠진 부분이다. 정답은 (b)이다.

🔒 해석
회의의 의장은 적극적으로 회의의 심의에 기여한 것에 대해서 모든 대표단에 감사를 표했다.

🔍 어휘
conference 회의
delegate 대표, 사전
actively 적극적으로
contribute 공헌하다, 기여하다
deliberations 심의, 토의

✓ 정답 (b)

24 Most of the rules of play for rugby are similar to _____ of American football.

(a) ones
(b) these
(c) that
(d) those

해설
빈칸은 the rules of play를 받는 대명사가 위치해야 한다. 복수임으로 대명사 those가 정답이다. 만약 단수라면 that이 정답이 되는데, 주의할 것은 this와 these는 사용되지 않는다는 거다.

해석
럭비의 경기규칙 대부분은 미식축구의 그것들과 비슷하다.

어휘
rules of play 경기규칙들
be similar to ~와 유사하다

정답 (d)

---

25 With a bit of difficulty, we managed to find out that the rabbit was hiding in the garden, in which there _____ plenty of trees and flowers.

(a) was
(b) were
(c) be
(d) is

해설
빈칸은 유도부사구문인 there is/there are에서 be동사에 해당하는 부분이다. 문제 해결의 핵심은 전체 시제가 과거라는 것과 be동사 뒤에 위치한 명사의 수이다. plenty of trees and flowers는 복수이므로 정답은 (b)이다.

해석
다소의 어려움과 함께 우리는 그 토끼가 나무와 꽃들이 풍성한 정원에 숨어있었다는 것을 알아내었다.

어휘
difficulty 어려움
manage 간신히 ~하다
find out 알아내다, 발견하다
hide 숨다
plenty of 풍부한, 많은

정답 (b)

---

26 _____ drains and bad odors are facts of life, but you can tackle them without harming the environment.

(a) Blocking
(b) Blocked
(c) Having blocked
(d) Block

해설
두 개의 문장이 접속사 but으로 연결되고 있기 때문에 분사구문의 문장이 아님을 우선 파악한다. and 뒤의 악취(bad odor)와 연계하여 생각해 볼 수 있는 것은 '막힌 하수구'로 명사 drain을 과거분사인 blocked가 앞에서 형용사처럼 수식해 주는 형태가 적절하다. 정답은 (b)이다.

해석
막힌 하수구와 고약한 악취는 일상다반사이기는 하지만, 당신은 환경을 해치지 않고도 이 문제들을 해결할 수 있습니다.

어휘
drain 하수구
odor 냄새, 악취
fact of life 피할 수 없는 현실
tackle (문제 등을) 다루다
harm 해치다

정답 (b)

---

27 The newly inaugurated CEO of Telstra made a speech emphasizing that companies should not only look for profit but also _____

(a) making donations to the society
(b) for making donations to the society
(c) to make donations to the society
(d) make donations to the society

해설
not only A but also B의 구문에서 A와 B는 문법상 지위가 서로 동등해야 한다. 예를 들어 A가 명사일 경우에는 B도 명사, A가 동사면 B 역시도 동사가 와야 한다. 본 문장에서 A에 해당하는 내용은 look for profit 즉, 동사원형인 look이기 때문에 but also 뒤에 오는 어구 역시 동사원형의 형태로 이어져야 한다. 그러므로 정답은 (d)이다.

해석
새로 부임한 텔스트라의 최고경영자는 기업들이 이윤만을 추구할 것이 아니라 사회에 기부금 또한 내야 한다는 것을 강조하는 연설을 하였다.

어휘
newly 새롭게
inaugurate ~의 취임식을 거행하다
emphasize 강조하다
profit 이윤
make a donation 기부금을 내다

정답 (d)

28
The child prodigy successfully solved the last math question, _____ his counterpart didn't even finish the second one.

(a) while
(b) since
(c) for
(d) as

해설
빈칸을 사이에 두고 앞의 문장과 뒤의 문장은 서로 대조되는 내용이다. 이 경우 '반면에'란 뜻을 가진 접속사를 위치시켜 종속절과 주절의 반대, 비교 또는 대조 내용을 연결시켜 줄 수 있다.

해석
그 신동은 성공적으로 마지막 수학 문제를 푼 반면, 그의 상대는 두 번째 문제조차도 풀지 못했다.

어휘
prodigy 신동
counterpart 상대(방)

정답 (a)

29
The public is going to impeach some politicians _____ ignoring the public opinion these days.

(a) who
(b) whose
(c) which
(d) who are

해설
빈칸을 사이에 둔 명사 politicians와 ignoring을 적절히 연결 시켜줄 수 있는 것을 골라야 한다. 문맥상 요즘 여론을 무시하는 정치인들이므로 politicians를 선행사로 보고 주격관계대명사 who와 함께 be동사가 함께 따라온 보기 (d)가 정답이다.

해석
대중은 요즘 여론을 무시하고 있는 몇몇 정치인들을 탄핵할 예정이다.

어휘
impeach 탄핵하다
politician 정치인
ignore 무시하다
public opinion 여론

정답 (d)

30
Little _____ that I would work on Wall Street.

(a) do I know
(b) I knew
(c) I know
(d) did I know

해설
빈칸 앞에 Little이라는 부정부사가 있기 때문에 쉽게 도치된 문장형태임을 파악할 수 있다. 정답은 (d)이다.

해석
내가 월가에서 일하게 될 줄 나는 알지 못했다.

어휘
wall street 월가

정답 (d)

31
_____ we must give up the carnal part of our mind and submit ourselves to the divine reason.

(a) The time has come when
(b) The time when has come
(c) Has the time come when
(d) When has the time come

해설
빈칸 뒤에 위치하고있는 문장은 '주어+동사'의 완전한 형태를 갖춘 문장이다. 그러므로 빈칸에 들어갈 문장은 이 둘을 자연스럽게 이어지게 할 수 있도록 접속사나 관계부사가 같이 와야 할 것이다. 선택지에서는 관계부사 when이 들어있으므로 뒤의 문장을 연결시켜주는 보기 (a), (c) 중에 문장이 의문사 형태가 아니므로 (c)는 탈락하고 (a)가 정답이다.

해석
우리가 우리 마음의 육욕의 부분을 포기하고 우리 자신을 성스러운 이유에 맡길 때가 왔다.

어휘
carnal 육욕의
submit 맡기다
divine 신의, 성스러운

정답 (a)

32 The man _____ wife died when a commercial jet slammed into his house in Las Vegas says he doesn't hold a grudge against the pilot involved in the tragedy.

(a) of that
(b) whose
(c) who was
(d) whom

🔒 **해설**
소유격 관계대명사를 묻고 있는 질문이다. 소유격 관계대명사 문장의 특징은 관계대명사 앞에 위치한 선행사와 관계대명사 뒤에 위치한 명사가 '선행사의 명사'라는 해석이 가능하다는 것이다. 본 문장에서도 '남자(man)의 여자(wife)'란 해석이 가능하다. 소유격 관계대명사로 선행사 사람을 받는 것은 whose이다. 정답은 (b)이다.

🔓 **해석**
상업용 비행기가 라스베가스에 있는 그의 집에 내동댕이쳤을 때 아내가 죽은 그 남자는 이 비극에 연루된 조종사에 대한 원한을 갖고 있지 않다고 말했다.

🔍 **어휘**
commercial 상업상의, 영리를 목적으로 하는
hold a grudge against ~에게 원한을 품다
involve 포함시키다
tragedy 비극

✅ **정답** (b)

33 Mr. Johnson loves drinking juice with Turkish food, and his wife drinks _____ he does.

(a) as much as juice almost
(b) as much juice almost as
(c) almost as much juice as
(d) almost as much as juice

🔒 **해설**
원급 비교는 'as+원급 형용사/부사+as'의 형태를 가진다. 단, 명사가 같이 들어갈 수도 있는데, 이 경우 형태는 'as+원급 형용사/부사+a(an)+명사+as'가 된다. 부사 almost는 원급 비교인 'as ~as'의 앞에 위치해야 하므로 정답은 보기 (c)이다.

🔓 **해석**
존슨 씨는 터키 음식과 함께 주스를 마시는 것을 아주 좋아하는데, 그의 아내 역시 거의 존슨 씨만큼이나 주스를 많이 마신다.

🔍 **어휘**
Turkish 터키의

✅ **정답** (c)

34 _____ the effect of these changes on the environment will be positive or negative.

(a) It is to say difficult whether
(b) It is difficult whether to say
(c) It is difficult to say whether
(d) It is whether to say difficult

🔒 **해설**
선택지들을 보고 본 문제가 'It ~ to 부정사' 구문의 적절한 어순을 물어보는 문제 유형임을 파악해야 한다. 선택지 보기들 안에 whether가 들어가 있으므로 빈칸 뒤의 문장을 whether가 받고 있음을 알 수 있다. 정답은 (c)이다.

🔓 **해석**
환경에 대한 이러한 변화들의 효과가 긍정적일지 아니면 부정적일지 말하는 것은 어려운 일이다.

🔍 **어휘**
effect 효과
environment 환경
positive 긍정적인
negative 부정적인

✅ **정답** (c)

35 The most unique factor of this movie was the fact _____ there was no violent conflict between the characters.

(a) in that
(b) which
(c) of which
(d) that

🔒 **해설**
명사절을 이끄는 종속접속사 역할을 하는 that의 쓰임을 묻고 있는 질문이다. that절 이하의 내용이 that 앞에 위치한 the fact, the news, the truth 등과 서로 동격을 이루게 된다. 문제에서 빈칸 앞에 the fact가 나오고 선택지 중 that이 보인다면 일단 의심하도록 한다. that이 명사절을 이끄는 종속접속사의 동격으로 사용될 경우, that 이하의 문장은 완전한 하나의 문장을 이룬다는 특징을 기억해두자. 정답은 (d)이다. 선택지를 보고 이 문제가 관계대명사라고 착각하지 않도록 한다.

🔓 **해석**
이 영화의 가장 독특한 요소는 캐릭터들 간에 폭력적인 충돌이 전혀 없다는 사실이다.

🔍 **어휘**
unique 독특한   violent 폭력적인
factor 요소, 요인   conflict 투쟁, 충돌

✅ **정답** (d)

36 My legs and shoulders feel so heavy and stiff now, and _____.

(a) the rest of my body so does
(b) so does the rest of my body
(c) so the rest of my body does
(d) so did the rest of my body

🔓 해설
so가 문두로 나온 도치형태 문장이다. 주어에 해당하는 'the rest of my body'가 뒤로 빠지고 대신 so가 앞으로 나오며 그 뒤에 동사가 위치한다. 현재 그러하다는 내용을 담고 있으므로 시제는 현재가 되어야 한다. 정답은 (b)이다.

🔒 해석
내 팔과 어깨는 너무 무겁고 뻣뻣하게 느껴지고 내 신체 나머지 부분 또한 그러하다.

🔎 어휘
stiff 경직된, 뻣뻣한

✅ 정답 (b)

---

37 _____ Spain, she played for the US national soccer team due to her American ancestry.

(a) Being born
(b) Although born
(c) Although she was born
(d) Although born in

🔓 해설
분사구문 형태를 묻고 있다. 문맥상 원래의 부사절의 완전한 문장은 'Although she was born in Spain'이다. 이 문장을 분사구문으로 만들면, (Being) Born in Spain의 형태가 된다. 단, 생략되었던 Although는 다시 남겨진 분사구문의 맨 앞에 위치해서 사용될 수 있다. (a)~(d)의 보기 중 앞서 등장한 형태를 만족하는 것은 보기 (d)뿐이다. 정답은 (d)이다.

🔒 해석
비록 스페인에서 태어났지만, 그녀는 그녀의 미국인 혈통으로 인해서 미국 축구대표팀을 위해서 뛰었다.

🔎 어휘
be born in ~에서 태어나다
ancestry 조상, 계보, 계통

✅ 정답 (d)

---

38 The truth is that he did not attack anyone, _____

(a) he threatened to attack neither.
(b) and nor did he threaten to attack.
(c) neither did he threaten to attack.
(d) nor did he threaten to attack.

🔓 해설
빈칸이 있는 문장은 앞이 완전한 문장이고 접속사가 존재하지 않으므로 선택지 중 neither로 시작하는 보기는 제외한다. 역시 대명사 he로 시작하는 (a)도 제외, nor는 'and neither'와 같은 의미이므로 and가 들어가 있는 (b) 역시 삭제. 정답은 (d)이다.

🔒 해석
진실은 그가 누구도 공격하지 않았을 뿐더러 공격하겠다고 협박조차도 하지 않았다는 것이다.

🔎 어휘
attack 공격하다
threaten 협박하다

✅ 정답 (d)

---

39 The more you spend on miscellaneous items, _____ save.

(a) the less money will you
(b) the less money you will
(c) the money less you will
(d) the less you will money

🔓 해설
'The 비교급+the 비교급'의 형태를 묻고 있는 질문이다. 단, 비교급 뒤에는 명사가 따라 올 수도 있다. 정답은 (b)이다.

🔒 해석
잡화품에 더 많은 돈을 소비할수록 저금할 수 있는 돈은 더 적어진다.

🔎 어휘
miscellaneous 잡동사니의

✅ 정답 (b)

40 _____ in Japan, Jong-Su suffered racism from local people.

(a) Bringing up
(b) Having brought up
(c) Having been brought up
(d) To be brought up

🔒 **해설**
적절한 분사구문의 형태를 묻고 있다. 문맥은 이유의 분사구문이 되어야 하는데, 자라난 시점이 콤마(,) 다음의 인종차별을 겪은 시점보다 앞서기 때문에 완료분사구문을 써서 표현한 (c)가 정답이다.

🔒 **해석**
정수는 일본에서 자랐기 때문에, 지역 사람들로부터 인종차별을 겪었다.

🔍 **어휘**
bring up 양육하다
racism 인종차별주의

✓ **정답** (c)

---

41 (a) A: This style is the nicest I've seen so far. Couldn't you order more pairs in my size?
(b) B: No problem. I'll get it sent over from the warehouse.
(c) A: When do you think they will arrive in the store?
(d) B: I think the staff at the warehouse can let me have them by tomorrow afternoon.

🔒 **해설**
선택지 (b)에서 it은 A가 언급한 more pairs에 해당한다. 셀 수 있는 복수명사를 대명사로 받을 때는 it이 위치할 수 없다.

🔒 **해석**
A: 이 스타일이 지금까지 내가 본 것 중에서 제일 멋져요. 제 사이즈로 몇 벌 더 주문해주실 수 있나요?
B: 문제없습니다. 창고에서 더 받으면 돼요.
A: 언제쯤 도착할 것 같나요?
B: 창고 직원이 내일 오후까지 보내 줄 수 있을 것 같아요.

🔍 **어휘**
order 주문하다
warehouse 창고

✓ **정답** (b) it → they

---

42 (a) A: Excuse me, I have to buy ties and a few presents for my foreign friends. Which department should I go to?
(b) B: If you go down to the first floor, you will find everything you're looking for.
(c) A: Thanks. By the way, do you know where is the elevator?
(d) B: Well, it's right behind you.

🔒 **해설**
선택지 (c)의 경우 간접의문문이 포함되어 있지만 어순은 여전히 직접 의문문인 '의문사+동사+주어'의 형태를 취하고 있다. 간접의문문 어순인 '의문사+주어+동사'의 순서로 변경해야 한다.

🔒 **해석**
A: 실례합니다. 제가 넥타이랑 외국 친구들에게 줄 선물을 몇 개 사야 하는데요. 어디로 가야 하죠?
B: 1층으로 가시면, 원하시는 모든 걸 다 찾으실 수 있을 겁니다.
A: 감사합니다. 그런데, 엘리베이터가 어디 있는지 아시나요?
B: 바로 뒤에 있습니다.

🔍 **어휘**
present 선물
look for ~을 찾다

✓ **정답** (c) where is the elevator → where the elevator is

---

43 (a) A: Excuse me, this little blue suitcase looks like mine. Where did you get it?
(b) B: What are you talking about? This suitcase is mine.
(c) A: I don't think so. Here is my passport. Please compare my name for the one on the suitcase.
(d) B: Oh, you're right. I'm sorry. I genuinely made a mistake.

🔒 **해설**
선택지 (c)에 등장하는 compare는 보통 'compare A to B' 또는 'compare A with B'의 형태로 사용되며 이때 뜻은 '~와 비유하다(비교하다)'로 사용된다.

🔒 **해석**
A: 실례합니다. 그 작은 파란색 서류가방 제 것 같은데요. 그거 어디서 나셨나요?
B: 무슨 소리하시는 건가요? 이 가방 제건데요.
A: 아닌 것 같은데요. 여기 제 여권이 있어요. 가방에 써 있는 이름이랑 비교해보세요.
B: 오, 당신 말이 맞네요. 죄송해요. 제가 실수를 저질렀네요.

🔍 **어휘**
suitcase 여행용 가방　　genuinely 진정으로
compare 비교하다

✓ **정답** (c) for → with / to

44 (a) A: Shall we go out together this afternoon?
   (b) B: I am sorry, but I have a lot to do. Tomorrow I have an appointment with some important clients, and I also have to prepare for the conference.
   (c) A: What a pity! I just wanted to show around you. Maybe we can get together later and have dinner together. What do you think?
   (d) B: I like that. Give me a call later.

🔓 해설
'동사+부사'로 이루어지는 구동사의 경우, 대명사를 목적어로 가질 때는 부사 앞에 대명사를 두어야 한다. show around는 '~를 구경시켜 주다'라는 의미를 가진 구동사이다.

🔓 해석
A: 우리 오늘 오후에 같이 나갈 수 있어?
B: 미안, 나 할 일이 많아. 내일 중요한 고객이랑 약속이 있고, 또 회의 준비를 해야 해.
A: 안됐네. 내가 구경시켜 주고 싶었는데. 나중에 만나서 같이 저녁이나 먹자. 어때?
B: 좋아, 나중에 전화 줘.

🔍 어휘
appointment 약속
client 고객
prepare 준비하다
get together 만나다, 뭉치다

✓ 정답 (c) show around you  show you around

45 (a) A: Do you have the list of clients?
   (b) B: Yes, I have everything. The list and their fax numbers.
   (c) A: Could you please also contact my secretary? It is already quarter to nine and she hasn't arrived yet.
   (d) B: Perhaps she is waiting for the bus still.

🔓 해설
선택지 (d)에서 still의 위치는 빈도부사의 어순과 동일하다. 보통 be동사 뒤, 조동사 앞, 일반동사 앞에 사용되며, 문장 전체를 수식할 때는 문장의 맨 앞에 위치할 수도 있지만 그 어떠한 경우에도 문장의 마지막에 오지는 않는다.

🔓 해석
A: 고객 명단 가지고 있나요?
B: 네, 다 가지고 있어요. 명단이랑 팩스번호랑요.
A: 내 비서에게도 연락 좀 해주겠어요? 벌써 8시 45분인데, 아직도 도착 안했네요.
B: 아마 아직 버스를 기다리고 있나 봐요.

🔍 어휘
client 고객
secretary 비서

✓ 정답 (d) she is waiting for the bus still she is still waiting for the bus

46 (a) Musical ability is linked to genes that aid social bonding. (b) The finding supports the theory that music may have developed as a way to cement human relationship. (c) Researchers recruited people from families with at least one professional musician and testing their aptitudes for distinguishing rhythm, pitch and musical pattern. (d) These abilities ran in families, consistent with their having a genetic origin.

🔓 해설
'A and B'에서 A와 B는 서로 동등한 자격을 갖추어야 한다. 선택지 (c)에서 내용상 and로 연결되어지는 것은 researchers를 같은 주어로 두고 '모집했다'는 동사 recruited와 '실험했다'는 동사 tested가 되어야 한다.

🔓 해석
(a) 음악적 능력은 사회적 유대를 도와주는 유전자와 연관되어 있다. (b) 본 연구결과는 음악이 인간의 관계를 굳건히 하기 위한 방법으로 발전되었을 수도 있다는 이론을 뒷받침해준다. (c) 연구원들은 최소한 한 명의 전문적 음악가를 가족으로 둔 사람들을 모집하고 특색이 있는 리듬, 음조, 그리고 음악적 패턴에 대한 그들의 경향을 실험하였다. (d) 이러한 능력들은 그들이 유전적 혈통을 가지고 있는 것과 일관되게 유전적으로 이어졌다.

🔍 어휘
bonding 유대
distinguishing 다른 것과 구분되는, 특색이 있는
aptitude 경향, 소질
run in family 유전하다, 유전되다
consistent with ~와 일관되게, 일관성 있게
genetic 유전적인

✓ 정답 (c) testing → tested

47 (a) Two American journalists have each been sentenced to 12 years' hard labor for illegal entering North Korea. (b) The two were arrested in March on the border with China, while filming a documentary on refugees. (c) The verdict comes at a time of worsening relations between North Korea and the United States following a recent nuclear test and test-firing of missiles. (d) A Former US vice-president was tipped as a possible mediator for the journalists, whose fate is now enmeshed in wider diplomatic machinations.

해설
선택지 (a)에서 전치사 for 뒤에 위치하는 동명사는 비록 명사 역할을 하지만 그 습성은 동사를 그대로 유지한다. 그러므로 enter 즉, '입국하다'란 동사를 '불법적으로'라는 말로 꾸며주기 위해서 필요한 것은 형용사가 아니라 부사이어야 한다.

해석
(a) 두 명의 미국인 저널리스트들이 북한에 불법적으로 들어온 것에 대해 각각 12년의 고된 노동형을 선고받았다. (b) 이 둘은 3월에 탈북자들에 대한 다큐멘터리를 촬영하던 중에 중국과의 국경에서 체포되었다. (c) 본 판결은 북한과 미국과의 관계가 최근의 핵실험과 실험 미사일 발사에 이어서 악화되어 가는 때에 나왔다. (d) 전 미국 부대통령이 이제 폭넓은 외교적 음모에 운명이 말려들어가버린 이 저널리스트들을 위한 중재인이 될 것이라 귀띔되었다.

어휘
be sentenced to ~을 선고받다
illegal 불법석인
verdict 판결
tip 내부 정보를 제공하다
mediator 중재자, 조정인
enmesh 말려들게 하다
machination 음모, 책략

✓ 정답 (a) illegal → illegally

48 (a) There has been much discussion and debate in the media about the increasing problem of obesity amongst the population. (b) This is a trend affecting not only adults but also children with an estimated 20-25% of American children now considered obese. (c) American children are growing fatter so rapidly that at the current rate it is predicted that 65% will be overweight or obese by 2020. (d) Given that obese children are very likely to become obese adults this is a disturbed figure.

해설
disturb는 '~를 괴롭히다'란 의미를 가지고 있다. 문맥상 비만이 될 아이들이 굉장히 높아질 것이라는 수치는 이 수치를 보는 사람들을 기분 나쁘게 하는 것이지 스스로가 기분 나쁘게 되는 것은 아니다. 그러므로 과거분사가 아닌 현재분사가 명사 figure 앞에 위치해야 옳다.

해석
(a) 인구 중 증가해가는 비만 문제에 대해서 언론에서는 많은 토론과 논의가 있어왔다. (b) 이것은 이제 비만이라고 여겨지는 미국 아이들이 예상수치가 20~25% 정도인 상황에서 성인들뿐만이 아니라 아이들에게도 영향을 미치는 트렌드이다. (c) 미국 아이들은 너무나 빠르게 뚱뚱해져가고 있어서 이와 같은 속도로 보면 2020년도에는 65% 정도가 과체중이거나 비만이 될 것으로 전망된다. (d) 비만인 아이들이 성인이 되어서도 비만일 가능성이 매우 높다는 것을 고려할 때, 이것은 매우 불편한 수치이다.

어휘
debate 논쟁
obesity 비만
trend 경향, 추세
affect ~에게 영향을 미치다
overweight 과체중의
disturb ~를 괴롭히다

✓ 정답 (d) disturbed → disturbing

49 (a) I have, over the years, tried to master the art of cooking the perfect steak and for anyone else who has tried you would know that it is as not easy as it looks. (b) But now, after eating a steak at the Rock Tavern I am quite happy to leave this pursuit to the professionals. (c) Their first rule of thumb is to only turn their steaks once. (d) They also source them from the very best suppliers that ensure they are fresh, tender, and full of flavor.

해설
원급비교의 어순은 'as+형용사/부사+as'의 형태를 띤다. 종종 명사가 들어와 'as+형용사/부사(a/an)+명사+as'의 어순을 만들기도 하지만, 부정을 뜻하는 not이 중간에 삽입될 수는 없다. 부정은 문장의 본동사에 같이 붙어줘야 한다.

해석
(a) 난 지난 몇 년간 완벽한 스테이크를 요리하는 법을 배우기 위해 노력했고, 이를 위해 노력해본 다른 누구라도 그것이 보이는 것만큼 쉽지 않다는 것을 알 것이다. (b) 하지만 이제, Rock Tavern에서 스테이크를 먹은 이후, 나는 이에 대한 나의 욕심을 전문가들에게 맡겨두어도 꽤 행복하다. (c) 그들의 첫 번째 법칙은 스테이크를 단 한 번만 뒤집는 것이다. (d) 그들은 또한 고기들이 신선하고, 부드럽고 맛이 진하다는 것을 보증하는 최고의 공급자들로부터 고기를 공급받는다.

어휘
master 통달하다, 마스터하다
pursuit 추구, 연구
professional 전문가(의)
rule of thumb 경험에 따른 법칙
ensure 보증하다, 확실히 하다

✓ 정답 (a) as not easy as → not as easy as

50 (a) As a singer and musician, my background has been highly involved in music, but I understand that many parents may feel awkward about introducing music with their child. (b) However, singing and even speaking in sing-song voice to your child is natural for most parents. (c) Something inside us tells that music elicits joy and happiness and can often be a great calming tool. (d) Now, I would like to elaborate on how easy it is to bring music into children's lives.

🔒 해설

'~를 ~에게 소개하다'라는 표현은 'introduce A to B'이다. 선택지 (a)는 이에 해당하는 전치사 to가 with로 잘못 들어가 있다.

🔓 해석

(a) 가수이자 음악가로서 나의 배경은 높은 수준 음악과 관련이 되어 있지만, 나는 많은 부모들이 그들의 아이에게 음악을 소개하는 것에 대해서 어색함을 느낄 수도 있다는 것을 이해한다. (b) 하지만, 노래를 하는 것과 마치 노래를 하는 것과 같은 목소리로 아이에게 말을 하는 것은 대부분의 부모들에게 있어서 자연스러운 일이다. (c) 우리 안의 무언가가 음악이 기쁨과 행복을 이끌어내고 종종 마음을 진정시키는 훌륭한 도구라고 말을 하는 것이다. (d) 이제, 나는 음악을 아이들의 삶에 불어 넣는 것이 얼마나 쉬운 일인가에 대해서 상세히 설명해 보고자 한다.

🔍 어휘

highly 높게
awkward 어색한
introduce A to B A를 B에게 소개하다
elicit 이끌어내다
calm 진정시키다, 마음을 가라앉히다
elaborate 상세히 설명하다

✓ 정답 (a) introducing music with their child → introducing music to their child

Actual Test · 2 Answers

01(c)	02(d)	03(b)	04(b)	05(a)
06(a)	07(c)	08(d)	09(c)	10(d)
11(c)	12(c)	13(c)	14(a)	15(b)
16(a)	17(c)	18(d)	19(a)	20(d)
21(c)	22(d)	23(b)	24(a)	25(b)
26(c)	27(b)	28(c)	29(c)	30(d)
31(b)	32(a)	33(d)	34(d)	35(c)
36(a)	37(c)	38(d)	39(a)	40(d)
41(b)	42(d)	43(d)	44(c)	45(b)
46(c)	47(c)	48(a)	49(c)	50(d)

1 A: What happened to your arm?
B: I had my arm _____ because of the car accident.

(a) break
(b) broke
(c) broken
(d) breaking

🔒 해설

빈칸 앞의 동사 had는 사역동사로 쓰였다. arm과 동사 break는 수동관계에 있으므로 빈칸은 과거분사 형태인 broken이 와야 한다. 정답은 (c)이다.

🔓 해석

A: 네 팔은 왜 그런 거야?
B: 차 사고로 팔이 부러졌어.

🔍 어휘

car accident 자동차 사고

✓ 정답 (c)

2 A: Why didn't you tell him the truth?
B: I wanted _____, but I knew that would just make him more angry.

(a) to do it
(b) to do
(c) doing so
(d) to

🔒 해설

같은 부정사구를 반복해 쓰는 것을 피하기 위해서 대부정사 to를 사용한다. 원래 'I wanted to tell him the truth'가 완전한 문장이나 앞의 질문과의 중복되는 부분을 피하기 위해서 to만을 남긴다. 정답은 (d)이다.

해석
A: 왜 그에게 사실대로 이야기하지 않은 거니?
B: 그러고 싶었지만, 그건 단지 그를 더 화나게 할 뿐이란 걸 알았으니까.

어휘
truth 진실, 사실

정답 (d)

---

3 A: Do you think it _____ tomorrow?
B: I don't know. Why don't you check the weather on the internet?

(a) snows
(b) will snow
(c) is snowing
(d) will have snowed

해설
(a)의 현재형이나 (c)의 진행형이 미래를 나타내는 경우가 있는데, 이때는 그 일이 미리 예정된 경우여야만 한다. 내일 눈이 올지 안 올지 여부는 이미 예정된 사항이 아니므로 이때는 단순미래 시제인 will을 사용하는 것이 옳다.

해석
A: 내일 눈이 올 거라고 생각해요?
B: 잘 모르겠어요. 인터넷으로 날씨를 확인해 보는 것이 어때요?

어휘
snow 눈이 내리다
check 확인하다

정답 (b)

---

4 A: I read on the newspaper that there will be _____ plan to cut forces in Iraq by half.
B: Yeah, I've heard that one the news, too.

(a) few
(b) no
(c) all
(d) any

해설
빈칸 뒤에 plan이라는 명사가 있으므로 적절한 형용사가 필요한데, 보기는 모두 각기 다른 부정형용사로 제시되었다. 계획이 없다는 뜻의 no가 문맥상 적절하다. few, all, any를 쓰게 되면 뒤의 plan은 복수형이 되어야 한다.

해석
A: 이라크의 병력을 반으로 줄일 계획이 없을 거라는 걸 신문에서 읽었어요.
B: 네, 저도 그 소식 들었어요.

어휘
cut 줄이다, 자르다
force 힘, 병력
by half 반으로

정답 (b)

---

5 A: I have no idea how he made that dog _____ barking.
B: Me, neither. He must be a dog trainer or something.

(a) stop
(b) to stop
(c) stopped
(d) be stopped

해설
빈칸 앞의 동사 made는 사역동사로 쓰였다. 개가 짖는 것을 멈추는 것이므로 원형인 stop이 적절한 형태다. 정답은 (a)이다.

해석
A: 그가 어떻게 그 개가 짖는 것을 멈추게 했는지 잘 모르겠어.
B: 나도 그래, 그는 개 조련사 정도임이 틀림없어.

어휘
bark (개가) 짖다

정답 (a)

6
A: The doctor confided that he made a mistake, _____ harmed one of his patients.
B: I know. I'm sure he will lose his doctor's license.

(a) which
(b) that
(c) what
(d) whom

해설
관계대명사 문제로, 빈칸 앞에 '콤마'가 위치하고 있으므로 절 전체를 선행사로 하는 계속적 용법의 관계대명사이다. 앞의 절 전체를 선행사로 하는 계속적 용법의 관계대명사는 오직 which만 사용된다.

해석
A: 그 의사는 실수를 했다고 털어놓았어요. 그 실수는 환자에게 해를 입혔죠.
B: 저도 알아요. 전 그가 의사자격증을 잃게 될 것이라고 확신해요.

어휘
confide 털어놓다
harm 해를 입히다
patient 환자
license 자격증

정답 (a)

7
A: Jason, where are you now?
B: I'm _____ my way. I'll be there soon.

(a) in
(b) at
(c) on
(d) under

해설
'~로 가는 중이다'는 영어로 'be one's way to'이다. 문장을 짧게 만들어서 말하는 것을 좋아하는 원어민들의 특성상, 관용적으로 to 이하를 생략하고 간단히 'I'm on my way'라고 말한다. 정답은 (c)이다.

해석
A: 제이슨. 지금 어디 있나요?
B: 가고 있는 중이에요. 곧 도착할 겁니다.

어휘
on one's way to ~로 가는 중이다

정답 (c)

8
A: John really enjoys writing and publishing his own books.
B: Really? When _____ he publish his first book?

(a) does
(b) has
(c) will
(d) did

해설
A가 언급한 말 중 enjoy publishing은 이미 John이란 사람이 책을 출간해 왔음을 암시한다. 그러므로 John의 첫번째 책(first book)과 관련한 질문은 그가 언제 첫번째 책을 출간했는지를 묻는 것이 적절하다.

해석
A: 존은 정말 글쓰기와 자신의 책을 출간하는 걸 즐겨.
B: 정말? 그가 언제 그의 첫 책을 출간했지?

어휘
publish 출간하다

정답 (d)

9
A: Who's that man over there?
B: Oh, he's a new employee. I don't know his name, _____.

(a) but
(b) even
(c) though
(d) either

해설
문장 전체를 꾸며주는 적절한 부사어를 고르는 문제 유형이다. 새로운 직원인 것은 알지만 이름은 모른다는 내용이므로 '그렇지만'이라는 반대의 의미로 문장 끝에 위치하는 though가 정답이다.

해석
A: 저기 있는 남자는 누구죠?
B: 아, 새로운 직원이에요. 그렇지만 이름은 저도 몰라요.

어휘
over there 저기, 저쪽에
employee 고용인, 직원

정답 (c)

10 A: They say you're still single because you're looking for the perfect guy.
    B: That's not true. I'm just looking for someone who's right for me, _____ he may be.
    (a) however
    (b) whenever
    (c) whichever
    (d) whoever

🔒 해설
대화의 문맥상 완벽한 남자(the perfect guy)가 아닌 그가 누구든지 간에 자신에게 맞는 누군가를 찾고 있다는 내용이 연결되어야 한다. ever는 강조적인 의미로 빈칸은 '누구든지 간에'란 의미를 가진 whoever가 들어가야 한다. 따라서 정답은 (d)이다.

🔒 해석
A: 사람들이 네가 아직 싱글인 이유가 완벽한 남자를 찾고 있기 때문이라고 하더라.
B: 그건 사실이 아냐. 난 그냥 나에게 가장 맞는 누군가를 찾고 있을 뿐이야. 그가 누구든지 간에 말이지.

🔍 어휘
They say S + V ~라고들 말한다
look for ~를 찾다
right 맞는, 적합한

✓ 정답 (d)

11 A: I'd like _____.
    B: No worries. By when do I have to finish it?

    (a) my manuscript to proofread you
    (b) proofread my manuscript to you
    (c) you to proofread my manuscript
    (d) to proofread my manuscript you

🔒 해설
문맥상 '네가 내 원고를 검수해줬으면 좋겠다'는 내용이 들어가야 한다. would like는 5형식 문장에서는 'would like+목적어+to 부정사'의 구조로 '~가 ~해줬으면 좋겠다'라는 의미로 해석이 된다는 것을 기억해 두자. 정답은 (c)이다.

🔒 해석
A: 당신이 제 원고를 교정해 주셨으면 좋겠어요.
B: 걱정 마세요. 언제까지 끝내면 될까요?

🔍 어휘
proofread 교정하다
manuscript 원고
No worries. 걱정 마세요. 천만에요.

✓ 정답 (c)

12 A: I'm throwing a party on Friday night. You should come.
    B: I'd love to, but _____ me check my schedule first.
    (a) letting
    (b) to let
    (c) let
    (d) lets

🔒 해설
'~할 게' 혹은 '~하도록 해 주세요'란 의미를 가진 let 명령문과 관련한 문제이다. 명령문의 가장 큰 특징은 문장의 시작이 동사원형이라는 것이다. 그러므로 정답은 (c)이다.

🔒 해석
A: 나 금요일 밤에 파티를 열려고 해. 너도 와라.
B: 그러고 싶어. 하지만, 먼저 내 일정 좀 확인해 볼게.

🔍 어휘
throw a party 파티를 열다
check one's schedule 일정을 확인하다

✓ 정답 (c)

13 A: You have worked on this project since 2008. Am I right?
    B: Right. But having worked on the project for so long, I _____ to finish it.
    (a) am determining
    (b) was determined
    (c) am determined
    (d) am being determining

🔒 해설
be determined to는 '~을 할 결심이 서다'란 의미의 숙어이다. 정답은 (b) 아니면 (c)이다. 그런데, 현재까지도 진행중인 일이기 때문에 과거형은 정답이 될 수 없다. (c)가 정답이다.

🔒 해석
A: 이 프로젝트를 2008년도부터 작업하셨죠. 제 말이 맞나요?
B: 맞습니다. 하지만 너무 오랫동안 이 프로젝트를 일해 왔기 때문에, 끝내기로 결심했습니다.

🔍 어휘
work on ~을 작업하다
be determined to ~을 할 결심이 서다

✓ 정답 (c)

14 A: I really don't know how to put this.
    B: Stop _____ around the bush. Just get to the point.

    (a) beating
    (b) to beat
    (c) beat
    (d) being beaten

🔓 **해설**
stop, remember, forget 등은 뒤에 to 부정사가 오느냐 동명사가 오느냐에 따라서 해석이 달라진다. beat around the bush는 '빙빙 돌려서 말하다' 라는 뜻을 가진 숙어로 '~하는 것을 멈춰라' 라고 말할 때는 'Stop+동사 ing' 형태가 와야 한다. 그러므로 정답은 (a)이다.

🔓 **해석**
A: 이걸 어떤 식으로 말해야 할지 모르겠네.
B: 빙빙 말 돌리는 거 그만하고, 그냥 본론을 말해.

🔍 **어휘**
put 말하다, 설명하다
beat around the bush 돌려서 말하다
get to the point 요점을 집다

✓ **정답** (a)

---

16 A: Have you read my report?
    B: Not yet, but I'll read it once I _____ this assignment.

    (a) finish
    (b) will finish
    (c) finishes
    (d) am finishing

🔓 **해설**
시간과 조건의 부사절에서는 미래시제를 현재시제가 대신한다. 'Once S+V' 는 '~하고 나면' 이란 뜻을 가진 시간의 부사절이다. 그러므로 빈칸의 동사는 미래시제를 대신하는 현재시제의 형태로 주어져야 한다. 그러므로 정답은 (a)이다.

🔓 **해석**
A: 제 보고서 읽어 보셨나요?
B: 아직요. 하지만 이 업무를 끝내고 나면 읽을 거에요.

🔍 **어휘**
report 보고서
assignment 과제, 업무

✓ **정답** (a)

---

15 A: Happy birthday. Take this gift. I bought this for you.
    B: Thank you. Wow, this is the _____ one I wanted.

    (a) such
    (b) too
    (c) that
    (d) very

🔓 **해설**
the very는 '바로 그' 라는 관용적 의미를 가지고 있다. 그러므로 정답은 (b)이다.

🔓 **해석**
A: 생일 축하해. 이 선물 받아. 너 주려고 샀어.
B: 고마워. 와, 내가 원한 게 바로 이거야.

🔍 **어휘**
gift 선물

✓ **정답** (b)

---

17 A: I found a wallet under the chair. Is this yours?
    B: No, it's _____ Tom has been looking for.

    (a) a wallet
    (b) wallet
    (c) the wallet
    (d) one wallet

🔓 **해설**
wallet은 단수보통명사로 제시되고 있는데, 이미 언급한 '그 지갑' 이란 의미이므로 the wallet이 빈칸에 필요하다. 정답 (c)이다.

🔓 **해석**
A: 의자 밑에서 지갑을 발견했어. 이것이 네 거니?
B: 아니. 탐이 찾던 지갑이네.

🔍 **어휘**
wallet (남성용) 지갑

✓ **정답** (c)

18
A: I was looking for you. Where did you go this morning?
B: I went to the grocery to buy _____.

(a) two dozen banana
(b) two dozens bananas
(c) two dozens banana
(d) two dozen bananas

🔒 **해설**
dozen이 형용사로서 명사를 수식하게 되는 경우, dozen에는 -s 가 붙지 않고 뒤의 가산명사에만 -s가 붙어야 한다. 정답은 (d)이다.

🔒 **해석**
A: 당신을 찾고 있었어요. 오늘 아침에 어디 갔었던 건가요?
B: 바나나 24개를 사려고 식료품점에 갔었어요.

🔍 **어휘**
grocery 식료품점
dozen 12개

✓ **정답** (d)

19
A: This book is great. It _____ not only as serious biography but also as a social commentary.
B: It sure sounds intriguing.

(a) reads
(b) was reading
(c) had read
(d) has been reading

🔒 **해설**
동사 read는 타동사로 '~을 읽다'란 의미로 사용되어 뒤에 목적어를 두고 주어가 그것을 읽는다는 것을 나타낼 때 사용된다. 하지만 read는 자동사로도 사용이 되어 '읽히다'란 의미 또한 갖고 있다. 즉, This book reads ~ 란 말은 '이 책은 ~ 읽히다'란 뜻이다. 문맥상 책이 어떤 느낌으로 읽히는지에 대한 단순 사실을 나타내고 있기에 현재시제가 되어야 한다. 그러므로 정답은 (a)이다.

🔒 **해석**
A: 이 책은 훌륭해. 진지한 전기로서 뿐만이 아니라 사회적 논평으로서도 읽히는 책이지.
B: 상당히 흥미 있게 들리는 걸.

🔍 **어휘**
biography 전기, 일대기
commentary 논평
intriguing 흥미로운, 관심을 끄는

✓ **정답** (a)

20
A: _____ an actor, I would have made lots of money.
B: Well, who wouldn't?

(a) If I become
(b) If I became
(c) Have I become
(d) Had I become

🔒 **해설**
이미 지나가 버린 과거에 대한 반대의 상황을 가정하고 있기 때문에 가정법 과거완료에 대한 문제이다. 가정법 과거완료의 형태는 if절에는 'had+p.p'가 오고, 주절에는 '조동사 과거형+have+p.p'가 위치한다. 단, 가정법에서 if가 생략이 되면, 주어와 동사가 도치되므로 정답은 (d)이다.

🔒 **해석**
A: 내가 만약 배우가 되었었더라면, 난 많은 돈을 벌 수 있었을 거야.
B: 글쎄, 누군들 그렇지 않았겠어?

🔍 **어휘**
actor 배우

✓ **정답** (d)

21
The number of crocodiles in this area _____ _____ come to over 5,000.

(a) is
(b) are
(c) has
(d) have

🔒 **해설**
'the number of + 복수명사'의 경우 주어는 '복수명사'가 아니라 'the number of'이다. 그러므로 뒤에 이어지는 동사는 단수형을 취해야 한다. 그러므로 (b), (d)는 탈락. 밑줄 뒤에 come이 위치하고 있으므로 has가 와서 현재완료형을 만들어 주어야 한다. 정답은 (c)이다.

🔒 **해석**
이 지역의 악어의 수는 5,000마리 이상이 되었다.

🔍 **어휘**
crocodile 악어
come to ~이 되다

✓ **정답** (c)

22. The current situation will not become complicated unless something _____ wrong.

    (a) will go
    (b) went
    (c) has gone
    (d) goes

해설
시간이나 조건의 부사절에서는 현재시제가 미래시제를 대신한다. unless 이하의 조건절의 내용은 미래이지만 현재시제가 미래시제를 대신하기에 goes가 위치해야 한다. 정답은 (d)이다.

해석
무언가가 잘못되지 않는 한 현재의 상황이 복잡해지지는 않을 것이다.

어휘
current 현재의
situation 상황
complicated 복잡한
unless 만약 ~ 하지 않는 한
go wrong 잘못되다

정답 (d)

---

23. By 2014, the Maxon Corporation _____ a total of 200 million dollars on roads and other infrastructure in Thailand.

    (a) invests
    (b) will have invested
    (c) will invest
    (d) is investing

해설
초반에 By 2014이 제시하는 시제는 미래다. 즉, 그 미래시점이 되면 투자가 다 되었을 것이라는 완료 상황을 말하고 있기 때문에 미래 완료시제인 보기 (b)가 정답이다.

해석
2014년이 되면, 맥슨 주식회사는 태국의 도로와 다른 기간시설에 총 2억 달러에 달하는 돈을 투자하게 될 것이다.

어휘
invest 투자하다
infrastructure 기간시설

정답 (b)

---

24. If the agreement _____ reached earlier, then the murderous rampage in the city wouldn't be taking place now.

    (a) had been
    (b) was
    (c) were
    (d) will be

해설
혼합 가정법 문제이다. 혼합 가정법은 종속절은 '가정법 과거완료'를 주절은 '가정법 과거' 형태를 사용한다. 보통 가정법 과거의 형태인 '주어+조동사 과거형+동사원형'를 취하는 주절에서 '지금'이라는 시제를 알려주는 now가 언급될 경우 그 문장은 혼합 가정법 문장이다. 빈칸은 종속절의 서술부이므로 '가정법 과거완료' 형태를 취하는 (a)가 정답이다.

해석
만약에 협의가 좀 더 빨리 도달되었더라면, 도시에서의 흉악한 혼란은 지금 일어나지 않고 있었을 것이다.

어휘
murderous 살인적인, 흉악한
rampage 야단법석, 흥분상태

정답 (a)

---

25. A number of things _____ since we last met.

    (a) has happened
    (b) have happened
    (c) has been happened
    (d) have been happened

해설
'A number of+복수명사'는 복수명사가 주어이므로 동사 역시 복수 형태를 가져야 한다. 그러므로 (a), (c)는 탈락. 동사 happened는 자동사이기 때문에 수동태 형태로 쓰일 수 없다. 그러므로 정답은 (b)이다.

해석
수많은 일들이 우리가 마지막으로 만난 이후로 벌어졌다.

어휘
a number of 다수의

정답 (b)

26 It was known that Arabic and Jewish cultures co-existed in a period _____.

(a) great beauty of creativeness
(b) of beauty great creative
(c) of great creative beauty
(d) great creativeness of beauty

🔓 해설
어떠한 시대에 함께 공존했는지 구체적인 언급이 되어야 하므로, period를 꾸며주기 위한 적절한 어순의 형용사구를 선택지에서 골라야 한다. 'of+명사'는 형용사 역할을 하므로 of 로 시작하지 않는 (a), (d)는 탈락. 보기 (b)와 (c) 중에 명사인 beauty가 형용사, 부사인 다른 단어들보다 앞에 위치한 (b)는 정답이 될 수 없다. (c)가 정답이다.

🔓 해석
아랍과 유태인의 문화가 위대한 창작의 아름다움의 시대에 함께 공존했었다고 알려졌었다.

🔍 어휘
culture 문화
co-exist 공존하다
creative 창조적인
beauty 아름다움

✓ 정답 (c)

27 _____ on the team assignment, I got to know my co-workers better.

(a) Worked
(b) Working
(c) I worked
(d) While I works

🔓 해설
분사구문에 관한 문제다. 분사구문은 이유, 시간, 조건, 양보 등을 나타내는 부사절에서 주어가 주절의 주어와 같을 때 사용된다. 정답은 (b)이다.

🔓 해석
팀 과제를 작성하면서 나는 나의 동료들을 더 잘 알게 되었다.

🔍 어휘
work on ~을 작업하다
assignment 과제
get to ~하게 되다
co-worker 동료

✓ 정답 (b)

28 Your signature indicates that you fully understand the study and consent to participate _____.

(a) voluntary
(b) volunteerism
(c) voluntarily
(d) volunteer

🔓 해설
to 부정사의 participate는 동사이기에 빈칸은 동사를 수식해 줄 수 있는 부사가 위치해야 한다. 그러므로 정답은 (c)이다.

🔓 해석
당신의 서명은 당신이 완전히 본 연구조사를 이해하고 있으며, 자발적으로 참여하는 것에 동의함을 나타냅니다.

🔍 어휘
signature 서명
fully 완전히
consent 동의하다
participate 참여하다
voluntary 지원하여
consent 동의하다

✓ 정답 (c)

29 There is _____ that Noah's flood really happened.

(a) an gathering evidence
(b) gathering evidences
(c) gathering evidence
(d) the gathering evidences

🔓 해설
문제 해결을 위해선 명사 evidence가 셀 수 없는 불가산명사임을 알고 있어야 한다. 그러므로 부정관사나 -s가 붙어 복수형태로 된 것은 정답이 될 수 없다. (c)가 정답이다.

🔓 해석
노아의 홍수가 실제로 일어났었다는 증거가 축적되고 있다.

🔍 어휘
gather 수집하다, 추적하다
evidence 증거
Noah's flood 노아의 홍수

✓ 정답 (c)

30
If _____, outdoor swimming pools can pose a danger to children.

(a) are they unattended
(b) they are unattended left
(c) attended left
(d) left unattended

🔒 **해설**
조건 부사절에서 주어와 동사는 생략이 가능하다. If they are left unattended에서 they are가 생략되고 'If left unattended' 만 남게 된 보기 (d)가 정답이다.

🔓 **해석**
방치가 되어버린다면, 야외 수영장은 어린이들을 위험에 노출시킬 수 있다.

🔍 **어휘**
unattended 돌봄을 받지 않는, 방치된

✅ **정답** (d)

31
_____ that her life was about to undergo a tumultuous change after her friend's death.

(a) Little she realized
(b) Little did she realize
(c) She realizes little
(d) She little did realize

🔒 **해설**
부정의 의미를 갖는 little이 문장의 앞으로 도치된 문장이다. 이때 나머지 문장들은 의문문 형태로 도치가 된다. 즉, 원래 문장인 She little realized에서 동사가 일반동사이므로 도치된 little 뒤에는 조동사 과거형 did가 위치하여 'Little did she realize'가 된다. 정답은 (b)이다.

🔓 **해석**
그녀의 친구의 죽음 이후에 그녀의 삶이 격동적인 변화를 겪게 될 것이라고 그녀는 알아차리지 못했다.

🔍 **어휘**
realize 깨닫다, 알아차리다
be about to 막 ~ 할 예정이다
tumultuous 소란스러운, 격동적인

✅ **정답** (b)

32
_____ the restructing period, this program may provide a boost to the US industry.

(a) During
(b) While
(c) For
(d) At

🔒 **해설**
기간을 나타낼 때, 구체적인 수치가 나올 경우 전치사 for가 쓰이지만, 문제에서 같이 구체적인 못한 명사기간 앞에는 during이 와야 한다. 보기 (b)의 접속사 while 뒤에는 '주어+동사' 의 절이 위치해야 하므로 정답이 될 수 없다.

🔓 **해석**
구조조정 기간 동안에 이 프로그램은 미국 산업에 경기부양을 제공할지도 모른다.

🔍 **어휘**
restructure 구조조정하다
provide 제공하다
boost 증진, 경기 부양
industry 산업

✅ **정답** (a)

33
The sculpture that had lain _____ for about 200 years has been identified as the work of French artist Lilly Dejouray.

(a) unrecognizing
(b) unrecognizes
(c) recognition
(d) unrecognized

🔒 **해설**
동사 lie는 '~한 채로 있다' 라는 의미의 자동사 쓰임을 가지고 있다. p.p 형태인 unrecognized가 자동사의 의미를 보충해줌으로 (d)가 정답이다.

🔓 **해석**
누구의 작품인지 20년 동안 밝혀지지 않은 채로 있던 조각품이 프랑스 예술가인 Lilly Dejouray의 작품인 것으로 확인되었다.

🔍 **어휘**
sculpture 조각(물)
unrecognized 인식되지 않은, 승인되지 않은
identify 확인하다, 증명하다

✅ **정답** (d)

34 It was rainy the whole day, but _____ _____.

(a) it seems it's sunny getting now
(b) it's sunny now it seems getting
(c) it's getting now sunny it seems
(d) now it seems it's getting sunny

🔓 해설
2형식 동사인 seem은 'It seems+형용사/명사'의 형태로 쓰인다. seems 뒤에 명사절을 이끄는 that이 생략된 형태인 보기 (d)가 정답이다.

🔐 해석
날씨가 하루 종일 비가 내렸지만, 이제 햇빛이 쬐려는 것 같이 보인다.

🔍 어휘
rainy 비가 오는
the whole day 하루 종일

✅ 정답 (d)

35 In general, students are much less creative when they _____ by others.

(a) were scrutized
(b) scrutinzed
(c) are being scrutinized
(d) will scrutinize

🔓 해설
알맞은 동사 형태를 고르는 문제 유형으로 밑줄 뒤의 위치한 by만으로도 쉽게 수동태 형태가 답이 되어야 함을 알 수 있다. 그러므로 (b), (d)는 탈락. 주절의 시제가 현재형이기 때문에 (a) 또한 정답이 될 수 없다.

🔐 해석
학생들은 다른 사람들에 의해서 감시되게 될 때, 훨씬 창의성이 떨어진다.

🔍 어휘
creative 창의적인
scrutinize 세심히 조사하다, 뚫어지게 보다

✅ 정답 (c)

36 Mr. Gibson told us that there is _____ over the question.

(a) no use arguing
(b) no use to argue
(c) not use arguing
(d) no use to arguing

🔓 해설
'There is no use+동명사' 형태는 동명사의 관용표현 중 하나로 '~을 해도 소용이 없다'는 뜻을 가지고 있다. 그러므로 정답은 (a)이다.

🔐 해석
깁슨 씨는 그 문제에 대해서 논쟁하는 것은 아무 소용이 없다고 우리에게 말했다.

🔍 어휘
There is no use ~ing ~하는 것은 소용없다

✅ 정답 (a)

37 _____ the matter with other members of the committee since early this morning, I need to take a break to clear my head in the afternoon.

(a) Discussed
(b) Discussing
(c) Having discussed
(d) Having been discussed

🔓 해설
분사구문의 적절한 형태를 묻는 문제 유형이다. 분사구문의 주어는 주절의 I와 동일하기에 생략되었다. 종속절과 주절의 시제를 비교해보면, 아침 일찍부터 토론을 했기 때문에 오후엔 휴식을 취할 필요가 있는 것이므로 분사구문의 시제는 주절보다 한 시제가 앞서는 완료시제여야 한다. 그러므로 (a), (b)는 탈락. 밑줄 뒤에 목적어로 the matter가 등장하기 때문에 수동 형태인 (d) 역시 적절치 못하다. 정답은 (c)이다.

🔐 해석
이른 아침부터 위원회의 다른 멤버들과 그 문제를 토론했기 때문에, 난 오후에는 복잡한 생각들을 잊기 위해 휴식을 취할 필요가 있다.

🔍 어휘
discuss 토론하다
committee 위원회
take a break 휴식을 취하다
clear one's head 머리를 맑게 하다

✅ 정답 (c)

38 Tom _____ over the moon when Jane asked him out on a date.

(a) can be
(b) must be
(c) should have been
(d) must have been

🔒 **해설**

'must + have p.p'는 과거사실에 대한 강한 추측을 나타낸다. 데이트 신청을 당한 Tom이 분명 기뻤을 거라고 추측하는 것이 문맥상 적절하다.

🔓 **해석**

제인이 그에게 데이트 신청을 했을 때 탐은 매우 기뻤음이 틀림없다.

🔍 **어휘**

be over the moon 아주 신나는
ask a person out on a date ~에게 데이트 신청을 하다

✓ **정답** (d)

39 Susan sent her story to the radio station so that other people _____ the pain she went through.

(a) might avoid
(b) to avoid
(c) shall avoid
(d) are avoiding

🔒 **해설**

목적을 나타내는 부사절에 자주 사용되는 may의 관용적 용법인 'so that may(might)+동사원형'을 묻고 있다. 정답은 (a)이다.

🔓 **해석**

수잔은 다른 사람들이 그녀가 겪은 아픔을 피할 수 있도록 그녀의 사연을 라디오 방송국에 보냈다.

🔍 **어휘**

avoid 피하다
go through ~을 겪다

✓ **정답** (a)

40 _____ the American public is sill not convinced that climate change is attributed to human activities.

(a) Large number of
(b) The most of
(c) Number of
(d) The majority of

🔒 **해설**

문맥상 '~의 대부분'이라는 수식어구가 필요하다. 보기 (d)의 majority of를 제외하고, 나머지 보기들이 '다수의'란 의미를 갖기 위해서는 (a)는 A large number of, (b)는 Most of, (c)는 A number of가 되어야 한다.

🔓 **해석**

대다수의 미국 대중은 기후변화가 인간의 활동 때문이라는 것을 아직 확신하지 못하고 있다.

🔍 **어휘**

be convinced that ~을 확신하다
be attributed to ~ 때문이다
human 인간의

✓ **정답** (d)

41 (a) A: Take a look at my new apartment. I have painted everything green and yellow because they are my favorite colors.
(b) B: Everything is nice and bright, including the furnitures. Have you had the help of an interior decorator?
(c) A: Yea, a bit. But mostly I trusted my own taste.
(d) B: Wow, that's impressive. It's a nice apartment.

🔒 **해설**

선택지 (b)에 언급된 명사 furniture는 불가산명사로 셀 수가 없다. 그러므로 furniture를 복수 형태인 -s가 붙은 채로 두면 올바르다고 할 수 없다.

🔓 **해석**

A: 내 새 아파트 좀 봐봐. 내가 좋아하는 색인 녹색과 노란색으로 다 페인트칠했어.
B: 전부 멋지고, 밝아 보인다. 가구도 그렇고. 인테리어 디자이너가 도와줬어?
A: 응, 조금. 하지만 거의 내 취향대로 했어.
B: 와, 대단한데. 멋진 아파트야.

🔍 **어휘**

take a look at ~을 보다
including ~을 포함하여
furniture 가구
interior 실내의
impressive 인상깊은

✓ **정답** (b) furnitures → furniture

42
(a) A: I've been very busy this week. I'm a bit tired.
(b) B: Me, too. I have also had a terrible week. I'm completely worn out. I just can't wait to get home.
(c) A: Hey, Jack and I are going to see a musical adapting from a novel by Jack Kent after work. Would you like to join?
(d) B: No, thanks. I'd rather go home and take a rest.

🔒 **해설**
선택지 (c)에서 musical을 수식해주는 동사 adapt는 '~을 차용하다'란 의미로 musical과의 관계는 능동이 아닌 수동으로서 표현되어야 한다. 즉, '~로부터 차용된 뮤지컬'이라고 말해줘야 문법상 옳은 것이다.

🔒 **해석**
A: 나 이번 주에 진짜 바빴어. 좀 피곤하다.
B: 나도. 끔찍한 한 주였어. 완전히 진이 빠졌어. 빨리 집에 가고 싶다.
A: 야, 잭하고 나하고 일 끝나고 잭 켄트 소설로 만든 뮤지컬 보러 갈 건데, 너도 갈래?
B: 아니, 난 됐어. 그냥 집에 가서 쉴래.

🔍 **어휘**
worn out 지친, 녹초가 된
can't wait to 굉장히 ~하고 싶다
adapt ~을 차용하다

✅ **정답** (c) adapting → adapted

43
(a) A: When are you leaving for Toronto?
(b) B: I'm leaving today.
(c) A: Oh, I see. I hope you have a good trip. I will miss you a lot.
(d) B: So do I. As soon as I arrive in Toronto, I will give you a call.

🔒 **해설**
선택지 (d)에서 '나도 그럴거야'가 받는 문장은 (c)의 'I will miss you a lot'이다. 그러므로 so 뒤에 주어와 동사를 도치시킬 경우, 동사 자리에는 조동사 will이 위치해야 한다.

🔒 **해석**
A: 너 토론토로 언제 떠나?
B: 나 오늘 떠나.
A: 오, 그래. 좋은 여행되길 바래. 많이 보고 싶을 거야.
B: 나도 그래. 내가 토론토 도착하자마자 너에게 전화할게.

🔍 **어휘**
leave for ~를 향해 떠나다
miss 보고싶다, 그립다
as soon as ~하자마자
give A a call A에게 전화하다

✅ **정답** (d) So do I → So will I

44
(a) A: I didn't see Jack today. Do you know where he is?
(b) B: He is home sick today. He has come down with the flu.
(c) A: Oh, that's too bad. Did you know when he will be back to work?
(d) B: Well, he said that the doctor told him to stay home at least two more days.

🔒 **해설**
선택지 (c)에서는 책이 언제 돌아오게 될지와 관련해서 사전에 언급된 적이 없는 상태에서 알고 있는지 여부를 물어보는 것이기 때문에 과거형인 'Did you ~?'로 질문을 던질 수 없다.

🔒 **해석**
A: 오늘 잭을 못 봤네. 걔 어디 있는지 알아?
B: 오늘 아파서 집에 있어. 독감에 걸렸대.
A: 오, 너무 안됐다. 걔가 언제쯤 다시 일하러 나올 수 있을지 알아?
B: 글쎄. 그가 말하길, 의사가 최소한 이틀은 더 집에서 쉬라고 했대.

🔍 **어휘**
come down with the flu 감기증상이 있다, 감기에 걸리다

✅ **정답** (c) Did you → Do you

45
(a) A: Tom, I need a favor. Can you lend me some money?
(b) B: Yes, but promise to pay me back until the end of this week.
(c) A: Sure. You have my word.
(d) B: Okay. I'll go and get my wallet.

🔒 **해설**
전치사 until은 계속적인 행동에 사용되고 by는 일회적인 행동에 사용된다. 본 대화문에서 돈을 갚는 행위는 지속적으로 갚는 행동을 하는 것이 아니라 이번 주말이라는 정해진 시점에 완료되어야 하는 일회성 행동이므로 선택지 (b)의 until 대신 by가 사용되어야 옳다.

🔒 **해석**
A: 탐, 나 부탁이 있는데. 나 돈 좀 빌려 줄 수 있어?
B: 응. 하지만 이번 주말까지 갚는다고 약속해.
A: 물론이지. 약속할게.
B: 알았어. 가서 지갑 가져올게.

🔍 **어휘**
need a favor 부탁이 있다
You have my word. 내 말 믿어. 약속할게.

✅ **정답** (b) until → by

46 (a) According to a wise old proverb, a joy shared is a joy made double. (b) Whether traveling alone or with a partner, it's easy to double up on the fun factor by taking a small group tour. (c) Chances are you'll meet people with the same sense of adventure and interests, making your journey all the more memorably. (d) We've rounded up the best specialist tours from scenic walks to food and wine escapades.

해설
동사 make가 5형식 '동사+목적어+목적보어'의 형태를 취할 경우 목적보어는 형용사, 현재분사, 과거분사 또는 명사가 자리할 수 있다. 선택지 (c)에서 부사인 memorably 대신에 형용사인 memorable이 위치해야 옳은 문장이 된다.

해석
(a) 현명한 오래된 격언에 따르면 기쁨을 나누면 기쁨은 두 배가 된다고 했다. (b) 혼자서 여행을 하든 혹은 친구와 같이 하든, 자그마한 그룹 여행을 하는 것은 재미요소를 쉽게 두 배로 할 수 있다. (c) 여러분은 여러분의 여행을 훨씬 더 기억에 남도록 해주는 모험과 관심사에 대한 동일한 감각을 지닌 사람들을 만나게 될 가능성이 높다. (d) 우리는 경치 좋은 산책로에서 음식과 와인 모험에 이르기까지 최고의 전문 여행들을 끌어 모았다.

어휘
proverb 속담, 격언
A joy shared is a joy made double. 기쁨을 나누면 두 배가 된다.
factor 요소, 요인
Chances are that ~할 가능성이 높다
round up 끌어모으다
escapade (도박과 같은) 모험

정답 (c) memorably → memorable

47 (a) The richest 20% in Australia have lost an average of $400,000 since the start of the recession. (b) However, the value of the loss is still more than the average wealth of the remaining 80%. (c) The total wealth of the top 20% is more than five times those of the rest of the population. (d) While the value of share portfolios and property held by the richest have fallen most, the net worth of all groups has decreased.

해설
선택지 (c)에서 비교가 되는 대상은 상위 20%의 the total wealth와 나머지 인구의 the total wealth이다. 명사 wealth는 '부, 재산'이란 의미를 가질 때는 셀 수 없는 단수명사이기 때문에, 이를 대명사로 받을 때도 단수로 받아야 한다.

해석
(a) 호주에서 가장 부자인 상위 20%가 경기침체 이후에 평균 40만 달러를 잃었습니다. (b) 하지만, 이 손실 가치는 나머지 80%의 평균 재산보다도 높습니다. (c) 상위 20%의 재산 총액은 나머지 인구들의 재산 총액보다도 5배 이상 높습니다. (d) 최고 부자들이 가지고 있는 주식 포트폴리오와 부동산의 가치가 가장 많이 떨어지는 동안, 전체 집단의 순자산은 감소했습니다.

어휘
wealth 부, 재산
net worth 순자산
decrease 감소하다

정답 (c) those → that

48 (a) If your head to your bedroom with a busy mind or feeling physically wound up, sleep would have been elusive. (b) And when you do eventually collapse into a deep slumber, you're likely to have a restless night and wake up feeling tired. (c) If this sounds familiar, you need to give yourself time to calm down before you head hits the pillow. (d) This transition time is essential for a sound sleep as it's an opportunity for you to distance yourself from what's on you mind.

해설
선택지 (a)는 문맥상 '~한다면 ~할 것이다'라는 내용이 적절하다. 종속절의 시제가 현재이므로, 실현가능한 단순조건의 가정법으로 주절의 시제는 will, can 등의 조동사가 위치해야 한다.

해설
(a) 만약 당신이 바쁜 마음 혹은 신체적으로 긴장한 상태로 잠자리로 향하게 된다면, 잠이 오지 않을 것이다. (b) 그리고 마침내 깊은 잠에 빠진다고 하더라도, 당신은 불안정한 밤을 보내고 피곤을 느끼면 잠자리에서 깰 확률이 높다. (c) 만약 이 얘기가 남의일 같지 않다면, 여러분은 침대에 눕기 전에 스스로에게 마음을 진정시킬 시간을 주는 것이 필요하다. (d) 이 전환의 시간은 당신의 마음에 있는 걱정들로부터 당신을 멀리 떨어뜨려 놓기 위한 기회로서 편안한 잠을 자는데 있어서 필수이다.

어휘
head (to) ~로 향하다
wound up 흥분한, 긴장한
elusive 달아나는, 잡히지 않는
slumber 잠
calm down 진정하다
distance 멀리 떼어놓다

정답 (a) would have been → will be

49 (a) The World Bank is forecasting the first contraction in the international economy for 50 years and the largest fall in global trade for 80 years. (b) That gloomy outlook comes as Japan revealed its first current account deficit in 13 years. (c) The World Bank warns with the cost of helping poor nations in the crisis would exceed the current financial resources of multilateral lenders. (d) The report, released ahead of next month's G20 summit, emphasizes the growing financial crisis is likely to lead to social and political unrest.

해설
동사 warn 이하의 문장은 접속사 that이 생략된 '주어+동사'로 이루어진 완전한 문장으로 동사 warn의 목적어 역할을 한다. 이 사이에 전치사 with가 들어갈 수 없다.

해석
(a) 세계은행은 50년 동안의 국제 경제의 첫 번째 수축과 80년 동안의 국제 무역에 있어서 가장 큰 하락을 예상하고 있다. (b) 이러한 우울한 전망은 일본이 13년 만에 첫 번째 현 재정 적자를 드러내면서 나왔다. (c) 세계은행은 위기에 빠진 가난한 국가들을 도와주는 비용이 다변적 대출자들의 현 재정원천을 초과할 것이라고 경고한다. (d) 다음 달의 G20 정상회담을 앞두고 발표된 이 보고서는 증가하고 있는 금융위기가 사회적 정치적 동요로 이어질 수 있다고 강조한다.

어휘
forecast 전망하다
contraction 수축, 위축
gloomy 우울한
outlook 전망
reveal 폭로하다, 드러내다
account deficit 재정적자
warn 경고하다
unrest 불안, 동요

정답
(c) warns with the cost → warns the cost

50 (a) Desperate parents rammed cars into a burning child-care center in the Mexican town in efforts to rescue 142 children. (b) More than 40 died in the center with reports of one of two doors being locked, and fire alarms not operating. (c) More than 30 children were hospitalized after suffering serious burns. (d) President Felipe Calderon promised a full investigation in the tragedy.

해설
선택지 (d)에서 언급된 명사 investigation은 '~에 대한 조사'를 말하고자 할 때는 전치사 into와 함께 어울려 쓰인다. ex) the investigation into the crash / the investigation into the incident / the investigation into the murder

해석
(a) 필사적인 부모들이 멕시코 마을에서 142명의 아이들을 구하기 위한 노력으로 불타고 있는 보육센터를 향해서 차를 들이박았다. (b) 두 개의 문 중 한 개가 잠겨있었고 화재 경보기가 작동하지 않았다는 보도들과 함께 40명 이상이 센터에서 사망했다. (c) 심각한 화재를 입은 30명 이상의 아이들은 병원에 입원조치되었다. (d) Felipe Calderon 대통령은 본 비극에 대한 전면적인 조사를 하겠다고 약속했다.

어휘
desperate 필사적인
ram 부딪히다, 들이박다
operate 작동하다
investigation 조사

정답
(d) in → into

Actual Test 3 Answers

01 (b)	02 (b)	03 (a)	04 (c)	05 (b)
06 (c)	07 (c)	08 (b)	09 (d)	10 (d)
11 (b)	12 (a)	13 (b)	14 (a)	15 (b)
16 (a)	17 (a)	18 (c)	19 (d)	20 (d)
21 (b)	22 (c)	23 (d)	24 (b)	25 (c)
26 (c)	27 (a)	28 (d)	29 (a)	30 (c)
31 (a)	32 (b)	33 (b)	34 (b)	35 (d)
36 (c)	37 (b)	38 (b)	39 (d)	40 (d)
41 (a)	42 (c)	43 (b)	44 (d)	45 (d)
46 (c)	47 (b)	48 (a)	49 (b)	50 (a)

---

1 A: Long time no see, Jack.
B: Yes, Indeed. It _____ ages since we last met.

(a) will be
(b) has been
(c) is being
(d) was

🔒 **해설**

뒤의 since는 기간을 나타내는 접속사로 쓰였기 때문에 현재완료로 표현한 has been이 적절한 표현이다.

🔓 **해석**

A: 오랜만이다. 잭.
B: 정말 그래. 마지막으로 우리가 보고 몇 년 만인 거 같아.

🔍 **어휘**

Long time no see. 오랜만이다.

✓ **정답** (b)

---

2 A: Why did you take a bus to school today?
B: I had a minor car accident last night, so it needs _____.

(a) to repair
(b) repairing
(c) repair
(d) to be repairing

🔒 **해설**

수리되어야 하는 대상은 it 즉, 자동차이므로 to be repaired가 와야 하지만, 선택지에 존재하지 않는다. 하지만 need, want, repair 등의 동사들은 뒤에 목적어로 능동형 동명사가 올 경우 수동의 의미를 갖게 된다. 그러므로 정답은 (b)이다.

🔓 **해석**

A: 너 왜 오늘 학교에 버스타고 온 거니?
B: 어젯밤에 가벼운 차 사고가 났어. 그래서 차 수리가 필요해.

🔍 **어휘**

take a bus 버스를 타다
minor 사소한, 작은
repair 수리하다

✓ **정답** (b)

---

3 A: Why are you giving up on him now?
B: _____ his love for that woman, I have to forget him and move on with my life.

(a) Knowing
(b) Being known
(c) Know
(d) Known

🔒 **해설**

접속사 없이 종속절과 주절의 두 문장을 연결시킬 수 있는 것은 분사구문이다. 빈칸 바로 뒤에 목적어인 his love가 위치해 있으므로 능동의 의미를 가진 현재분사 knowing 즉 (a)가 정답이다.

🔓 **해석**

A: 왜 지금 그를 포기하는 건가요?
B: 그 여자에 대한 그의 사랑을 알기 때문에, 난 그를 잊고 인생을 다시 시작해야만 해요.

🔍 **어휘**

give up on ~을 포기하다
move on (~을 잊고) 다시 시작하다

✓ **정답** (a)

4 A: How much do you think _____?
B: Around 500 to 600 dollars, I guess.

(a) will they cost
(b) they cost will
(c) they will cost
(d) cost they will

🔓 해설
간접의문문의 어순과 관련한 문제이다. 간접의문문의 핵심은 어순이 평서문과 같은 '주어+ 동사' 의 순이라는 것이다. 그러므로 정답은 (c)이다.

🔓 해석
A: 그것들이 얼마나 할 거라고 생각하나요?
B: 500에서 600달러 정도 할 거 같아요.

🔍 어휘
cost (가격이) 들다

🗝 정답 (c)

---

5 A: I'm starving. Can we have dinner now?
B: No, we have to wait _____ home from work.

(a) for everyone comes
(b) that everyone coming
(c) until everyone comes
(d) till everyone coming

🔓 해설
'~할 때까지' 라는 의미의 접속사는 until 또는 till이다. 접속사는 절과 절을 연결시켜 주는 역할을 하기 때문에 빈칸은 '주어+동사' 의 어순이 등장해야 한다. 이때 특징은 현재시제가 미래시제를 대신한다는 점이다. 정답은 (c)이다.

🔓 해석
A: 나 너무 배가 고파요. 지금 저녁식사 해도 될까요?
B: 안돼요. 모든 사람들이 직장에서 집에 올 때까지 기다려야 해요.

🔍 어휘
starve 몹시 배가 고프다

✓ 정답 (c)

---

6 A: How long have you been directing movies?
B: I _____ movies for 5 years next month.

(a) am directing
(b) have been directing
(c) will have been directing
(d) will be directing

🔓 해설
다음 달(next month)이라는 미래 시점이 제시되었으므로 미래완료 표현인 will have been directing이 적절한 시제 표현에 해당된다. 정답은 (c)이다.

🔓 해석
A: 영화를 감독한 지는 얼마나 되었어요?
B: 다음 달이면 영화를 감독한 지 5년이 됩니다.

🔍 어휘
direct (영화를) 감독하다

✓ 정답 (c)

---

7 A: May I speak to Mr. Brenson?
B: I'm sorry, but he is _____ another line at the moment.

(a) in
(b) at
(c) on
(d) for

🔓 해설
'통화중이다' 에 해당하는 영어표현은 'be on another line' 이다. 그러므로 정답은 (c)이다.

🔓 해석
A: 브렌슨 씨와 통화할 수 있을까요?
B: 죄송합니다만, 그는 현재 통화중입니다.

🔍 어휘
on another line 통화중인
at the moment 지금, 현재

✓ 정답 (c)

8 A: My parents want me to break up with my boyfriend. I don't know what to do.
   B: Oh, I'm really sorry. I wish I _____ how to help you.

(a) know
(b) knew
(c) had known
(d) could have known

🔒 **해설**
A가 한 말인 'I don't know what to do.'에서도 볼 수 있듯이, 대화의 내용은 현재 사실에 기반한 것이다. 빈칸이 포함된 문자는 I wish의 가정법으로 현재 도와 줄 수 있는 방법을 알지 못하는 사실을 반대로 가정하여 표현하고 있으므로 가정법 과거가 정답이 되어야 한다. 정답은 (b)이다.

🔓 **해석**
A: 부모님이 내가 그랑 헤어지기를 원하셔. 뭘 어떻게 해야할지 모르겠어.
B: 아, 정말 안됐구나. 내가 널 도와줄 수 있는 방법을 안다면 좋으련만.

🔍 **어휘**
break up with ~와 헤어지다

✅ **정답** (b)

---

9 A: What's your plan for the weekend?
   B: I don't have anything _____.

(a) do to except mow to the lawn
(b) do except mowing the lawn
(c) to do except to mow the lawn
(d) to do except mow the lawn

🔒 **해설**
빈칸은 anything 이후의 올바른 문장 순서를 묻고 있다. anything을 수식하는 to 부정사가 먼저 나와야 한다. 이때 to 부정사는 anything을 수식하는 형용사 용법으로 쓰였다. 또한, 전치사나 접속사 뒤에는 to 부정사가 위치할 수 없다. 단, 뒤에 목적어를 바로 받거나 for를 쓰는 것은 가능하다.

🔓 **해석**
A: 주말에 무엇을 할 계획이니?
B: 잔디를 깎는 일말고는 할 일이 없어.

🔍 **어휘**
mow the lawn 잔디를 깎다

✅ **정답** (d)

---

10 A: I've bought a present for you.
   B: Oh, it's very nice _____ you, but I can't accept this.

(a) for
(b) on
(c) to
(d) of

🔒 **해설**
'It's very nice of you'라는 감사를 나타낼 때 사용하는 관용적 표현을 이용한 문제이다. 정답은 (d)이다.

🔓 **해석**
A: 널 위해서 선물을 사왔어.
B: 아, 너무 고마워요. 하지만 이걸 받을 수가 없어요.

🔍 **어휘**
accept 받다

✅ **정답** (d)

---

11 A: You look so worried. What's bugging you?
   B: I _____ to resign with no reasons given.

(a) asked
(b) was asked
(c) have been asking
(d) will ask

🔒 **해설**
동사 ask는 5형식 'ask+목적어+to 부정사'의 형태로 사용되어 '에게 ~을 할 것을 요청하다'란 의미가 된다. 만약 요청되어지는 상황일 경우 ask는 수동태인 be asked가 되어야 한다. 정답은 (b)이다.

🔓 **해석**
A: 너무 걱정이 있어 보여요. 무슨 일로 그런 건가요?
B: 아무런 이유도 없이 사임하라는 요청을 받았습니다.

🔍 **어휘**
What's bugging you? 무슨 일이 당신을 괴롭히나요?
resign 사임하다, 사퇴하다

✅ **정답** (b)

12	A: I have 1,000 dollars with me right now.
	B: Do you think _____ enough?

(a) that is
(b) they are
(c) they were
(d) that was

🔓 해설
금액을 나타내는 수치는 그 형태가 비록 복수이더라도 대명사로 나타낼 때는 단수 취급하는 것이 원칙이다. 그러므로 보기 (a)와 (d) 중 여자가 돈을 갖고 있는 것은 지금 현재의 상황이기 때문에 정답은 (a)이다.

🔓 해석
A: 전 지금 1,000달러를 가지고 있어요.
B: 그러면 충분할 거라고 생각하시나요?

🔎 어휘
enough 충분한

✓ 정답 (a)

13	A: What did you do last night?
	B: _____ very tired, I just stayed home and took a rest.

(a) To feel
(b) Feeling
(c) I feel
(d) Having been felt

🔓 해설
분사구문은 이유, 시간, 조건 등을 나타내는 부사절에서 주어가 주절의 주어와 같을 때 사용될 수 있다. 위의 내용에서는 Because I felt very tired에서 접속사를 생략하고 Feeling very tired로 고쳐주는 것이 옳다. 그러므로 정답은 (b)이다.

🔓 해석
A: 너 어젯밤에 뭐 했니?
B: 너무 피곤해서 집에서 쉬었어.

🔎 어휘
tired 피곤한
take a rest 쉬다, 휴식을 취하다

✓ 정답 (b)

14	A: Let me tell you what. _____ other people will do you no good.
	B: I know, but I just can't help it.

(a) Backbiting
(b) Backbite
(c) Backbitten
(d) To have backbitten

🔓 해설
빈칸 뒤의 목적어 other people을 목적어로 받으면서 문장의 주어가 될 수 있는 형태는 동명사 형태인 Backbiting이다.

🔓 해석
A: 네게 말해줄 게 있어. 다른 사람을 험담하는 것은 네게 좋을 게 하나도 없어.
B: 나도 알아. 하지만 나도 어쩔 수가 없어.

🔎 어휘
backbite 험담하다

✓ 정답 (a)

15	A: I'd like to drink _____.
	B: There's a vending machine down the hall.

(a) coffees
(b) a coffee
(c) the coffee
(d) the coffees

🔓 해설
coffee의 올바른 형태를 묻고 있다. 일반적인 커피를 한잔 마시고 싶다는 뜻이므로 복수나 the를 쓸 수 없고 a coffee를 써서 표현해야 한다.

🔓 해석
A: 커피 한잔 하고 싶네요.
B: 홀 아래에 자판기가 하나 있어요.

🔎 어휘
vending machine 자판기

✓ 정답 (b)

16 The resulting memory loss is persistent, _____ indicates that the memory can be permanently erased.

(a) who
(b) which
(c) that
(d) what

🔓 **해설**
빈칸 앞에 '콤마'가 찍혀 있고 선택지들이 관계대명사들이면 관계대명사의 계속적 용법을 물어보는 질문임을 파악할 수 있다. 앞의 절 전체를 선행사로 하는 계속적 용법의 관계대명사는 오직 which만 쓴다.

🔓 **해석**
그 결과로 나타난 기억손실은 지속적인데, 이는 기억이 영구적으로 삭제될 수 있다는 것을 나타낸다.

🔎 **어휘**
persistent 끊임없는, 지속적인
indicate 가리키다, 나타내다
permanently 영구히
erase 삭제하다

✓ **정답** (b)

---

17 A: I cannot find my bag.
B: Your bag? I think I remember _____ it somewhere in the living room.

(a) seeing
(b) see
(c) to see
(d) saw

🔓 **해설**
'remember+to 부정사'와 'remember+동명사'는 그 해석이 다르다. 전자는 '~을 할 일을 기억하다'이고 후자는 '~ 한 일을 기억하다'라는 뜻이다. 거실 어디선가 가방을 봤던 기억이 난다는 의미가 되어야 하므로 정답은 동명사인 (a)이다.

🔓 **해석**
A: 내 가방을 찾을 수가 없어요.
B: 당신 가방이요? 거실 어디선가 본 기억이 나네요.

🔎 **어휘**
living room 거실

✓ **정답** (a)

---

18 A: Could you please pass me the plate on the other side of the table?
B: No problem. _____.

(a) Here are you
(b) You are here
(c) Here you are
(d) You here are

🔓 **해설**
구어체 관용구를 묻는 문제 유형이다. 어떤 물건을 상대방에게 건넬 때 사용하는 표현으로 Here you are. / Here you go. / Here it is. 등을 기억해두자.

🔓 **해석**
A: 탁자 반대편에 있는 접시 좀 제게 건네주시겠어요?
B: 그러죠. 여기 있습니다.

🔎 **어휘**
plate 접시
on the other side of ~의 반대편에

✓ **정답** (c)

---

19 A: Hop in. I will _____.
B: No thanks. I'd rather walk.

(a) give you home a lift
(b) give a lift you to home
(c) give you for a lift home
(d) give you a lift home

🔓 **해설**
관용표현의 적절한 어순을 맞추는 문제 유형이다. 'give someone a lift' 혹은 'give someone a ride'는 '~를 (차로) 태워다주다'란 뜻을 가지고 있다. 여기에 태워주는 목적지로 쓰인 home은 부사로 앞에 전치사 to가 필요 없다는 것을 기억해야 한다. 그러므로 정답은 (d)이다.

🔓 **해석**
A: 타. 내가 집까지 태워다 줄게.
B: 고맙지만 괜찮아. 걷는 게 더 좋아.

🔎 **어휘**
Hop in! (차에) 타!
give someone a lift ~를 태워다주다
would rather + V ~하는 편이 낫다

✓ **정답** (d)

20
A: I don't think he's doing his job. Don't you think?
B: You said it. We should remind him that it's his responsibility to take care of it, _____.

(a) however may it be difficult
(b) however it may difficult be
(c) whatever difficult it may be
(d) however difficult it may be

🔓 **해설**
빈칸을 이루는 종속절은 '아무리 ~ 일지라도'라는 내용이 들어가야 그것을 해결하는 것의 그의 책임이라는 앞 문장의 내용과 연계가 된다. 'however+형/부+주어+동사'의 구문 공식을 기억하고 있다면 쉽게 정답을 찾을 수 있다. 정답은 (d)이다.

🔓 **해석**
A: 그가 할 일을 다 하고 있다는 생각이 안 들어요. 그렇게 생각 안 해요?
B: 동감입니다. 우리는 그에게 아무리 그 일이 어려울지라도 그것을 해결하는 것은 그의 책임이라는 것을 상기시켜 줘야 해요.

🔍 **어휘**
do one's job 본분을 다하다, 할 일을 하다
You said it. 동감이에요.
remind 상기시키다
take care of ~을 해결하다, 처리하다
responsibility 책임

✔ **정답** (d)

21 What parents do _____ their children in a great many ways.

(a) influence
(b) influences
(c) is influenced
(d) are influenced

🔓 **해설**
문장의 서술부로 적합한 것을 선택지 중에 골라야 한다. 밑줄 뒤에 their children이란 목적어가 등장하고 있으므로 수동태 형태인 (c), (d)는 탈락. 선행사를 포함한 관계대명사 What절은 단수로 취급하므로 정답은 (b)이다.

🔓 **해석**
부모님들이 하는 행동은 굉장히 많은 방면에서 그들의 아이들에게 영향을 미친다.

🔍 **어휘**
influence ~에게 영향을 미치다
in a great many ways 굉장히 많은 방면에서

✔ **정답** (b)

22 _____ been more successful in creating empirically based social science research than Kathleen Kenyon.

(a) Any other archaeologists have
(b) Any archaeologist has
(c) No other archaeologist has
(d) No any archaeologist has

🔓 **해설**
'부정주어 ~ +비교급+than'의 형태를 가진 문장을 부정주어 최상급 표현이라고 한다. 부정주어는 일반적으로 'No+명사' 또는 'No other+명사'를 취한다. 정답은 (c)이다.

🔓 **해석**
캐슬린 케니온보다 경험을 바탕으로 한 사회과학 연구조사를 작성함에 있어서 더 성공적이었던 고고학자는 없다.

🔍 **어휘**
archaeologist 고고학자
create 창작하다, 작성하다
empirical 경험적인
social science 사회과학

✔ **정답** (c)

23 The agency has approved a new marketing strategy, but it hasn't been implemented _____.

(a) already
(b) still
(c) so
(d) yet

🔓 **해설**
새로운 마케팅 계획을 승인했지만 아직은 실행하지 않았다고 하는 것이 문맥과 맞는다. still과 yet 중 문장 끝에 위치할 수 있는 것은 yet이다. 정답은 (d)이다.

🔓 **해석**
협회는 새로운 마케팅 전략을 승인했지만, 아직 그것은 실행되어지지는 않았다.

🔍 **어휘**
agency 협회
approve 승인하다
strategy 전략
implement 실행하다

✔ **정답** (d)

24 The resulting memory loss is persistent, _____ indicates that the memory can be permanently erased.

(a) who
(b) which
(c) that
(d) what

해설
빈칸 앞에 '콤마'가 찍혀 있고 선택지들이 관계대명사들이면 관계대명사의 계속적 용법을 물어보는 질문임을 파악할 수 있다. 앞의 절 전체를 선행사로 하는 계속적 용법의 관계대명사는 오직 which만 쓴다.

해석
그 결과로 나타난 기억손실은 지속적인데, 이는 기억이 영구적으로 삭제될 수 있다는 것을 나타낸다.

어휘
persistent 끊임없는, 지속적인
indicate 가리키다, 나타내다
permanently 영구히
erase 삭제하다

정답 (b)

---

26 Corporate management is resistant to changes because _____ companies can afford to invest money to improve effectiveness.

(a) little
(b) a little
(c) few
(d) a few

해설
company는 가산명사이기 때문에 보기 (a), (b)는 탈락. 문맥상 기업경영이 변화에 저항하는 이유는 효율성을 높이기 위한 돈을 투자할 여유가 안되서라고 이어져야 옳다. 그러므로 '거의 없는'이란 부정의 의미를 가진 few 보기 (c)가 정답이다.

해석
기업경영은 변화에 저항하는데 이는 효율을 향상시키기 위해 돈을 투자할 여유가 되는 회사들이 거의 없기 때문이다.

어휘
corporate 회사, 기업(의)
management 경영
be resistant to ~에 저항하다
afford ~할 여유가 있다
effectiveness 효율(성)

정답 (c)

---

25 By the end of the first year of study, all students are expected _____ prerequisite requirements.

(a) to be fulfilling
(b) to have fulfillment
(c) to have fulfilled
(d) to fulfilling

해설
be expected to 다음에는 '동사원형' 또는 'have+p.p'가 와야 한다. (d) 탈락. 밑줄 뒤에 명사구가 나오는데 그 앞에 또다시 명사형인 fulfillment가 등장하는 (b) 역시 오답. 문맥상 연도 말에 필수과목들을 완료했을 것으로 예상되어진다는 내용이 나와야 하기에 정답은 (c)이다.

해석
학업의 첫 번째 연도 말에는 모든 학생들이 필수 요구과목들을 완료했을 것이 예상된다.

어휘
study 학업
be expected to ~로 예상되다, ~하기로 되어 있다
prerequisite 필수의
requirement 필요, 필수(과목)
fulfil 이행하다, 완료하다

정답 (c)

---

27 Stock performance is evaluated in real time without _____ reference to the past.

(a) any
(b) no
(c) some
(d) so

해설
past와 반대되는 개념인 real time으로 평가되어진다고 했기에, 부정의 의미를 이미 담고 있는 without의 의미가 그대로 유지되어야 한다. 부정의 부정을 통해 의미를 바꾸는 보기 (b) no는 정답이 될 수 없다. 정답은 (a)이다.

해석
주식의 성과는 과거에 관계없이 실시간으로 평가되어진다.

어휘
stock 주식
performance 성과
evaluate 평가하다
in real time 실시간으로
without reference to ~에 관계없이

정답 (a)

28 The government seems to have decided to avoid _____ the problems of housing and living conditions of mine workers.

(a) to confront
(b) being confronted
(c) to be confronted
(d) confronting

🔓 해설

avoid는 뒤에 동명사만을 목적어로 취하는 동사이다. 그러므로 보기 (a)와 (c)는 정답이 될 수 없다. confront는 뒤에 목적어를 필요로 하는 타동사고 정부가 문제를 대면해야 하는 주체이므로 보기 (d)가 정답이다. confront가 수동태로 쓰이기 위해서는 전치사 with와 함께 'be confronted with(~에 직면하다)'로 사용되어야 한다.

🔓 해석

정부는 광산 노동자들의 주거지와 생활수준의 문제들을 대면하는 것을 피하기로 결정한 것으로 보인다.

🔍 어휘

government 정부
avoid 피하다
confront 직면하다, 대면하다
housing 거주
living conditions 생활수준
mine 광산

✅ 정답 (d)

29 The state has declared _____ second Tuesday of every month to be "Use Public Transportation Day."

(a) the
(b) a
(c) this
(d) that

🔓 해설

비교적 쉬운 문제 유형이다. first, second, third 등의 서수의 수식을 받는 명사 앞에는 정관사 the가 붙어야만 한다.

🔓 해석

그 주는 매 달의 두 번째 화요일을 '대중교통 이용하기 날'로 선포했다.

🔍 어휘

state 주
declare 선언하다, 선포하다
public transportation 대중교통

✅ 정답 (a)

30 The meeting plans to talk about the split between _____.

(a) young and old
(b) youngs and olds
(c) the young and the old
(d) the youngers and olds

🔓 해설

rich, old 등의 형용사 앞에 정관사 the를 붙이면 복수 명사로 사용이 가능하다.

🔓 해석

그 회의는 젊은이들과 나이든 사람들 간의 불화에 관해서 담화를 나눌 계획이다.

🔍 어휘

plan to ~할 계획이다
split 분열, 불화

✅ 정답 (c)

31 _____ any other questions regarding this, please contact the Customer Service Center.

(a) Should you have
(b) Could you have
(c) Would you have
(d) If you have had

🔓 해설

'If you should have ~'는 if가 생략되고 도치가 되어 'Should you have ~'의 형태를 취할 수 있다. 그러므로 정답은 (a)이다. (b)와 (c)의 보기는 의문사 문장이 되어야 하므로 적절치 않고, 보기 (d)는 가정법 과거완료의 형태로 뒤에 이어지는 주절의 문장과 어울리지 않는다.

🔓 해석

이것과 관련해서 어떤 다른 질문사항이라도 갖고 계시다면, 고객 서비스 센터로 연락을 주십시오.

🔍 어휘

regarding ~에 관해서, ~와 관련하여
contact 접촉하다, 연락하다

✅ 정답 (a)

32 The newly-opened website _____ to keep up with the traffic.

(a) runs fastly enough
(b) runs fast enough
(c) runs enough fastly
(d) runs enough fast

🔓 **해설**
fast는 부사와 형용사의 형태가 같고, 부사로서 enough의 위치는 또 다른 부사의 뒤에 위치해야 함을 기억하도록 하자. 정답은 (b)이다.

🔓 **해석**
새롭게 시작된 그 웹사이트는 방문자 수를 충분히 따라갈 수 있을 만큼 빠르게 돌아간다.

🔍 **어휘**
newly 새롭게
keep up with ~를 따라잡다
traffic 교통, 소통(량), (인터넷의) 방문자 수

✓ **정답** (b)

---

33 The committee has agreed upon reviving the building of the railway line _____.

(a) no matter it takes what
(b) no matter what it takes
(c) what no matter it takes
(d) what it takes no matter

🔓 **해설**
빈칸의 시작으로 what이 위치하게 되면 이는 두 문장을 연결해주는 선행사를 포함한 관계대명사 what의 역할을 하게 된다. 하지만 이미 앞에 선행사 역할이 될 수 있는 railway line이 언급되어 있기 때문에 (c)와 (d)는 정답이 될 수 없다. 그러므로 양보의 부사절을 만드는 'no matter what ~'이 정답이 되어야 한다. 정답은 (b)이다.

🔓 **해석**
위원회는 어떤 대가를 치르더라도 선로 건설을 다시 되살리는 것으로 동의했다.

🔍 **어휘**
committee 위원회
revive 다시 살리다, 갱생시키다
railway 철도, 선로
no matter what it takes 어떤 대가를 치르더라도

✓ **정답** (b)

---

34 I wish my laptop _____ good enough to try this software out.

(a) are
(b) were
(c) has been
(d) being

🔓 **해설**
현실과 반대되는 상황을 가정하여 소망하고자 하는 바를 말할 때 'I wish ~' 구문을 사용한다. 현재의 상황과 반대되는 상황이므로 가정법 과거형이 위치해야 한다. 정답은 (b)이다.

🔓 **해석**
내 랩탑 컴퓨터가 이 소프트웨어를 시험해 볼 수 있을 만큼 충분히 좋았으면 좋겠다.

🔍 **어휘**
laptop 랩탑 컴퓨터
try out ~을 시험해보다

✓ **정답** (b)

---

35 After watching the politicians on television, we thought they _____ brainwashed into believing something that is not true.

(a) have thoroughly
(b) had thoroughly
(c) have been thoroughly
(d) had been thoroughly

🔓 **해설**
시제와 태를 동시에 묻고 있는 질문 유형이다. 텔레비전을 본 이후에 생각하게 된 세뇌와 관련한 내용이 가장 시제가 우선되는 사건이라고 할 수 있다. 과거보다 더 이전의 과거 시제는 'had +p.p.' 형태인 과거완료로 표현해 주어야 한다. 그리고 그들은(they) 세뇌를 당한 수동적 대상이기에 서술부는 수동태 형태를 취해 주어야 함으로 정답은 (d)이다.

🔓 **해석**
정치인들을 텔레비전에서 본 후로, 우리는 그들이 철저히 진실이 아닌 무언가를 믿도록 세뇌되었다고 생각했다.

🔍 **어휘**
politician 정치인
thoroughly 철저히
brainwash 세뇌시키다

✓ **정답** (d)

36 A survey conducted by Channel 7 found _____ among the top three sports people want to watch.

(a) soccer being
(b) it soccer to be
(c) soccer to be
(d) it soccer being

🔓 해설
'find+목적어+to be'의 어순은 '~가 ~라는 것을 밝혀내다'란 뜻을 갖고 있다. 정답은 (c)이다.

🔓 해석
7번 채널에 의해서 시행된 조사결과 축구가 사람들이 시청하고 싶어하는 3대 스포츠 중 하나라는 것이 밝혀졌다.

🔍 어휘
survey 조사
conduct 시행하다

✓ 정답 (c)

37 _____ sometimes more complicated than building machines from scratch.

(a) Fixing is broken machinery
(b) Fixing broken machinery is
(c) Broken machinery is fixing
(d) Broken machinery fixing is

🔓 해설
올바른 문장의 어순을 골라내는 문제 유형이다. 동명사는 주어 역할을 할 수 있으며 이때 동사는 단수 취급해야 한다는 사실을 기억하자. 정답은 (b)이다.

🔓 해석
고장 난 기계를 고치는 것은 때때로 아무것도 없는 상태에서 기계를 제작하는 것보다 더 복잡하다.

🔍 어휘
fix 고치다
machinery 기계(류)
complicated 복잡한
from scratch 무에서, 아무것도 없는 상태에서

✓ 정답 (b)

38 When I walked into the conference room, Mr. Baker _____ his presentation.

(a) rehearsed
(b) was rehearsing
(c) has rehearsed
(d) has been rehearsing

🔓 해설
종속절의 시제가 과거이므로 현재시제로 제시된 선택지 (c)와 (d)는 우선 정답이 될 수 없음을 알 수 있다. 자신이 들어섰을 때, 벌어지고 있던 상황을 얘기하고 있으므로 과거진행시제인 (b)가 정답이다.

🔓 해석
내가 회의실에 들어섰을 때, 베이커 씨가 자신의 발표내용을 예행연습하고 있었다.

🔍 어휘
walk into ~로 들어서다
conference room 회의실
rehearse 예행 연습하다

✓ 정답 (b)

39 An intense exercise on a bike will pump up your legs _____ it will feel like you've done an hour of squats.

(a) so that incredibly
(b) so incredible that
(c) such incredibly that
(d) so incredibly that

🔓 해설
so 구문은 'so+형용사/부사+that'의 구조로 사용된다. so와 that 사이에 들어갈 단어는 앞에 있는 pump up을 수식해주는 부사여야 한다. 그러므로 정답은 (d)이다.

🔓 해석
자전거 위에서의 격렬한 운동은 당신의 다리를 놀랍게 부풀려주어 마치 한 시간 가량 쪼그리기 운동을 한 것 같이 느껴질 것이다.

🔍 어휘
intense 격렬한
pump up 부풀리다
incredibly 놀랄 만큼
squat 쪼그리기

✓ 정답 (d)

40 _____ any evidence that can be used against me.

(a) To hide is important
(b) You are important to hide
(c) Hiding is important
(d) It is important to hide

🔒 **해설**

해석상 '증거를 숨기는 것은 중요하다'란 의미로 진주어 to hide를 뒤에 놓고 가주어 it이 앞으로 나온 (d)가 정답이다. 보기 (b)처럼 important 의 주어가 사람일 경우에는 뒤에 to 부정사 형태로 목적이나 이유가 나올 수 없다.

🔒 **해석**

나에게 불리하게 사용될 수 있는 증거들을 숨기는 것은 중요하다.

🔍 **어휘**

evidence 증거
hide 숨기다

✓ **정답** (d)

---

41 (a) A: I've decided quitting school.
(b) B: Why? Don't you think that you have to at least graduate from high school?
(c) A: No, I'll start making money instead of wasting my time at school.
(d) B: Please try to give it a second thought.

🔒 **해설**

선택지 (a)의 동사 decide는 반드시 to 부정사만을 목적어로 취한다. decide 외에, agree, expect, want, plan 등의 동사들도 모두 to 부정사만을 목적어로 취한다는 사실을 기억하자.

🔒 **해석**

A: 나 학교 그만두기로 결정했어.
B: 왜? 너 최소한 고등학교는 졸업해야한다고 생각하지 않아?
A: 아니. 학교에서 시간을 낭비하느니 돈이나 벌래.
B: 그래도 다시 한 번 생각해봐.

🔍 **어휘**

quit 그만두다
graduate 졸업하다
waste 낭비하다
give it a second thought 다시 생각해보다

✓ **정답** (a) decided to quitting → decided to quit

---

42 (a) A: Tomorrow is my brother's birthday.
(b) B: Really? What are you going to buy your brother for his birthday?
(c) A: I'm going to buy him either a MP3 player nor a cell phone.
(d) B: That's great. I'd like to chip in some money if it's okay with you.

🔒 **해설**

'A 아니면 B' 즉, 둘 중 하나를 선택하는 경우는 영어로 'either A or B'라고 하고, 'A도 아니고 B도 아니다'라고 하여 둘 모두를 부정할 때는 'neither A nor B'라고 한다.

🔒 **해석**

A: 내일이 우리 오빠 생일이야.
B: 정말? 너 오빠 선물로 뭐 사줄 거야?
A: MP3나 휴대폰 사주려고.
B: 그거 좋은 생각인데. 네가 괜찮다면 나도 좀 보태고 싶어.

🔍 **어휘**

cell phone 휴대전화
chip in 돈을 보태다

✓ **정답** (c) either a MP3 player nor a cell phone → either a MP3 player or a cell phone

---

43 (a) A: Have you heard the news? Mr. Jackson won two million dollars on the lottery ticket.
(b) B: What lucky guy he is. What would you do if you won the lottery?
(c) A: I would quit my job and spend the rest of my life traveling around the world.
(d) B: That makes the two of us.

🔒 **해설**

What 감탄사는 'What+(a/an)+형용사+주어'의 구조를 취한다. 여기서 중요한 것은 주어가 셀 수 있는 가산명사로 단수가 주어졌을 경우 what 과 형용사 사이에 부정관사가 위치해야 한다는 것이다. 선택지 (b)의 경우 명사가 guy라는 가산명사 단수이다.

🔒 **해석**

A: 너 소식 들었어? 잭슨 씨가 로또에서 200만 달러나 당첨됐대.
B: 진짜 행운아다. 넌 로또 당첨되면 뭐하고 싶어?
A: 난 일 그만두고 세계를 여행하며 돌아다니고 싶어.
B: 나도 그런데.

🔍 **어휘**

lottery 복권
That makes the two of us. 동감이야.

✓ **정답** (b) what lucky guy → what a lucky guy

44
(a) A: What happened between you and your boss?
(b) B: We had an argument. I got really upset so I called him names.
(c) A: Are you serious? Boy, you shouldn't have done that.
(d) B: I know. I regret to say that. I'm sure I'll get the pink slip today.

🔒 **해설**
동사 regret은 동명사와 to 부정사를 모두 목적어로 취할 수 있지만, 그 의미가 달라진다. 'regret+to 부정사'는 '~하게 되어서 유감이다'란 의미이지만, 'regret+동명사'는 '~한 것을 후회하다'란 의미이다. 여기서는 이미 말한 사실을 후회하는 것이므로 regret 뒤에 동명사가 위치해야 한다.

🔒 **해석**
A: 너 사장하고 무슨 일 있었어?
B: 말다툼이 좀 있었어. 나 너무 열 받아서 욕해버렸어.
A: 진짜야? 이런, 너 그러지 말았어야지.
B: 나도 알아. 나도 후회하고 있어. 나 오늘 분명히 잘릴거야.

🔍 **어휘**
argument 논쟁, 말다툼
call someone names ~에게 욕하다
regret 후회하다
get the pink slip 잘리다, 해고당하다

✓ **정답** (d) regret to say → regret saying

45
(a) A: I think your father is very stubborn.
(b) B: That's right. It's almost impossible to communicate with him.
(c) A: Then, I guess you don't talk to him much, right?
(d) B: Yeah, I rare talk to him unless I have important things to tell him.

🔒 **해설**
선택지 (d)에서 rare는 '드문, 희귀한'이란 의미의 형용사로 동사 talk 앞에 위치할 수 없다. 문맥상 '거의~ 하지 않는'이란 의미의 'rarely'가 동사 앞에 와야 한다.

🔒 **해석**
A: 너희 아빠 정말 고집 세신 것 같다.
B: 맞아. 그와 소통하는 건 거의 불가능해.
A: 그럼, 너 아빠랑 거의 말 안하겠다, 그렇지?
B: 응, 정말 중요한 할 말이 있지 않는 이상 거의 대화 안 해.

🔍 **어휘**
stubborn 고집이 센, 완고한
communicate with ~와 소통하다
rarely 거의 ~ 하지 않는

✓ **정답** (d) I rare talk → I rarely talk

46
(a) A well-preserved mammoth skeleton has been found in eastern Serbia. (b) The skeleton was uncovered during excavations of an archaeological site at Viminacium. (c) Experts estimate that the mammoth was over four meters taller and weighed up to ten tones. (d) They speculate that the animal could have died on its way from northern Africa to southern Europe.

🔒 **해설**
선택지 (c)에서 맘모스의 키와 관련해서 비교가 되는 대상은 등장하지 않으므로 taller라고 쓰는 것은 적절치 않다.

🔒 **해석**
(a) 잘 보존된 맘모스의 해골이 동부 세르비아에 발견되었다. (b) 그 해골은 Uiminacium의 한 고고학적 장소를 굴착중에 발견되었다. (c) 전문가들은 이 맘모스가 키가 4m가 넘고 10톤 가까이 무게가 나갔을 것으로 예상하고 있다. (d) 그들은 이 동물이 북아프리카에서 남유럽으로 이동 중 사망했을 것이라고 추측하고 있다.

🔍 **어휘**
preserve 보존하다
skeleton 해골, 뼈대
uncover 폭로하다, 노출시키다
excavation 굴착, 발굴
speculate 추측하다

✓ **정답** (c) taller → tall

47
(a) Australia's two largest populations of koalas are heavily inbred and at risk of swift extinction. (b) A recent study of koala populations on Kangaroo Island and French Island have drawn attention to the need for genetic-based conservation methods. (c) The inbreeding is the result of a well-meaning relocation program that began more than a century ago. (d) Between 1923 and 1925, a group of 18 koalas from French Island were transported to Kangaroo Island to begin a new colony.

🔒 **해설**
선택지 (b)에서 주어는 A recent study로 단수인데 서술어는 have drawn을 취하고 있다. 그러므로 서술어를 has drawn으로 고쳐줘야 올바른 주어와 동사의 수일치가 이뤄진다.

🔒 **해석**
(a) 호주의 두 개의 가장 큰 코알라 집단들이 심하게 동종교배가 되어지고 있고 빠르게 멸종될 위기에 처해 있다. (b) 캥거루 섬과 프렌치 섬의 코알라 집단에 대한 최근의 연구는 유전학적 기반을 둔 보수적인 방법에 대한 필요성에 대해 관심을 불러일으켰다. (c) 본 동종교배는 약 1세기 전에 시작된 좋은 의도의 재배치 프로그램의 결과이다. (d) 1923년과 1925년 사이에, 프렌치 섬으로부터의 18마리 코알라 무리가 새로운 집단을 시작하기 위해서 캥거루 섬으로 이동되어졌다.

🔍 **어휘**
population 집단, 개체수
inbred 동종교배의
extinction 멸종
draw attention to ~에 주의를 끌다
well-meaning 선의의
colony (생물체의) 집단, 군생

✅ **정답** (b) have drawn → has drawn

48 (a) A 29-year-old man died after police have attempted to subdue him with capsicum spray. (b) The incident occurred after police were called to a domestic dispute between a mother and a son. (c) There has been an intense debate both in New Zealand and other countries over use of the spray. (d) Christchurch recently became the first New Zealand's police force to issue capsicum spray to officers.

🔓 **해설**
after 이하의 내용은 앞의 주절의 시제와 마찬가지로 과거에 이미 벌어진 내용을 담고 있으므로 현재완료시제인 have attempted로 표현하는 것은 옳지 않다.

🔓 **해석**
(a) 29살의 한 남자가 경찰이 고추 스프레이로 그를 진압하기 위해 시도한 이후 사망했습니다. (b) 본 사건은 경찰이 엄마와 아들 사이의 가정 싸움에 출동한 이후 발생했습니다. (c) 뉴질랜드와 다른 국가들에서는 본 스프레이의 사용에 대해서 격렬한 논쟁이 있어왔습니다. (d) 크라이스처치는 최근 고추 스프레이를 경관들에게 지급한 뉴질랜드의 첫 번째 경찰병력이 되었습니다.

🔍 **어휘**
attempt 시도하다
subdue 억누르다, 진압하다
capsicum 고추
occur 발생하다
domestic dispute 가정싸움
intense 격렬한

✅ **정답** (a) have attempted → attempted

49 (a) Mainland China's first Gay Pride Festival kicked off in Shanghai with a series of films and other events. (b) However, the organizers were keeping it low-key comparing the flamboyant festivals seen in San Francisco or Sydney. (c) There was no parade and the festival was pitched as entertainment for foreigners. (d) The promotional literature was also in English.

🔓 **해설**
선택지 (b)에서 문맥상 샌프란시스코와 시드니에서 열렸던 화려한 (flamboyant) 페스티벌들과 비교했을 때 행사를 자제하고 있다고 하는 것이 맞다. 그러므로 comparing이 아닌 compared가 옳은 표현이다.

🔓 **해석**
(a) 중국 본토의 첫 번째 Gay Pride Festival이 일련의 영화들 및 다른 행사들과 함께 상하이에서 시작되었다. (b) 하지만, 주최자들은 샌프란시스코와 시드니에서 보여진 화려한 페스티벌들과 비교했을 때 본 행사를 조용히 치르려 하고 있었다. (c) 퍼레이드 행사는 없었고, 본 페스티벌은 외국인을 위한 유흥거리로 홍보되었다. (d) 홍보용 판촉물 또한 영어로 쓰여 있었다.

🔍 **어휘**
mainland 본토(의)
kick off 시작하다
a series of 일련의
low-key 자제하는, 감정을 내색하지 않는
compared to ~와 비교하여
flamboyant 화려한
promotional literature 홍보용 판촉물

✅ **정답** (b) camparing → compared to

50 (a) The closer you position yourself to a heat source, such as a heater, your skin will be dry. (b) So, when you're feeling cold, instead of moving in on the heater, put on another layer of clothes, wrap yourself in a blanket or have a warming cup of tea. (c) A bowl of water evaporating in a room can help reduce the drying effect of heating on your skin. (d) Also, don't forget to apply moisturizer to your face and body.

🔓 **해설**
선택지 (a)는 'The+비교급, the+비교급' 형태의 문장이다. 첫 번째 문장은 원칙대로 나타나 있으나, your skin will be dry는 일반 평서문 어순이므로 이를 바꿔줘야 한다.

🔓 **해석**
(a) 여러분의 위치를 히터와 같은 열이 나는 곳에 더 가까이 갈수록, 여러분의 피부는 더욱 더 건조해질 겁니다. (b) 그래서 추위를 느낄 때는 히터에 살그머니 접근하는 대신에 옷을 한 겹 더 겹쳐 있거나 담요로 몸을 감싸거나 혹은 따뜻한 차 한 잔을 마시세요. (c) 방 안에서 증발하는 물 한 공기가 당신의 피부에 미치는 열의 건조효과를 줄이는데 도움을 줄 수 있습니다. (d) 또한 보습제를 여러분의 얼굴과 몸에 바르는 것 잊지 마시고요.

🔍 **어휘**
position 위치를 정하다
skin 피부
move in on ~에 살그머니 접근하다
evaporate 증발하다
apply 바르다
moisturizer 보습제

✅ **정답** (a) your skin will be dry → the drier your skin will be

Perfect TEPS

텝스 한달만 제대로 공부 해보자

Vocabulary

어휘 정답편

Pre-Test 1 · 2 · 3
Actual Test 1 · 2 · 3

Pre-Test·1 Answers

1. (c)   2. (b)   3. (d)
4. (d)   5. (b)   6. (b)

1.

A: You look frustrated. What's the matter?
B: Boy, am I in trouble! I totally _____ the Biology test.

(a) crashed
(b) passed
(c) flunked
(d) captured

🔒 **해설**
시험 등에서 '낙제하다'는 flunk라고 한다. 타동사로 뒤에 과목을 바로 받는다는 것도 기억해두자. 정답은 (c)이다.

🔓 **해석**
A: 너 좌절한 듯 보여. 무슨 문제 있니?
B: 나, 큰일 났어! 나 생물학 시험에서 완전히 낙제했거든.

🔍 **어휘**
frustrated 실망한, 좌절한
flunk 낙제하다
Boy, am I in trouble! 나, 큰일 났어!

✓ **정답** (c)

2.

A: Mom, someone's knocking on the door!
B: Sweetheart, I'm a little busy right now. Can you _____ the door for me?

(a) see
(b) get
(c) take
(d) bring

🔒 **해설**
'손님을 맞이하러 문간에 나가다'는 빈칸 뒤의 the door와 함께 동사 get 또는 answer를 써서 표현한다. 따라서 (b)가 답이다.

🔓 **해석**
A: 엄마, 누군가가 문을 두드리고 있어요.
B: 얘야. 나 지금 좀 바빠. 네가 가서 문을 열어줄래?

🔍 **어휘**
knock 노크하다
get(answer) the door 손님을 맞이하러 문간에 나가다

✓ **정답** (b)

3.

A: You'd better hurry up. The deadline for the assignment is this Wednesday.
B: Well, it seems impossible for me to _____.

(a) hold
(b) catch
(c) make
(d) meet

🔒 **해설**
동사 meet는 '만나다'라는 뜻뿐만 아니라 '일정이나 수요 등을 맞추다'라는 뜻으로도 쓰인다. 문맥은 마감일을 지켜야 한다는 내용으로 연결되고 있으므로 동사 meet이 적절한 답이다.

🔓 **해석**
A: 서두르는 것이 좋겠다. 과제물의 마감일이 이번 주 수요일이야.
B: 글쎄, 일정을 맞추는 게 불가능할 것 같아.

🔍 **어휘**
hurry up 서두르다
assignment 과제, 숙제
meet the deadline 마감일을 맞추다

✓ **정답** (d)

4.

When applying for a job, the fact that a person _____ a degree makes the person more qualified than those who didn't.

(a) bought
(b) caught
(c) entered
(d) earned

🔒 **해설**
earn a degree는 '학위를 따다'란 의미로 반드시 기억해두자. 정답은 (d)이다.

🔓 **해석**
일자리에 지원을 할 때, 어떤 사람이 학위를 땄다는 사실은 그렇지 못한 사람들보다도 그 사람이 더 자격이 있게 만들어준다.

🔍 **어휘**
apply 신청하다
earn a degree 학위를 따다
qualified 적임인, 자격을 갖춘

✓ **정답** (d)

50

5.

The golf tournament was successfully held in Sydney under the _____ of the Australian Sports Commission.

(a) jeopardy
(b) auspices
(c) purport
(d) proctor

🔒 해설

'~의 후원으로' 라는 뜻을 가진 'under the auspices of' 를 아는지 묻고 있다. 골프선수권대회가 호주운동위원회의 후원으로 성공적으로 열렸다고 하는 것이 문맥상 자연스럽다. 나머지 보기들은 문장과 전혀 어울리지 않는다.

🔓 해석

골프선수권대회는 호주운동위원회의 후원으로 시드니에서 성공적으로 열렸다.

🔍 어휘

tournament 선수권대회
commission 위원회
jeopardy 위험
under the auspices of ~의 후원으로
purport 취지
proctor 시험 감독관

✓ 정답 (b)

6.

The lecture will particularly focus on the _____ that have contributed to the high population growth.

(a) tokens
(b) factors
(c) clues
(d) symptoms

🔒 해설

빈칸 뒤 관계대명사절을 통해서 빈칸에 해당하는 어휘가 무엇인지 유추해 볼 수 있다. 빈칸의 것은 높은 인구성장에 공헌한 무엇이다. 실질적인 어떤 결과에 기여를 한 것이기 때문에 '요인'이란 의미를 가진 factors가 가장 적절하다. 정답은 (b). 보기 (a)의 token은 'a token of thanks(감사의 표시)'와 추상적인 개념에 대한 '표시'란 의미로 보통 사용이 되며, symptom은 보통 '(병의) 증상' 이란 의미로 사용되는 어휘이다.

🔓 해석

그 강의는 높은 인구성장에 공헌한 요인들에 대해서 특별히 집중을 할 것이다.

🔍 어휘

lecture 강의
contribute to ~에 기여(공헌)하다
token 상징, 징표, 기념품
clue 실마리
symptom 증상

✓ 정답 (b)

Pre-Test·2 Answers

1. (d)   2. (b)   3. (d)
4. (b)   5. (a)   6. (c)

1.

A: Good job. I think you made a good _____ during your speech.
B: Thanks. I just hope my opinion gets through to them.

(a) goal
(b) benefit
(c) sign
(d) point

🔒 해설

make a point는 초점을 맞추다 즉, '문제의 맥을 잘 짚다'는 뜻으로 연설을 하는데 있어서 주제에 맞게 하다라는 뜻도 된다. 빈칸 앞의 동사 made를 통해 함께 어울려 쓰는 point를 답으로 선택할 수 있다. 정답은 (d)이다.

🔓 해석

A: 잘했어. 연설에서 제대로 맥을 짚어서 한 거 같아.
B: 고마워. 내 의견이 그들에게 잘 전달되었으면 좋겠어.

🔍 어휘

make a point 초점을 맞추다
get through 이해시키다

✓ 정답 (d)

2.

A: See? I told you it would not work. What were you thinking?
B: Hey, don't _____ it in. I'm in a bad mood right now.

(a) flip
(b) rub
(c) stroke
(d) scrape

해설
'rub in'은 무언가 했던 말을 되풀이해서 말함으로써 상대방의 신경을 거슬리게 할 때 사용할 수 있는 표현이다. 이미 통하지 않을 거라고 자기가 말하지 않았느냐며 상대방에게 구박을 주는 A의 말에 적절한 응답 표현은 '자꾸 들먹거리지 말라'고 하는 Don't rub it in이다. 정답은 (b)이다.

해석
A: 봤지? 내가 그거 안 먹힐 거라고 말했잖아. 도대체 무슨 생각을 하고 있었던 거야?
B: 야, 자꾸 들먹거리지 좀 마. 나 기분이 좋지 않다고.

어휘
work 먹히다, 통하다
flip 홱 튀기다
stroke 쓰다듬다, 어루만지다
scrape 긁어내다, 깨끗이 하다

정답 (b)

3.

A: Amy got a new cell phone yesterday, and guess what? Susan bought a new cell phone, too.
B: That's really funny. I think Susan is tyring to _____ the Joneses.

(a) look down on
(b) do away with
(c) put up with
(d) keep up with

해설
A의 말을 종합해보면, Susan은 다른 사람이 핸드폰을 사자, 자신도 핸드폰을 사버리는 사람이다. 이와 문맥적으로 연계되는 것은 '분수에 맞지 않게 남을 따라가려고 허세를 부린다'는 의미를 가진 동사구 (d)가 정답이다.

해석
A: 에이미가 어제 새로운 휴대폰을 샀어. 그리고 무슨 일이 있었던 줄 알아? 수잔도 역시 새로운 휴대폰을 산거야.
B: 그거 정말 재미있는데. 내 생각엔 수잔이 남들 하는 건 다 따라하려고 하는 것 같애.

어휘
look down on ~을 무시하다
do away with ~을 제거하다
put up with ~을 참다
keep up with the Joneses 남에게 뒤지지 않으려고 허세를 부리다

정답 (d)

4.

My friend, Jack, told me that he is a(n) _____ reader of everything from mainstream fiction to autobiographies.

(a) languid
(b) avid
(c) rancid
(d) lanky

해설
주류 소설에서 자서전에 이르기까지 모든 책을 읽는다고 하면 굉장히 책을 많이 읽는 사람이라는 것을 유추할 수 있다. 이를 설명해 줄 수 있는 가장 적절한 형용사는 욕심이 많다는 의미로 보기 (b)가 적절하다.

해석
내 친구 잭은 그가 주류 소설에서부터 자서전에 이르기까지 모든 책을 닥치는 대로 읽는다고 내게 말했다.

어휘
avid 욕심 많은, 열심인
mainstream 주로
autobiography 자서전
languid 나른한, 노곤한
rancid 악취가 나는, 썩은 냄새가 나는
lanky 호리호리한

정답 (b)

5.

The easiest way to get the information on how many _____ of the book were sold is to search through the Internet.

(a) copies
(b) makers
(c) issues
(d) releases

해설
문맥상 책의 '부수'에 해당하는 어휘가 필요하다. 사본은 copy로 표현할 수 있다. issue 역시 책에는 쓸 수 있지만, magazine 등의 호(판)에 해당할 때 쓰는 표현으로 issues of the book이라고 하면 '책이 다루는 내용(이슈)'이란 뜻이 되어버려 문맥이 맞지 않게 된다.

해석
얼마나 많은 책의 부수가 팔렸는지에 대해 가장 쉽게 정보를 얻는 방법은 인터넷을 통해 검색해보는 것이다.

어휘
issue (잡지나 책 등의) 호, 판

정답 (a)

6.

Their music is so _____ that it makes people dance to it all night long.

(a) diffusing
(b) extenuating
(c) intoxicating
(d) sedating

해설
'so~ that' 구문이 활용된 문장으로 사람들을 밤새도록 음악에 맞춰 춤추게끔 한다는 것으로 보아 사람을 '취하게 하는', '열중케 하는'이란 뜻을 가진 보기 (c)가 정답임을 유추할 수 있다.

해석
그들의 음악은 너무도 황홀해서 사람들이 그 음악에 맞추어 밤새도록 춤을 추게 만든다.

어휘
intoxicating 취하게 하는, 열중케 하는
extenuating 참작할 만한
diffuse 널리 퍼지다, 발산하다
sedate 진정시키다, 안정시키다

정답 (c)

Pre-Test·3 Answers

1. (b)   2. (c)   3. (c)
4. (c)   5. (b)   6. (d)

1.

A: I'm starving. Why don't we take a _____?
B: Okay. Let's go out and grab something to eat.

(a) nap
(b) break
(c) leisure
(d) turn

해설
'take a+명사'로 나타낼 수 있는 표현들에는 take a break(휴식을 취하다), take a shower(샤워를 하다), take a nap(낮잠을 자다) 등이 있다. 여기서는 A의 말에 B가 나가서 뭐 좀 먹고 오자고 답하고 있으므로 휴식을 취하자고 제안한 보기 (b)가 가장 적절하다. take a turn은 '교대하다'란 의미인데, B가 같이 가자고 말하고 있으므로 서로 교대를 요청했다고 보는 것은 논리적으로 맞지 않다.

해석
A: 나 배가 고프다. 우리 좀 쉬는 게 어때?
B: 알았어. 나가서 뭐라도 사 먹자.

어휘
starving 배가 고픈
take a turn 교대하다
grab something to eat 간단히 먹을 것을 사다

정답 (b)

2.

A: Do you know who has the _____ to publish this manuscript?
B: Well, the author is still in negotiation with a couple of publishers.

(a) access
(b) rule
(c) right
(d) integrity

해설
원고의 출판과 관련해서 빈칸에 들어갈 적절한 어휘는 '권리'라는 뜻의 right이다. B가 '두 군데 출판사와 아직 협상중에 있다'라고 말한 부분이 정답을 찾는 힌트가 된다.

해석
A: 너 이 원고를 출판할 권리를 누가 갖고 있는지 아니?
B: 음, 작가가 두 군데 정도 출판사와 협상을 진행중이라고 하네.

어휘
publish 출판하다
manuscript 원고
be in negotiation 협상중이다
integrity 흥미, 이해관계

 정답 (c)

53

3.

A: George. Please _____ the hammer on the floor.
B: Okay. Here you are.

(a) build up
(b) look up
(c) pick up
(d) bring up

🔓 **해설**
바닥에서 망치를 어떻게 해달라고 하자 B는 알았다면 무언가를 건네줄 때 사용하는 표현인 'Here you are.'라고 대답하고 있으므로 망치를 주워달라고 하는 것이 가장 자연스럽다.

🔓 **해석**
A: 조지, 바닥에서 망치 좀 주워주세요.
B: 알았어요. 여기 있습니다.

🔍 **어휘**
build up 양육하다, 키우다
look up (단어의 의미를 사전 등에서) 찾아보다
bring up (사안을) 제기하다, 양육하다

✓ **정답** (c)

4.

Some people insist that schools have nothing to with teaching students moral _____ because it's the parents' responsibility to do so.

(a) senses
(b) discourses
(c) values
(d) deliveries

🔓 **해설**
문맥상 가장 적절한 것은 '도덕적 가치관'이란 뜻의 moral values, 즉 보기 (c)가 정답이 되어야 한다. 나머지 보기들은 가르침의 대상이란 관점에서 봤을 때 적절하지 않다.

🔓 **해석**
몇몇 사람들은 학생들에게 도덕적 가치관을 가르치는 것은 그것이 부모의 책임이기 때문에 학교와는 관련이 없다고 주장한다.

🔍 **어휘**
insist 주장하다
moral 도덕의
responsibility 책임, 의무
values 가치관
discourse 강연, 토론
delivery 배달

✓ **정답** (c)

5.

Killing thousands of people in New Orleans, Hurricane Katrina really brought _____ to me the power of nature.

(a) signal
(b) home
(c) idea
(d) message

🔓 **해설**
수천 명의 사람을 죽인 허리케인 카트리나가 자신에게 자연의 힘을 절실히 자각시켰다고 말하는 것이 전체 문맥과 어울린다. 기본적으로 'bring home to'란 관용표현을 알지 못하면 정답을 찾기 힘든 문제이다.

🔓 **해석**
뉴올리언스의 수천 명의 사람들을 죽였을 때, 허리케인 카트리나는 나에게 자연의 힘을 절실히 자각시켰다.

🔍 **어휘**
bring home to ~에게 절실히 자각시키다
signal 신호, 암호
the power of nature 자연의 힘

✓ **정답** (b)

6.

This is a once-in-a-lifetime _____ for you to show the world what you have to offer.

(a) tragedy
(b) responsibility
(c) happening
(d) opportunity

🔓 **해설**
세상에서 자신이 가진 것을 보여 줄 수 있는 것은 절호의 기회일 것이다. once-in-a-lifetime opportunity는 '절호의 기회, 평생의 기회'란 의미를 가진 collocation이다.

🔓 **해석**
이것은 네가 온 세상에 네가 줄 수 있는 것이 무엇인지 보여줄 수 있는 절호의 기회이다.

🔍 **어휘**
once-in-a-lifetime 일생일대의
opportunity 기회
offer 제안하다, 제공하다

✓ **정답** (d)

Actual Test 1 Answers

01(b)	02(c)	03(b)	04(a)	05(d)
06(a)	07(b)	08(d)	09(c)	10(b)
11(d)	12(b)	13(c)	14(d)	15(b)
16(b)	17(b)	18(d)	19(a)	20(c)
21(d)	22(a)	23(b)	24(a)	25(d)
26(b)	27(b)	28(b)	29(d)	30(b)
31(b)	32(c)	33(c)	34(a)	35(b)
36(a)	37(c)	38(c)	39(a)	40(c)
41(d)	42(d)	43(d)	44(d)	45(c)
46(b)	47(c)	48(a)	49(a)	50(c)

1 A: Are you having fun?
B: Yeah, so _____ so good.

(a) been
(b) far
(c) long
(d) too

해설
안부를 묻거나 나의 상태를 물어보는 상대방의 질문에 대답으로 네이티브들이 즐겨 사용하는 'So far so good'이란 표현을 안다면 쉽게 정답을 찾을 수 있다. 참고로 보기 (c)의 long이 들어가는 경우, 'so long as+주어+동사'의 형태로 '~하는 한'이란 의미로 사용된다.

해석
A: 재미있게 보내고 있니?
B: 응. 아직까지는 좋아.

어휘
have fun 즐거운 시간을 보내다
So far so good. 아직까지는 좋아.

정답 (b)

2 A: I'm throwing a party tonight. Do you want to come?
B: Why not? Who else are you _____?

(a) proposing
(b) serving
(c) inviting
(d) pinching

해설
문맥상 적절한 분사를 골라야 한다. 파티에 오겠냐고 묻는 질문에 그러겠다고 답변을 했기에, 이어지는 질문에 등장하는 Who else와 빈칸을 연관시켜 생각할 수 있는 것은 보기 (c)의 inviting이다.

해석
A: 나 오늘 밤 파티를 열거야. 너도 올래?
B: 물론이지. 다른 누구를 초대했니?

어휘
throw a party 파티를 열다
Why not? 물론이지. / 왜 안 되겠어?
propose 제안하다
serve 시중들다
pinch 꼬집다

정답 (c)

3 A: Could I speak to Mrs. Kidman directly?
B: Sure. I'll _____ him on the phone.

(a) connect
(b) get
(c) reach
(d) take

해설
제 3자와의 통화를 요청시, 그 사람을 바꿔 주겠다는 표현으로 'I'll get him on the phone'이라고 한다. 동사 get은 '~를 데려오다'란 의미가 있기에 즉, 데려와서 전화를 바꿔주겠단 의미다. 보기 (a)는 'I'll connect you to him'의 형태로 쓰일 경우 정답이 될 수 있다.

해석
A: 키드맨 씨와 직접 통화를 할 수 있을까요?
B: 물론이죠. 그를 바꿔 드릴게요.

어휘
directly 직접
connect 연결시키다

정답 (b)

4 A: I finished my homework. Can I go out and play?
B: Yes, but _____ your room before you go out.

(a) tidy up
(b) bring on
(c) throw out
(d) see through

🔒 **해설**
숙제를 끝냈다며 나가 놀아도 되냐고 묻는 질문에, 나가기 전 방과 관련한 이야기를 하고 있다. 문맥상 '정리하다', '깨끗이 치우다'란 뜻을 가진 (a) tidy up이 정답이다. (c)의 경우 빈칸 뒤의 목적어가 your room이 아니라 the garbage라면 정답이 될 수 있다.

🔓 **해석**
A: 저 숙제 끝냈어요. 나가서 놀아도 돼요?
B: 그래. 하지만 나가기 전에 방청소를 하거라.

🔍 **어휘**
tidy up 정리하다, 깨끗이 치우다
throw out 버리다
bring on 가져오다, 초래하다
see through 미리 간파하다, 알아차리다

✓ **정답** (a)

6 A: What was the verdict?
B: The man was _____ to 30 days in jail.

(a) sentenced
(b) offended
(c) convicted
(d) accused

🔒 **해설**
판결의 내용이 30일 간의 징역형이다. 이 경우 동사는 '~가 선고되다'란 의미가 문맥상 맞다. 정답은 (a)이다. 동사 convict의 경우 'He was convicted of murder.(그는 살인으로 유죄가 선고되었다)'의 형태로 사용되고 accuse 역시 전치사 of와 함께 사용된다.

🔓 **해석**
A: 판결은 어떻게 나왔나요?
B: 그 남자는 30일 징역형을 선고 받았어요.

🔍 **어휘**
verdict 판결
be sentenced to ~의 형을 언도 받다
offend 위반하다, ~를 화나게 하다
convict A of B ~에게 유죄를 선고하다
be accused of ~으로 고소되다

✓ **정답** (a)

5 A: I'd like to apologize for what I've done the other day.
B: Apology _____. Don't ever disrespect me again.

(a) happened
(b) forgiven
(c) admitted
(d) accepted

🔒 **해설**
구어체에서 상대방의 사과에 '사과를 받아줄게'란 말을 'Apology accepted'라고 짧게 말한다. 비슷한 예로, No offense taken.(기분 나쁘지 않았어)도 같이 외워두자. 정답은 (d)이다.

🔓 **해석**
A: 저번에 내가 한 일에 대해서 사과하고 싶어.
B: 사과 받아줄게. 절대로 다시는 날 무시하지 마.

🔍 **어휘**
apologize 사죄(사과) 하다 n. apology 사과, 사죄
the other day 일전에, 저번에
disrespect 경시하다, 무시하다

✓ **정답** (d)

7 A: The new employee wasn't as good as I expected.
B: You're right. He was of about _____ ability.

(a) middle
(b) average
(c) halfway
(d) center

🔒 **해설**
be of average ability는 '평균적인 능력의'란 뜻을 가진다. 정답은 (b)이다.

🔓 **해석**
A: 새로온 직원은 내가 기대했던 것만큼 괜찮지가 않네.
B: 네 말이 맞아. 평균적인 능력의 사람이더군.

🔍 **어휘**
employee 고용인, 종업원
expect 기대하다

✓ **정답** (b)

8 A: Are you _____ me on this?
B: Of course.

(a) for
(b) into
(c) in
(d) with

🔒 해설
문맥상 '이 부분에 있어 내 말에 동감하니?'란 질문이 적절하다. be with 는 '~와 함께 하다'란 의미를 갖고 있다. 정답은 (d)이다. 보기 (b)의 be into 는 '~를 좋아하다' 혹은 '~에게 호감을 갖고 있다'는 의미이다. 만약 A에서 on this가 생략이 되었었다면 정답으로 가능하다.

🔓 해석
A: 이 부분 내 말에 동감하니?
B: 물론이지.

🔍 어휘
be into ~에 호감이 있다
be with ~에 동의하다

✅ 정답 (d)

9 A: Do you know which _____ it is to the nearest convenience store?
B: It's at the corner on your right.

(a) road
(b) location
(c) way
(d) passage

🔒 해설
상점의 위치를 알려주는 B의 답변을 통해서 A가 편의점으로 가는 길을 물어봤음을 알 수 있다. 방향을 나타내는 것은 way이므로 정답은 (c)이다. location 은 '장소', passage는 '통로' 그리고 road는 '도로' 이다

🔓 해석
A: 어느 쪽이 가까운 편의점으로 가는 길인지 알고 계시나요?
B: 당신 오른 쪽 길모퉁이에 있습니다.

🔍 어휘
the nearest 가장 가까운
convenience store 편의점
passage 통로, 통행

✅ 정답 (c)

10 A: Hi, I'd like to _____ my flight.
B: Sure. May I ask your name and flight number?

(a) miss
(b) confirm
(c) remove
(d) pass

🔒 해설
flight과 관련한 A의 요청에 B는 이름과 비행기 번호를 묻고 있다. 즉, 남자는 이미 비행기 표 예약이 되어 있음을 알 수 있다. confirm the flight 는 '비행을 확인하다'는 뜻을 갖고 있다. 정답은 (b)이다.

🔓 해석
A: 안녕하세요. 제 비행편을 확인하고 싶습니다.
B: 알겠습니다. 성함과 비행기 번호가 어떻게 되나요?

🔍 어휘
confirm 확인하다
flight number 비행기 번호

✅ 정답 (b)

11 A: Hello. I'm returning Mr. Brenson's call.
B: Hold the _____, please. I'll put you through.

(a) phone
(b) ring
(c) receiver
(d) line

🔒 해설
빈칸 뒤의 문장에서 연결을 시켜주겠다고 했으므로 문맥상 기다리라는 문장이 나와야 한다. 전화통화에서 Hold on. / Hold the line. / Stay on the line. 등은 모두 상대방에게 '기다려 주세요.'란 의미로 사용되는 표현들이다. 정답은 (d)이다.

🔓 해석
A: 여보세요. 브렌슨 씨의 전화를 받고 전화 드립니다.
B: 기다려 주십시오, 연결시켜 드리겠습니다.

🔍 어휘
return one's call ~의 전화를 받고 다시 전화하다
hold the line 전화를 끊지 않고 기다리다
put through (전화를) 연결시키다

✅ 정답 (d)

12 A: I think you have to _____ a cavity rather than remove it.
B: How much would it cost?

(a) get
(b) fill
(c) operate
(d) reinstate

🔒 **해설**
충치를 제거하는 것 이외의 방법이라면 충치를 때우는 것일 것이다. fill a cavity는 '충치를 메우다(때우다)'란 의미로 사용된다. 정답은 (b)이다.

🔓 **해석**
A: 충치를 제거하시기보다는 때우셔야 할 것 같군요.
B: 비용이 얼마나 들까요?

🔍 **어휘**
fill a cavity 충치를 때우다
remove 제거하다
operate 수술을 하다
reinstate (법, 질서 등을) 복구시키다, (건강을) 회복시키다

✓ **정답** (b)

---

14 A: Thanks for the pep talk.
B: No _____, I'm sure you can do it.

(a) deal
(b) fret
(c) speech
(d) sweat

🔒 **해설**
격려에 고마움을 표시하는 이에게 적절한 대답은 '별말씀을요' 혹은 '천만에요'일 것이다. No sweat은 상대방이 고마움을 표시할 때 원어민들이 'You're welcome'과 같은 의미로 사용하는 구어체 관용표현이다. 정답은 (d)이다.

🔓 **해석**
A: 격려해 줘서 고마워요.
B: 천만에요. 당신이 해낼 수 있을 거라고 확신해요.

🔍 **어휘**
pep talk 격려
fret 초조, 불안
speech 연설

✓ **정답** (d)

---

13 A: I think Mrs. Johnson _____ you over me.
B: That's nonsense. She equally loves us both.

(a) looks
(b) inclines
(c) favors
(d) indulges

🔒 **해설**
B는 A가 한 말에 반대하며 그녀가 자신들을 동등이 사랑한다고 말하고 있다. 문맥상 A의 내용으로 한쪽을 편애한다는 의미를 가진 보기 (c)가 적절하다.

🔓 **해석**
A: 존슨 선생님이 나보다 너를 편애하시는 것 같아.
B: 말도 안 되는 소리. 그녀는 우리 둘을 동등하게 사랑하셔.

🔍 **어휘**
favor 편애하다
incline ~의 마음을 내키게 하다
indulge (in) 탐닉하다

✓ **정답** (c)

---

15 A: Wow, you're huge. When is the baby _____?
B: In a couple of weeks.

(a) expecting
(b) due
(c) going
(d) carrying

🔒 **해설**
A-B 대화 내용상 아기의 출산 예정일을 물어보고 있음을 알 수 있다. 보통 출산일을 물을 때 네이티브들은 '만기인'이란 뜻을 가진 due를 이용해서 'When are you due?' 혹은 'When is the baby due?'라고 질문한다. 정답은 (b)이다. 보기 (a)가 정답이 되기 위해서는 과거분사 형태인 expected가 되어야 한다.

🔓 **해석**
A: 와, 배가 엄청 큰데요. 출산 예정일이 언제죠?
B: 2주 정도 지나서요.

🔍 **어휘**
When is the baby due?(=When are you due?) 출산 예정일이 언제죠?

✓ **정답** (b)

16
A: There's no need to rush anything.
B: Okay. I _____ you.

(a) do
(b) hear
(c) see
(d) push

해설
서두를 필요가 없다는 말에 '알았다'라고 말한 후 이어지는 문장이므로 같은 맥락의 내용이 위치해야 할 것이다. 'I hear you.'는 상대방의 말에 동감을 표시할 때 사용하는 관용표현이다. 정답은 (b)이다. 동감을 나타내는 표현들로는 'Tell me about it. / I agree. / I couldn't agree with you more.' 등이 있다.

해석
A: 서두를 필요 전혀 없어.
B: 알았어. 네 말에 동의해.

어휘
rush 서두르다
I hear you. 동의하다. 동감이다.

정답 (b)

17
A: How can I make a(n) _____ call from my office phone?
B: Just dial 0 and you'll get a dial tone.

(a) exotic
(b) outside
(c) abroad
(d) exterior

해설
보기에 주어진 단어들의 의미의 유사성과 사무실 전화로 걸 수 있는 통화를 연결시켜 본다면 외부전화를 하려고 함을 알 수 있다. 외부전화는 'outside call' 또는 'outgoing call'이라고 한다. 정답은 (b)이다.

해석
A: 제 사무실 전화로 외부전화를 어떻게 걸죠?
B: 그냥 0번을 누르시면 신호음이 들리실 겁니다.

어휘
dial 다이얼을 돌리다
dial tone 신호음

정답 (b)

18
A: No worries. I'll fax the results to your place.
B: Thanks. I _____ you one.

(a) appreciate
(b) thank
(c) show
(d) owe

해설
빈칸 앞에 언급된 Thanks와 의미가 연계되어야 한다. 고맙다고 말한 후, 신세졌다라고 한 번 더 강조하는 것이 자연스럽다. 정답은 (d)이다. 보기 (a)는 'I appreciate it.(감사합니다)' 형태로 등장해야 정답이 될 수 있다.

해석
A: 걱정 마. 결과를 너희 집으로 팩스 전송할게.
B: 고마워. 신세졌다.

어휘
No worries. 문제없어. 걱정하지 마.
fax 팩스를 전송하다
owe 빚지다

정답 (d)

19
A: The board appointed him as Chief Executive Officer.
B: That's absurd. I don't think he's _____ to lead.

(a) fit
(b) pertinent
(c) well
(d) feasible

해설
새로 임명된 최고경영자의 얘기에 B는 'That's absurd'라며 강한 거부감을 보이고 있다. 새 경영자가 지도력이 적합하다고 생각하지 않는다고 말하는 것이 문맥과 어울린다. 정답은 (a)이다.

해석
A: 위원회는 그를 최고경영자로 임명했습니다.
B: 그건 터무니없는 일이에요. 그는 사람들을 이끄는 데 부적합하다고요.

어휘
appoint 임명하다
Chief Executive Officer 최고경영자
absurd 불합리한, 터무니없는
fit to ~하기에 적합한
pertinent 관계있는, 연관있는

정답 (a)

20 A: Do you think Max will keep his promise?
B: Of course. He is a man of his _____.

(a) sentence
(b) idea
(c) word
(d) speech

🔒 **해설**
대화 내용상 약속을 잘 지키는 것과 연계된 대답이 나와야 한다. a man of one's word는 '약속을 잘 지키는 사람'이란 의미를 가진 숙어이다. 정답은 (c)이다.

🔓 **해석**
A: 맥스가 약속을 지킬 거라고 생각하니?
B: 물론이지. 걔는 약속을 잘 지키는 사람이야.

🔍 **어휘**
keep one's promise 약속을 지키다
a man of one's word 약속을 잘 지키는 사람

✓ **정답** (c)

21 A: I have to try harder. I've been unemployed for almost a month now.
B: Take it easy on yourself and don't _____ yourself too hard to get a good job.

(a) mind
(b) provoke
(c) simplify
(d) push

🔒 **해설**
앞 문장과 연계되는 동사를 찾는 문제 유형이다. 직업을 찾기 위해 더 열심히 노력해야겠다는 A의 말에 여유를 가지라고 한 것을 보아, 빈칸에 가장 어울리는 동사는 push이다. Push oneself는 노력 등을 더 하며 자신을 채찍을 한다는 뉘앙스를 갖고 있는 표현이다. 정답은 (d)이다.

🔓 **해석**
A: 전 더 열심히 노력해야 해요. 이제 거의 한 달째 직업이 없어요.
B: 자신에게 여유를 좀 주세요. 그리고 좋은 일자리를 얻기 위해서 스스로를 너무 세게 몰아붙이지 마시고요.

🔍 **어휘**
take it easy on ~을 쉬엄쉬엄 하다, ~에게 여유를 주다
push oneself to ~하기 위해 스스로를 몰아붙이다
get back to work 복직하다
mind 꺼려하다
provoke 화나게 하다, 자극하다
simplify 간단히 하다

✓ **정답** (d)

22 A: Rise and shine! It's time to _____ out of bed.
B: Okay. What's for breakfast?

(a) jump
(b) fall
(c) hover
(d) leave

🔒 **해설**
빈칸 앞의 문장 'Rise and shine!'과 연계되는 내용이 등장해야 한다. '기상'이라고 했으므로 침대에서 나오라는 내용이 연결되어야 할 것이다. jump out of bed는 '침대에서 뛰쳐나오다'는 뜻으로 정답은 (a)이다. fall out of bed는 '침대에서 굴러떨어지다'란 뜻이기에 문맥상 적절치 않다.

🔓 **해석**
A: 기상! 잠자리에서 뛰쳐나올 시간이다.
B: 알았어요. 아침은 뭐예요?

🔍 **어휘**
guys 사람들, 아이들
jump out of bed 잠자리에서 뛰쳐나가다
fall out of bed 침대에서 굴러 떨어지다
hover 공중을 맴돌다, 배회하다

✓ **정답** (a)

23 A: What's that on the tree?
B: I guess it's an owl _____ its wings.

(a) wagging
(b) flapping
(c) trembling
(d) flipping

🔒 **해설**
부엉이의 날개와 어울리는 단어는 (b) flap뿐이다. flap wings는 새가 '날개를 퍼덕이다'란 뜻을 갖고 있다. wag는 강아지가 꼬리를 흔들 때, flip은 무언가를 손으로 탁 '튀기다'란 의미로 사용되는 동사이다. ex) Let's flip a coin.

🔓 **해석**
A: 나무 위에 있는 저게 뭐지?
B: 날개를 퍼덕이고 있는 부엉이 같은데.

🔍 **어휘**
owl 부엉이
wag (꼬리, 몸통을) 흔들다
flap (날개를) 펄럭거리다
tremble (몸을) 벌벌 떨다
flip (손가락으로) 튀기다

✓ **정답** (b)

24
A: Has the boss made up his mind about investing in China?
B: No, he still has some _____ about the proposal.

(a) reservations
(b) appointments
(c) conclusions
(d) judgements

🔓 해설
빈칸의 내용은 아직 투자를 결정하지 못한 사실과 연계되어야 한다. 정답은 (a)로 'have some reservations about'는 '~에 대해 보류하다' 또는 '~에 대해 생각을 지속하다'란 의미를 가지고 있다. 보기 (c)의 appointment는 'have an appointment with(~와 약속이 있다)'와 같은 형태로 사용된다.

🔐 해석
A: 사장님께서 중국에 투자하시기로 마음의 결정을 하셨나요?
B: 아뇨, 아직 그 제안에 대해서 생각중이십니다.

🔍 어휘
make up one's mind 마음을 정하다, 결정하다
invest 투자하다
reservation 유보, 보류, 예약
appointment 약속, 예약
conclusion 결론
judgement 판단

✅ 정답 (a)

25
A: I'm sorry for the _____, but I have news for you.
B: Are they good news or bad news?

(a) disturbance
(b) commotion
(c) stoppage
(d) interruption

🔓 해설
전해줄 소식이 있어 말을 끊을 경우 적절한 어휘는 중간에 잠깐 끊기는 것을 의미하는 interruption이다. disturbance는 폭력, 고함 등으로 인한 '소란, 난동'을 의미하므로 빈칸 뒤의 내용과 연계성이 없고, stoppage는 근무가 중단되거나 경기가 중단될 경우 사용되는 어휘이므로 정답이 될 수 없다.

🔐 해석
A: 방해해서 죄송합니다만, 알려드릴 소식이 있습니다.
B: 좋은 소식인가요, 나쁜 소식인가요?

🔍 어휘
I have news for you. 너에게 들려줄 소식이 있다.
disturbance 소란, 난동
commotion 동요, 폭동
stoppage 휴업, 정지
interruption 방해, 중단

✅ 정답 (d)

26 In North Korea, many people are barely _____ without food, water and shelter.

(a) breathing
(b) surviving
(c) embattling
(d) struggling

🔓 해설
음식과 물, 그리고 주거지라는 요소 없이 간신히 살아가고 있다는 의미가 문맥상 가장 적절하다. 정답은 (b)이다. '고군분투하다'라는 의미를 가진 struggle의 경우, 단순히 생존을 넘어 무언가 목적을 달성하기 위해 노력한다는 뉘앙스가 있으므로 'without food, water, and shelter'라는 생존에 필요한 가장 단순한 목록들이 언급된 부사구와 연계했을 때 의미상 자연스럽지 못하다.

🔐 해석
북한에서는 많은 사람들이 음식, 물, 그리고 주거지 없이 간신히 살아가고 있다.

🔍 어휘
barely 가까스로, 간신히
shelter 주거, 집
embattle 전투 진용을 갖추다
struggle 고군분투하다

✅ 정답 (b)

27 _____ is one of the most common skin diseases during adolescence and early childhood.

(a) Typhlitis
(b) Acne
(c) Gastritis
(d) Constipation

🔒 **해설**
빈칸은 전체 문장에서 주어 역할을 하고 있고, 이 주어에 대한 설명은 is 뒤의 내용을 통해서 자세히 설명이 되고 있다. 청소년기와 초기 성인 기간 동안의 가장 일반적인 피부질병이라면 여드름임을 추측해 볼 수 있다. 정답은 (b)이다.

🔒 **해석**
여드름은 사춘기와 초기 성인 기간 동안의 가장 흔한 피부질병 중 하나이다.

🔍 **어휘**
typhlitis 맹장염
acne 여드름
adolescence 사춘기
gastritis 위염
constipation 변비

✓ **정답** (b)

---

28 Homosexuality was _____ as hooliganism in China until 1997, and still regarded as a mental illness until 2001.

(a) refined
(b) defined
(c) employed
(d) minded

🔒 **해설**
빈칸에 알맞은 과거분사 형태를 고르는 문제이다. 'be defined as'는 '~로 정의를 내리다'라는 숙어로, 문맥상 동성애가 폭력행위로 정의되었다고 하는 것이 적절하다. 정답은 (b)이다.

🔒 **해석**
동성애는 1997년까지 중국에서는 폭력행위로 정의되었었고, 2001년까지도 정신병으로 여겨져 왔다.

🔍 **어휘**
homosexuality 동성애
define (뜻을) 정의를 내리다
hooliganism 폭력행위
regard ~으로 여기다
refine 정제하다, 깨끗하게 하다
mind 유념하다, 꺼려하다

✓ **정답** (b)

---

29 A Change Your Password Day has been introduced as a way to _____ awareness about online security.

(a) materialize
(b) cogitate
(c) consume
(d) raise

🔒 **해설**
비밀번호를 바꾸자는 날을 시작하는 이유는 온라인상의 안전에 대한 인식을 드높이기 위해서라고 하는 것이 가장 적절하다. 정답은 (d)이다. 동사 raise가 등장하는 표현으로 'raise issue(문제를 제기하다)'도 같이 외워두자.

🔒 **해석**
'비밀번호를 바꿉시다'라는 날은 온라인상의 안전에 관한 인식을 높이기 위한 방법으로 시작되었다.

🔍 **어휘**
introduce 시작하다, 도입하다
awareness 인식
materialize 구체화하다, 실현하다
cogitate 생각하다, 고안하다
consume 소비하다

✓ **정답** (d)

---

30 Journalists are required to present their press _____ in order to gain access to the press room.

(a) capabilities
(b) credentials
(c) modifications
(d) qualifications

🔒 **해설**
기자실로 접근하기 위해서 제출해야 할 것은 기자 신분증일 것이다. 이에 해당하는 영어표현은 press credentials이다. 정답은 (b)이다. 복수형태 qualifications은 그 의미가 '자격' 또는 '자질'로 본 문장에는 어울리지 않는다. cf) What are the qualifications for this job?(이 일을 위한 자격조건이 무엇인가요?)

🔒 **해석**
언론인들은 기자실로 접근을 하기 위해서 그들의 기자 신분증을 제출하도록 요구된다.

🔍 **어휘**
journalist 보도관계자, 언론인
present 제출하다, 보여주다
credential 자격증명서, 신분증
gain access to ~에 접근하다
press room 언론실, 기자실
capability 능력, 소질
modification 변경, 변형
qualifications 자질, 자격

✓ **정답** (b)

31 The location change will be _____ right after lunch.

(a) translated
(b) announced
(c) pronounced
(d) acclaimed

🔒 해설
문맥상 장소 변경이 공지될 것이다라고 하는 것이 어울린다. 보기 중 이에 해당하는 어휘는 announce, 즉, 보기 (b)이다.

🔓 해석
장소 변경은 점심식사 후 바로 공지될 것입니다.

🔍 어휘
translate 번역하다
announce 알리다, 공고하다
pronounce 발음하다
acclaimed 칭찬받은, 칭송받은

✅ 정답 (b)

---

32 The engineer has successfully solved the recurring software glitch in the sophisticated PRIUS computer system for _____.

(a) great
(b) fine
(c) good
(d) proficiency

🔒 해설
반복해서 발생하는 컴퓨터 시스템상의 결함을 해결한 사실과 연계해서 문맥상 가장 적절한 것은 'for good' 즉, 이 문제를 영구히 해결했다고 하는 것이다. 정답은 (c)이다.

🔓 해석
그 기술자는 정교한 PRIUS 컴퓨터 시스템상의 소프트웨어 결함을 성공적으로 영구히 해결했다.

🔍 어휘
recurring 되풀이하여 반복하는
sophisticated 매우 복잡한, 정교한
proficiency 숙달, 능란
for good 영원히, 영구히

✅ 정답 (c)

---

33 The pharmacist recommended me to take this pill to _____ the symptom.

(a) exaggerate
(b) withdraw
(c) alleviate
(d) allude

🔒 해설
빈칸 뒤의 to 부정사의 목적어는 '증상'을 의미하는 symptom이다. 약사가 약의 복용을 추천했다는 내용과 연계했을 때 가장 어울리는 것은 '완화시키다' 라는 의미를 가진 동사 alleviate이다. 정답은 (c)이다.

🔓 해석
약사는 증상을 완화시키기 위해 내게 이 약을 먹을 것을 권했다.

🔍 어휘
pharmacist 약사   alleviate 완화시키다
recommend 추천하다   withdraw 빼다, 꺼내다, 철수하다
symptom 증상   allude 암시하다, 언급하다
exaggerate 과장하다

✅ 정답 (c)

---

34 This software focuses on providing a range of advanced presentation techniques to help people enhance and _____ their range of dramatic skills.

(a) extend
(b) obstruct
(c) deteriorate
(d) dismantle

🔒 해설
등위 접속사 and로 연결되고 있는 동사 enhance와 빈칸에 들어가야 할 동사는 서로 같은 목적어를 취하고 있으므로 의미상 서로 연관이 있어야 한다. 소프트웨어의 긍정적인 기능을 설명하고 있는 내용이므로 사람들의 극적 솜씨의 범위를 넓혀 준다고 하는 것이 문맥상 적절하다. 정답은 (a)이다. 나머지 보기들의 특징은 그 의미가 부정적이라는 공통점이 있다.

🔓 해석
이 소프트웨어는 사람들이 그들의 극적 솜씨의 범위를 강화하고 넓히도록 도와주기 위한 일련의 고급 프레젠테이션 기법들을 제공하는 데 중점을 두고 있습니다.

🔍 어휘
advanced 고급의   obstruct 차단하다, 막다
enhance 강화하다, 증진하다 deteriorate 악화시키다
extend 넓히다, 확장하다   dismantle 해체하다, 분해하다

✅ 정답 (a)

35 In conclusion, this scientific evidence shows that maternal smoking _____ fetal growth and doubles the risk of having a low birth weight baby.

(a) resumes
(b) retards
(c) resolves
(d) reinstates

해설
임신 중 흡연이 가져오는 결과에 대해 얘기하고 있다. and 이하의 문장을 보면 저체중 아이가 출산될 확률이 두 배가 된다고 언급하고 있다. 이와 관련지었을 때, 태아의 성장이 저해된다고 하는 것이 가장 적절하다. 정답은 (b)이다.

해석
결론적으로, 이 과학적 증거는 임신 중 흡연이 태아 성장을 방해하고 저체중 출생아를 낳게 될 위험을 두 배 증가시킨다는 것을 보여주고 있다.

어휘
in conclusion 결론적으로
evidence 증거
maternal 어머니의
retard 저해하다
fetal 태아의
double 두 배가 되다
resume 다시 시작하다
retains 보유하다, 유지하다
resolve 결정하다, 결의하다
reinstate 복직시키다, 원상태로 돌리다

정답 (b)

---

36 Our guests will not only be able to enjoy the beauty of the place but also get _____ pleasure through contemporary cuisine.

(a) palate
(b) tongue
(c) visual
(d) auditory

해설
빈칸은 현대요리를 통한 이것의 기쁨이다. 요리를 통해서 얻을 수 있는 기쁨으로 가장 적절한 것은 미각의 즐거움이다. 정답은 (a)이다.

해석
저희의 숙박객들은 본 장소의 아름다움을 즐기실 수 있을 뿐만 아니라 현대요리를 통해서 미각의 기쁨 또한 얻게 되실 겁니다.

어휘
palate 미각의
visual 시각의
auditory 청각의
contemporary 현대의, 동시대의
cuisine 요리(법)

정답 (a)

---

37 If you're having trouble finding the answer you're looking for, you can always call our _____ _____ Customer Support Center.

(a) sacrificed
(b) violated
(c) dedicated
(d) dictated

해설
고객을 상대하는 서비스팀을 묘사할 때 보통 '헌신적인' 이란 뜻을 가진 과거분사 'dedicated'를 사용하는 경우가 많다. 정답은 보기 (c)이다.
cf) dedicated employees(헌신적인 직원들) / dedicated staff(헌신적인 스태프)

해석
찾고 계시는 해답을 얻는데 문제가 있으시다면, 저희의 헌신적인 고객 지원 센터로 언제든지 전화를 하실 수 있습니다.

어휘
sacrificed 희생된
dedicated 헌신적인
dictate 글을 받아쓰게 하다, 지시하다
violate 위반하다, 침해하다

정답 (c)

---

38 A retired State Department intelligence official and his wife have been arrested and _____ with spying for Cuba.

(a) booked
(b) reserved
(c) charged
(d) ticketed

해설
빈칸 앞에 and가 위치하고 있고 그 앞에 단어인 과거분사 arrested와 선택지들의 형태가 동일하기에 의미상 연계가 되는 것을 골라야 한다. 체포가 되고 스파이 짓을 했음에 기소되는 것이 당연한 수순일 것이다. 정답은 (c)이다. 보기 (d)의 ticket은 가벼운 교통사고나 경범죄로 인해 경찰이 딱지를 뗄 때 사용할 수 있는 어휘다.

해석
은퇴한 국무부 정보 관료와 그의 아내가 체포되어 쿠바를 위해 스파이 짓을 한 것으로 기소되었다.

어휘
retired 은퇴한
arrest 체포하다
charge 고발하다, 기소하다
spy 스파이, 스파이 짓을 하다
book 예약하다
reserve 예약하다
ticket 딱지를 떼다

정답 (c)

---

39 I have no _____ for the people who take drugs and then whine when they get into trouble later.

(a) sympathy
(b) spirit
(c) fervor
(d) emotion

해설
마약을 복용 후에 문제가 생겼을 때 흐느끼는 사람들에게 동정조차 하지 않는다고 하는 것이 문맥상 가장 어울린다. 정답은 (a)이다. 보기 (d) emotion의 경우 '감정'이란 뜻이 있어 얼핏 답이 될 것 같기도 하지만, emotion은 보통 사랑, 기쁨, 슬픔 등의 희로애락과 관련된 감정이기에 본 문장에서는 그다지 어울리지 않는다.

해석
나는 마약을 복용하고 나서 후에 문제에 휩싸이게 되면 흐느끼는 사람들을 동정하지 않는다.

어휘
drug 마약
whine 흐느끼다
sympathy 동정
spirit 정신, 영혼
fervor 열정
emotion 감동, 감정

정답 (a)

---

40 Voters should become intelligent and _____ if they don't want to elect politicians who only think about their bank accounts.

(a) volatile
(b) restless
(c) rational
(d) emotional

해설
같은 품사를 가진 단어를 접속사 and가 연결시키고 있는 경우, 이 두 단어는 서로 의미상 일맥상통해야 한다. intelligent와 일맥상통하는 단어는 선택지 중 (c) rational 뿐이다. 자신의 은행계좌만 생각하는 정치인을 선출하지 않기 위해서 유권자들은 이성적이고 논리적이 되어야 할 것이다.

해석
자신들의 은행계좌만 생각하는 정치인들을 선출하고 싶지 않다면, 유권자들은 이성적이고 논리적이 되어야 한다.

어휘
voter 유권자
elect 선출하다
bank account 은행계좌
volatile 휘발성의, 변덕스러운
restless 침착하지 못한, 불안한
rational 논리적인, 분별 있는
emotional 감정적인

정답 (c)

---

41 For Alzheimer's sufferers, getting dressed is one of the last tasks the memory _____.

(a) revives
(b) revolts
(c) refurbishes
(d) retains

해설
치매 노인들에게 있어서 옷을 입는 것은 기억력이 유지하는 마지막 일 중 하나라고 하는 것이 문맥상 적절하다. 옷을 입는 것은 과거부터 해온 일이기 때문이다. 정답은 (d)이다.

해석
노인성 치매로 고생하는 사람들에게 있어서 옷을 입는 것은 기억력이 유지하는 마지막 일 중 하나이다.

어휘
Alzheimer's 노인성 치매
revive 되살리다, 부흥시키다
revolt 반란을 일으키다
refurbish 일신하다
retain 유지하다

정답 (d)

42 One in three parents feels guilty for missing work to _____ after a sick child.

(a) take
(b) come
(c) run
(d) look

🔓 해설
이어동사 문제다. 문맥에 적절한 보기를 골라야 한다. 아픈 아이를 돌보기 위해서 회사를 빠진다고 하는 것이 자연스럽다. 정답은 (d)이다. '~를 돌보다'란 의미의 look after를 알고 있었다면 쉽게 정답을 고를 수 있다.

🔓 해석
셋 중 하나의 부모들이 아픈 자식을 돌보기 위해서 회사를 빠지는 것에 대해서 죄책감을 느낀다.

🔍 어휘
feel guilty 죄책감을 느끼다
miss work 일을 빠지다
take after ~를 닮다
look after ~를 돌봐주다
come after ~를 찾으러 오다
run after ~를 쫓다

✓ 정답 (d)

---

43 Many people still believe that President Kennedy was _____ as a result of conspiracy.

(a) died
(b) nullified
(c) resuscitated
(d) assassinated

🔓 해설
음모의 결과로 빈칸이 되었다는 내용이다. 문맥상 암살되었다고 하는 것이 적절하다. 정답은 (d)이다. 보기 (a)의 die의 경우 'be died'와 같은 수동태 형태로 사용되지 않음을 주의하자.

🔓 해석
많은 사람들이 아직도 케네디 대통령이 음모의 결과로 암살되었다고 믿고 있다.

🔍 어휘
as a result of ~의 결과로
conspiracy 음모
nullify 무효로 하다, 파기하다
resuscitate (인공호흡으로) 소생시키다

✓ 정답 (d)

---

44 The city has decided to fine people who _____ and do not wear seatbelts in cars.

(a) scurry
(b) tread
(c) slither
(d) jaywalk

🔓 해설
벌금형이 선고될 만한 사람의 행동을 보기 어휘 중에서 찾아야 한다. 정답은 '무단횡단을 하다'란 뜻을 가진 jaywalk 즉, 보기 (d)이다.

🔓 해석
그 도시는 무단횡단을 하는 사람들과 차 안에서 안전벨트를 매지 않는 사람들에게 벌금을 부과하기로 결정했다.

🔍 어휘
scurry 허둥지둥 달리다
tread 밟다, 걸어가다
slither 미끄러져 내려가다
jaywalk 무단횡단을 하다

✓ 정답 (d)

---

45 More than 1,500 child-care centers set up by the government to _____ for working mothers and single fathers are leased to private operators.

(a) forgo
(b) gratify
(c) cater
(d) oblige

🔓 해설
문맥상 보육센터는 일하는 어머니들과 홀아버지들을 위해서 정부에 의해 세워진 것이다. 동사 cater는 전치사 for와 함께 쓰여 '~의 요구를 맞춰주다'란 의미를 갖는다. 즉, 어머니들과 홀아버지들의 요구를 맞추기 위해 세워진 보육센터라는 것이 문맥상 자연스럽다. 정답은 (c)이다. 보기 (b)의 gratify의 경우 뒤에 전치사 없이 목적어가 바로 와야 함으로 정답이 될 수 없다.

🔓 해석
일하는 어머니들과 홀아버지들의 요구를 맞춰주기 위해서 정부에 의해 세워진 1,500개 이상의 보육센터는 개인 경영자들에게 임대되어진다.

🔍 어휘
cater (for) 음식물을 제공하다, 요구를 맞춰주다
lease 임대하다, 임차하다
operator 경영진, 운영진
forgo 삼가다, 보류하다
gratify ~를 만족시키다
oblige ~에게 의무를 지우다

✓ 정답 (c)

46 The man had a _____ accident that led to the amputation of his hands and legs.

(a) auspicious
(b) horrendous
(c) belligerent
(d) vicious

해설
빈칸은 사고의 성격을 말해주는 적절한 형용사가 들어가야 한다. 이에 대한 힌트는 accident 뒤의 that절 이하가 설명해주는 내용을 통해서 얻을 수 있다. 팔과 다리를 절단토록 한 사고에 어울리는 단어는 '끔찍한' 이란 의미의 보기 (b)이다.

해석
그 남자는 그의 손과 다리의 절단 수술로 이끈 끔찍한 사고를 당했다.

어휘
amputation 절단(수술)
auspicious 길조의, 행운의
horrendous 끔찍한
belligerent 호전적인
vicious 사악한, 악의 있는

정답 (b)

47 Tom was hospitalized because he started to experience _____ as a result of taking drugs.

(a) intonation
(b) proposition
(c) hallucination
(d) stimulation

해설
마약을 복용한 결과로 경험할 수 있는 것은 '환각' 임을 유추할 수 있다. 정답은 (c)이다.

해석
탐은 마약을 복용한 결과로 환각상태를 경험하기 시작해 병원에 입원했다.

어휘
hospitalize 입원시키다
experience 경험하다
hallucination 환각
take drugs 마약을 복용하다
intonation 억양, 어조
proposition 제안, 계획
stimulation 자극, 격려

정답 (c)

48 Huge winds caused a boat to _____ off Somalia's southern coast.

(a) capsize
(b) indict
(c) annihilate
(d) disseminate

해설
태풍으로 인해 배에서 벌어질 상황으로 적절한 어휘를 골라야 한다. 문맥상 배가 전복되었다고 하는 것이 옳다고 유추할 수 있다. 정답은 (a)이다.

해석
태풍이 한 배가 소말리아의 남쪽 연안에서 뒤집히는데 원인이 되었다.

어휘
capsize 전복시키다, 뒤집히다
coast 연안, 해안
indict 기소하다
annihilate 전멸시키다
disseminate (주장, 의견 등을) 널리 퍼뜨리다

정답 (a)

49 Authors are not encouraged to use too many _____ in their work because it can make readers wonder how original they are after all.

(a) cliches
(b) metaphors
(c) novelties
(d) contrasts

50 These food ingredients are considered _____ to human health as they can form carcinogenic compounds in the body.

(a) susceptible
(b) impervious
(c) detrimental
(d) vulnerable

🔓 해설
빈칸에 들어갈 단어는 독자들로 하여금 작가의 독창성에 대해 의심을 갖게끔 하는 것이어야 한다. 문맥상 '판에 박은 문구'란 의미를 가진 보기 (a)가 정답이다.

🔓 해석
작가들은 그들의 작품에 너무 많은 판에 박은 문구들을 사용하지 않도록 권장되는데 이것은 독자들로 하여금 작가들이 얼마나 독창적인가에 대한 의문을 가지게끔 만들기 때문이다.

🔎 어휘
author 작가
encourage 장려하다
cliche 판에 박은 문구
original 독창적인
metaphor 은유
novelties 새로운 일(물건)
contrast 대조, 대비

✓ 정답 (a)

🔓 해설
빈칸 뒤 as 이하의 문장에서 음식 재료들에 대한 추가적인 설명으로부터 문맥상 적절한 어휘를 선택할 수 있다. 음식재료들은 신체에 발암성 화합물을 형성시키는 것들이므로 인간의 건강에 해로운 것이라고 하는 것이 논리적으로 맞다. 정답은 보기 (c)이다.

🔓 해석
이 음식 재료들은 신체에 발암성 화합물을 형성하기 때문에 인간의 건강에 해로운 것으로 여겨진다.

🔎 어휘
ingredient 재료
carcinogenic 발암성의
compound 혼합물, 화합물
susceptible 영향 받기 쉬운, 감염되기 쉬운
detrimental 해로운
impervious 불 침투성의, 상처를 입지 않는
vulnerable (신체, 정신적으로) 다치기 쉬운, 상처입기 쉬운

✓ 정답 (c)

Actual Test 2 Answers

01(b)	02(b)	03(b)	04(a)	05(b)
06(d)	07(d)	08(b)	09(b)	10(c)
11(a)	12(b)	13(c)	14(d)	15(c)
16(b)	17(c)	18(c)	19(a)	20(c)
21(c)	22(a)	23(b)	24(c)	25(c)
26(a)	27(a)	28(a)	29(c)	30(d)
31(b)	32(a)	33(b)	34(c)	35(c)
36(c)	37(a)	38(b)	39(b)	40(b)
41(d)	42(c)	43(d)	44(b)	45(c)
46(b)	47(d)	48(a)	49(c)	50(c)

1 A: I have to go now. I will call you later.
B: Okay. Please give my best _____ to your wife.

(a) hope
(b) regards
(c) hello
(d) minds

🔓 해설

give one's best regards to는 '~에게 안부를 전하다'란 뜻을 가진 숙어다. 정답은 (b)이다. 보기 (c)의 경우 'Please say hello to+사람'의 형태를 통해서 안부를 전한다는 의미가 될 수 있다.

🔐 해석

A: 나 이제 가봐야 해. 나중에 전화할게.
B: 알았어. 네 아내에게 내 안부 전해줘.

🔍 어휘

give one's best regards to ~에게 안부를 전하다

✓ 정답 (b)

2 A: I think Tom wants to ask you out.
B: I couldn't _____ less. I'm not interested in him at all.

(a) want
(b) care
(c) stress
(d) charge

🔓 해설

뒤의 문장인 'I'm not interested in him at all'과 연계되는 뜻을 골라야 한다. I couldn't care less.는 '전혀 상관하지 않는다'는 관용표현이다. 정답은 (b)이다.

🔐 해석

A: 내 생각에 탐이 너에게 데이트 신청하고 싶어하는 것 같아.
B: 난 전혀 상관 안해. 난 그한테 관심이 전혀 없거든.

🔍 어휘

ask a person out ~에게 데이트 신청하다
be interested in ~에 관심이 있다
at all 전혀
stress 강조하다
charge (요금을) 부과하다

✓ 정답 (b)

3 A: Good afternoon. Is there anything I can help you with?
B: No, it's okay. I'm just _____.

(a) shopping
(b) looking
(c) finding
(d) seeing

🔓 해설

쇼핑 중 '구경만 하고 있는 중이다'라고 쓸 수 있는 표현은 'I'm just looking.'과 'I'm just browsing.' 두 가지이다. 그러므로 정답은 (b)이다.

🔐 해석

A: 좋은 오후입니다. 제가 뭐 도와드릴게 있을까요?
B: 아뇨, 괜찮습니다. 그냥 구경만 하고 있었어요.

🔍 어휘

I'm just looking.(=I'm just browsing. / I'm just window shopping.) 그냥 구경하는 거에요.

✓ 정답 (b)

4 A: Are you planning on studying in America next year?
B: I'd like to, but I'm not _____.

(a) sure
(b) clear
(c) perfect
(d) secure

해설
문맥상 '확실하지 않다'의 확실함은 (a) sure를 써서 표현한다. 정답은 (a)이다.

해석
A: 다음 달에 미국에서 공부할 계획이니?
B: 나도 그러고 싶지만, 확실히 모르겠어.

어휘
plan on ~할 예정이다, 계획이다

정답 (a)

---

5 A: Who are you most _____ to for your renewed health?
B: It's my wife, Susan.

(a) authorized
(b) indebted
(c) appointed
(d) entitled

해설
동사 indebt는 '빚을 지게하다'라는 뜻으로 회화에서는 '누구의 덕이다'는 뜻으로 문제와 같이 수동표현으로 쓴다. 정답은 (b)이다.

해석
A: 너의 회복된 건강은 누구 덕이 가장 크니?
B: 내 아내인 수잔이지.

어휘
indebt 빚을 지게 하다
renew 새롭게 하다
appoint 지명하다
be entitled to ~할 자격이 있다

정답 (b)

---

6 A: Can I pay by credit card?
B: I'm sorry, sir. We don't _____ payment by credit card.

(a) admit
(b) hug
(c) assure
(d) accept

해설
지불방법 등을 '수락하다, 받다'는 동사 accept로 나타낼 수 있다. 비슷한 단어들이 몇 개 보이기는 하지만 문제의 문맥에서는 모두 사용할 수 없다. 정답은 (d)이다.

해석
A: 신용카드로 계산해도 되나요?
B: 죄송합니다. 저희는 신용카드는 받지 않습니다.

어휘
credit card 신용카드
payment 지불
admit 자백하다, 고백하다
hug 끌어안다
assure 보장하다, 확신하다

정답 (d)

---

7 A: I saw John shaking his ____ at you. What's up between you two?
B: It's nothing. He just can't take a joke.

(a) elbow
(b) head
(c) thigh
(d) fist

해설
shake one's fist는 '주먹을 휘두르다'는 뜻으로 의역하면 '화를 내다, 역정을 내다'란 의미를 갖는다. 하지만 나머지 신체부위는 문맥의 구조처럼 쓰지 않는다. 정답은 (d)이다.

해석
A: 존이 화를 내며 네게 주먹을 휘두르는 것을 봤어. 둘 사이에 무슨 일 있는 거야?
B: 별거 아니야. 얘가 농담을 받아들이지 못하네.

어휘
shake one's fist 주먹을 휘두르다
take a joke 농담으로 받아들이다
elbow 팔꿈치
thigh 허벅지

정답 (d)

8 A: Does Mr. Johnson still work for the company?
B: No, he's _____.

(a) eliminated
(b) retired
(c) surrendered
(d) hired

🔒 해설
존슨 씨가 아직도 근무하냐는 질문에 '그렇지 않다'라고 대답했으므로 퇴사와 관련된 내용이 나와야 문맥이 어울릴 것임을 유추할 수 있다. 정답은 은퇴했다고 하는 보기 (b)이다. eliminate는 서바이벌 게임과 같은 경기에서 탈락될 때 어울리는 어휘이다. cf) He was eliminated from the competition.

🔒 해석
A: 존슨 씨는 아직도 그 회사에서 근무하고 있나요?
B: 아뇨. 그는 은퇴하셨습니다.

🔍 어휘
eliminate 제거하다, 탈락시키다
retire 은퇴하다
surrender 항복하다, 내어주다
hire 고용하다.

✓ 정답 (b)

10 A: Tom. How's _____?
B: Not bad. Can't complain. How about yourself?

(a) existence
(b) living
(c) life
(d) actuality

🔒 해설
안부인사를 묻고 그에 대답을 하고 있다. 상대방의 안부를 묻는 표현에는 How's life? / How are you? / How's it going? / How are you doing? / What's up? 등이 있다. 보기 (b)는 How's living in England?(잉글랜드에서 사는 건 어때?)와 같이 구체적으로 살고 있는 장소가 뒤에 언급되어 사용해야 한다.

🔒 해석
A: 탐, 잘 지내니?
B: 그럭저럭. 그냥 그래. 넌 어떻니?

🔍 어휘
How's life? 잘 지내요?
complain 불평하다
existence 존재, 생존
actuality 현실, 실제

✓ 정답 (c)

9 A: Hi. This is Tom speaking. Can I speak to Monica, please?
B: Sure. Please ____ on a second.

(a) get
(b) hold
(c) wait
(d) delay

🔒 해설
전화에서 상대방에게 잠시 기다려 달라는 표현은 동사 hold를 써서 나타낸다. 정답은 (b)이다.

🔒 해석
A: 안녕하세요. 탐입니다. 모니카와 통화할 수 있을까요?
B: 물론이죠. 잠시만 기다려주세요.

🔍 어휘
hold on a second 잠시만 기다려주세요.

✓ 정답 (b)

11 A: John, I need to talk to you about something.
B: Can it _____? I have a very tight schedule today.

(a) wait
(b) delay
(c) hinder
(d) set

🔒 해설
바쁜 일정으로 얘기를 나누기가 힘들 것임을 나타내고 있으므로, 빈칸은 거절의 의미를 가진 표현이 적절할 것이다. 상대방이 무언가를 하자고 했을 때, Can it wait?은 '나중에 하자'는 뜻으로 사용된다. 마찬가지로 '나중에 해도 됩니다'라는 말은 'It can wait.'이라고 한다.

🔒 해석
A: 존, 무엇에 대해서 얘기를 좀 나누고 싶습니다.
B: 나중에 하면 안 될까요? 제가 오늘 일정이 아무 빡빡하거든요.

🔍 어휘
tight schedule 바쁜 일정
delay 지연시키다
hinder 방해하다

✓ 정답 (a)

12 A: How was your date with Susan?
B: It was great. We really _____ it off.

(a) turned
(b) hit
(c) pulled
(d) staked

해설
여자와의 데이트가 어땠냐는 질문에 대한 대답인 'It was great.' 가 연계된 내용이 등장해야 한다. hit it off는 '죽이 잘 맞다', '잘 통하다'란 뜻을 가진 표현이다. 정답은 (b)이다. 보기 (c)의 경우 pull it off는 무언가를 '해내다', '성공하다'란 표현인데, 이는 업무나 일과 관련한 표현이지 데이트가 잘 되었을 때 사용하는 표현이 아니다.

해석
A: 수잔이랑 데이트 어땠어요?
B: 정말 좋았어요. 우린 정말 서로 죽이 잘 맞았죠.

어휘
hit it off 죽이 잘 맞다, 잘 통하다
turn off ~을 끄다
stake off 경계를 치다
pull off 해내다, 성공하다

정답 (b)

---

13 A: Why do you have your leg in a cast?
B: I _____ while stepping in the elevator.

(a) limped
(b) staggered
(c) tripped
(d) wobbled

해설
A의 질문은 왜 다리에 깁스를 하고 있느냐는 거다. 그러므로 다리에 깁스를 할 정도로 다친 이유가 무엇인지 빈칸에서 언급되어야 한다. 보기 (b), (d)는 부상을 당하는 것과 관련이 없는 단어들이고, limp는 부상을 당한 후에 '다리를 절뚝거리다'란 의미로 쓰일 수 있지, 부상을 당한 이유로 언급되는 건 적절치 못하다. '걸려 넘어지다'란 의미를 갖고 있는 trip 즉, 보기 (c)가 정답이다.

해석
A: 왜 다리에 깁스를 한 거죠?
B: 엘리베이터 안에 들어서다가 걸려 넘어졌어요.

어휘
have ~ in a cast ~을 깁스하다
step in 들어서다
limp 절뚝거리다
stagger 비틀거리다
trip 걸려 넘어지다
wobble 살짝 흔들리다, 동요하다

정답 (c)

---

14 A: What are the qualifications for the job?
B: The job _____ a high school diploma or equivalent and up to 2 years of experience.

(a) requests
(b) possesses
(c) inquires
(d) requires

해설
일자리의 자격조건으로 요구되는 것이 무엇인지 설명해주는 데 있어 적절한 동사를 골라야 한다. 보통 구인과 관련해서 이런저런 조건들이 요구되어진다고 할 때 동사 require를 사용한다. 정답은 (d)이다. 보기 (c)는 주어가 고용주와 같은 사람일 경우에 정답으로 가능하다.

해석
A: 그 일자리를 얻기 위한 자격조건은 무엇인가요?
B: 그 일을 얻기 위해선 최대 2년의 경력과 고등학교 졸업장 혹은 동등한 학위가 필요합니다.

어휘
qualifications 자격
require 필요로 하다
diploma 졸업증서
request 요구하다
possess 소유하다
inquire ~에게 묻다, 문의하다

정답 (d)

---

15 A: _____ me for a second. I have to go check my kids.
B: No problem. Please go ahead.

(a) Release
(b) Break
(c) Excuse
(d) Forget

해설
잠시 자리를 비울 때 잠시 실례하겠다는 표현은 Excuse로 할 수 있다. 뒤의 me를 통해 동사 excuse를 쉽게 답으로 찾을 수 있다. 정답은 (c)이다.

해석
A: 잠시만 실례하겠습니다. 애들 좀 보고 와야 할 것 같아요.
B: 네, 그렇게 하세요.

어휘
release 풀어주다, 배출하다

정답 (c)

16 A: How did you like the novel?
B: It was excellent. I just couldn't ____ it down.

(a) make
(b) put
(c) jot
(d) split

🔒 해설
좋았기 때문에 중간에 멈출 수가 없다는 뜻으로 연결되어야 자연스러우므로 동사 put이 어울린다. 정답은 (b)이다.

🔓 해석
A: 소설은 어땠어요?
B: 정말 끝내줬어요. 책을 읽다가 중간에 멈출 수가 없었으니까요.

🔍 어휘
jot down 간단히 메모하다

✓ 정답 (b)

18 A: Miranda's husband passed away last night.
B: Oh, dear. I hope she'll _____ over it soon.

(a) take
(b) come
(c) get
(d) do

🔒 해설
over와 함께 어울리는 구동사 찾기 문제다. 죽는 것과 건강을 회복하다(get over)를 연결시킬 수 있으므로 동사 get이 답이다. 정답은 (c)이다.

🔓 해석
A: 미란다의 남편이 어젯밤에 죽었어.
B: 오, 이런. 난 그녀가 곧 회복하기를 바랐는데.

🔍 어휘
pass away 죽다
get over 회복하다

✓ 정답 (c)

17 A: Please pay attention to what I'm trying to say to you.
B: Okay. I'm all ____.

(a) noses
(b) strokes
(c) ears
(d) fires

🔒 해설
I'm all ears.는 '잘 듣고 있다'라는 뜻이 된다. 정답은 (c)이다.

🔓 해석
A: 제가 당신에게 하려는 말에 주목해 주세요.
B: 네, 잘 듣고 있습니다.

🔍 어휘
pay attention 주목하다
be all ears 잘 듣고 있다

✓ 정답 (c)

19 A: I came by to make sure you were okay.
B: Yeah, I'm _____ pretty good.

(a) doing
(b) experiencing
(c) hoping
(d) coming

🔒 해설
상대방의 안부를 확인하기 위해서 들렸다는 A의 말에 적절한 대답을 골라야 한다. '잘 지내고 있어'에 해당하는 영어표현은 I'm doing good.이다. 정답은 (a)이다.

🔓 해석
A: 당신이 괜찮은지 확인하려고 들렸어요.
B: 네, 잘 지내고 있어요.

🔍 어휘
come by 잠깐 들르다
make sure 확실히 하다, 확인하다
pretty 꽤

✓ 정답 (a)

20
A: I don't think I can _____ this gift.
B: Oh, please. It's the least I can do.

(a) agree
(b) return
(c) accept
(d) concur

🔓 **해설**
B의 대답을 통해 A가 선물을 거절했음을 짐작할 수 있다. 선물과 같은 물질적인 것을 '받아들이다'란 의미로 적절한 동사는 accept이다. 정답은 (c)이다. (a)의 agree는 자동사로 뒤에 명사 목적어가 바로 위치하지 않을 뿐만 아니라, 'agree with'의 형태로 의견이나 입장에 동의한다는 의미로 사용된다.

🔓 **해석**
A: 이 선물을 받을 수 있을 것 같지가 않네요.
B: 아, 제발요. 제가 할 수 있는 최소한의 것입니다.

🔎 **어휘**
gift 선물
It's the least I can do. 제가 할 수 있는 최소한의 일입니다.
return 반환하다
accept 받아들이다
concur (의견이) 일치하다

✔ **정답** (c)

21
A: I'm starving. Why don't we go out and grab something to eat?
B: You just read my mind. Let's go. It's my _____.

(a) tab
(b) foot
(c) shout
(d) mouth

🔓 **해설**
음식을 먹으러 갈 때 '내가 쏜다'에 해당하는 영어표현에는 It's my treat. / It's on me. / I'll pick up the tab. / I'll foot the bill. 등이 잘 알려져 있고, 잘 알려지지 않은 표현으로 It's my shout.도 있다. 정답은 (c)이다.

🔓 **해석**
A: 배가 너무 고파요. 우리 밖에 나가서 뭐 좀 먹는 게 어때요?
B: 제 맘을 읽으셨네요. 나갑시다. 제가 쏠게요.

🔎 **어휘**
read one's mind 마음을 읽다
It's my shout. 제가 쏩니다.

✔ **정답** (c)

22
A: I'm _____ of listening to your complaints.
B: Did I whine that much?

(a) sick
(b) ill
(c) queasy
(d) exhausted

🔓 **해설**
be sick of는 '~에 진절머리가 나다'란 뜻을 갖고 있다. B가 '내가 그렇게 많이 투덜거렸냐?'라고 되묻는 것을 보면 질렸다는 내용이 빈칸에 오는 것이 적절하다. 정답은 (a)이다. be tired of 역시 같은 의미를 갖고 있다.

🔓 **해석**
A: 네 불평을 듣는 것은 이제 진절머리가 나는 구나.
B: 내가 그렇게 많이 투덜거렸니?

🔎 **어휘**
complaint 불평
whine 투덜거리다, 불평하다
queasy (속이) 메스꺼운
exhausted 지친

✔ **정답** (a)

23
A: Isn't the scenery beautiful?
B: Absolutely. Especially, I love the way the light is _____ on the lake.

(a) abdicating
(b) shimmering
(c) resounding
(d) promulgating

🔓 **해설**
빛(light)과 호수(lake)와의 관계를 적절히 연결시켜주는 서술어로 보기 중 적절한 것은 '반짝거리다'란 의미를 갖고 있는 동사 shimmer이다. 그러므로 정답은 (b)이다.

🔓 **해석**
A: 경치가 아름답지 않니?
B: 물론이지. 특히, 호수에 비춰 반짝이는 빛의 형체가 너무 맘에 들어.

🔎 **어휘**
scenery 경치
abdicate (왕위, 권리 등을) 포기하다
shimmer 반짝거리다
resound 다시 울리다
promulgate (법률 등을) 공표, 발표하다

✔ **정답** (b)

24
A: Mr. Kim. Tell me specifically what's wrong with your nose.
B: My nose keeps getting _____ and my throat hurts.

(a) choked
(b) pierced
(c) congested
(d) suffocated

🔓 해설

병원에서 검진 받는 상황이다. 코와 관련해서 동사 congest는 '막히다'라는 뜻으로 사용된다. 코뿐만 아니라 교통이 '막히다'라고 할 때도 쓴다. 정답은 (c)이다.

🔓 해석

A: 김 선생님, 당신의 코가 어떻게 안 좋은지 구체적으로 말해 주세요.
B: 코가 계속 막히고 목이 아파요.

🔍 어휘

choke (목 등이) 막히다
pierce 꿰뚫다
congest (교통, 코 등이) 막히다
suffocate 질식시키다

✅ 정답 (c)

25
A: My son wants to transfer to another school. But he just won't tell me why.
B: That's strange. Isn't there the possibility of _____ at school?

(a) enlightening
(b) tolerating
(c) bullying
(d) overlooking

🔓 해설

학교에서 집단으로 따돌림을 당하는 등의 괴롭힘을 bullying이라고 표현한다. 정답은 (c)이다.

🔓 해석

A: 내 아들이 다른 학교로 전학가길 원해. 하지만, 그는 이유를 말하지 않았어.
B: 그거 이상한데. 학교에서 괴롭힘을 당하는 거 아냐?

🔍 어휘

enlightening 계몽적인
bullying 괴롭힘
tolerate 너그럽게 봐주다
overlook 봐주다

✅ 정답 (c)

26
The Megastore will offer 45 percent discounts on all silver products, only for a(n) _____ time.

(a) limited
(b) clear
(c) definite
(d) infinite

🔓 해설

할인을 광고하는 문구에서 굉장히 많이 쓰이는 어구가 바로 'for a limited time'이다. 즉, 한정된 시간 동안에만 할인혜택을 제공하겠다는 내용이다. 정답은 (a)이다.

🔓 해석

메가스토어는 오직 정해진 시간 동안에만 모든 은제품에 대해서 45%의 할인을 해드릴 겁니다.

🔍 어휘

limited 한정된, 제한을 받는
clear 밝은, 맑은
definite (생각, 의견이) 분명한
infinite 무한한, 끝없는

✅ 정답 (a)

27
The man has raised a good _____ which I found very interesting.

(a) point
(b) respect
(c) edition
(d) clue

🔓 해설

raise a point는 '논점 혹은 요점을 지적하다'란 의미를 갖고 있다. 문장에서 동사로 raise가 등장하고 뒤의 목적어 자리에 빈칸이 있을 경우, 같이 한 쌍으로 어울릴 수 있는 표현들을 학습해두자. 정답은 (a)이다.
cf) raise an issue 문제를 지적하다

🔓 해석

그 남자는 내가 매우 흥미롭다고 생각한 좋은 점을 지적해주었다.

🔍 어휘

edition (초판, 재판의) 판
respect 존경, 존중
clue 실마리

✅ 정답 (a)

28 Protests by indigenous groups in Peru's Amazon region _____ violent when government security forces attacked anti-development blockades.

(a) turned
(b) made
(c) found
(d) ran

해설
동사 turn은 '~으로 바뀌다'라는 뜻의 변화의 의미를 내포하고 있다. 예를 들어, '난 21살이 되었다'는 영어로 'I turned 21.'이라고 하는 것과 같은 맥락이다. 병력이 공격을 했을 때 항의가 폭력적으로 바뀌었다고 하는 것이 자연스럽다. 정답은 (a)이다.

해석
페루의 아마존 지역에서의 토착민 집단에 의한 항의는 정부 경비 병력이 반개발 봉쇄망을 공격할 때 폭력적으로 바뀌었다.

어휘
indigenous 토착의, 지역 고유의
violent 난폭한, 폭력적인
security 경비, 안전
forces 병력
anti- ~에 반대하는
blockade 봉쇄, 폐쇄

정답 (a)

---

30 The management of the company has strongly _____ the employees to reduce operational expenses in order to survive in today's extremely competitive marketplace.

(a) pulled
(b) addressed
(c) demanded
(d) urged

해설
경영진이 운영비용을 줄이라고 직원들에게 강하게 촉구한다고 하는 것이 문맥상 자연스럽다. urge는 보통 'urge+목적어+to 부정사'(~에게 ~하라고 촉구하다)란 형태로 쓰인다. 정답은 (d)이다. 보기 (c)의 demand의 경우 뒤에 목적어로는 사람이 위치하지 않으니 참고해두도록 하자.

해석
그 회사의 경영진은 직원들에게 오늘날의 극도로 경쟁적인 시장에서 살아남기 위해 운영비용을 줄일 것을 강력하게 촉구해왔다.

어휘
operational 운영(경영)상의
enhance 증진시키다
consistency 일관성

정답 (d)

---

29 It came as a shock to me that neither one of the students had had the _____ to stand up against the bullies in school.

(a) cell
(b) gland
(c) nerve
(d) vitality

해설
숙어 'have the nerve to'를 알고 있다면 쉽게 정답을 고를 수 있는 문제다. 다른 아이들을 괴롭히는 bully에게 맞서는 것은 용기일 것이다. 정답은 (c)이다.

해석
학생들 중 그 누구도 학교에서 약자를 괴롭히는 아이들에게 맞설 용기가 없었다는 것은 내게 충격으로 다가왔다.

어휘
have the nerve to ~할 용기가 있다
stand up against ~에 맞서다, 대항하다
bully 약자를 괴롭히는 아이, 깡패
cell 세포
gland 분비기관
vitality 생명력, 활기

정답 (c)

---

31 A US funeral director has been _____ of his licence after a man's legs were cut off to fit inside a standard coffin.

(a) naked
(b) stripped
(c) dismissed
(d) pivoted

해설
be stripped of는 본인의 의지와는 상관없이 외부세력에 의해서 무언가를 박탈당하거나 상실했을 때 사용할 수 있는 표현이다. 정답은 (b)이다.

해석
미국 장례 이사는 기준 관안에 맞춰 넣기 위해 한 남자의 다리를 자른 후에 그의 자격증을 박탈당했다.

어휘
funeral 장례식
license 자격증
coffin 관
dismiss 해산시키다
pivoted 선회하다

정답 (b)

32 The television show, which will take an in-depth look at the _____ of the iPod, will be aired on Friday next week.

(a) genesis
(b) generics
(c) genetics
(d) generals

해설
비슷한 형태의 단어 네 개가 보기로 주어졌다. 방송 프로그램은 iPod의 빈칸의 것을 심도 있게 관찰할 것이라고 언급하고 있다. 문맥상 시초, 발생의 의미가 있는 보기 (a)가 정답이다. 나머지 것들은 문맥과 전혀 어울리지 않는다.

해석
iPod의 탄생을 심도 있게 관찰할 텔레비전 방송은 다음 주 금요일에 방송될 것이다.

어휘
show 방송
in-depth 심도 있는
genesis 발생, 기원, 시초
air 방송하다
genetics 유전학
generics 상표 없는 상품
generals 군 장성들

정답 (a)

---

33 A special team of Australian military cooks has been rushed to Afghanistan to produce Australian food after _____ of soldiers complained about tasteless dishes served at the Dutch-run mess.

(a) points
(b) scores
(c) grades
(d) credits

해설
'다수의~' 라 의미를 가진 'scores of'를 알고 있다면 전체 문장을 읽어 보지 않아도 쉽게 정답을 고를 수 있는 문제 유형이다. 정답은 (b)이다.

해석
호주 군 요리사 특별팀이 다수의 군인들이 네덜란드 인에 의해서 운영되는 군대 식당에서 제공되는 맛없는 식사에 불평을 하자 호주 음식을 제공하기 위해서 아프가니스탄으로 급하게 보내졌다.

어휘
military 군대의
rush 돌진하다, 쇄도하다
complain 불평하다
tasteless 맛없는, 무미건조한
mess 군대식당
scores of 다수의

정답 (b)

---

34 The defense argued it was the defendant's father who killed the rest of the family in their home before _____ suicide.

(a) accomplishing
(b) committing
(c) executing
(d) carrying

해설
빈칸 뒤에 위치한 단어인 suicide만 보고도 정답이 (b)임을 알 수 있어야 한다. 'commit suicide'는 '자살을 하다'란 collocation 표현이므로 반드시 기억해두록 하자.

해석
피고측은 그들의 집에서 가족 나머지를 죽인 것은 자살을 하기 전의 피고인의 아버지라고 주장했다.

어휘
the defense 피고측
argue 주장하다
defendant 피고인
commit suicide 자살을 하다
accomplish 이루다, 성취하다
execute (직무, 명령을) 실행하다

정답 (b)

---

35 The new immigration policy to be implemented in 2011 is _____ with questions about fairness.

(a) spurred
(b) endorsed
(c) fraught
(d) overcast

해설
'새롭게 시행될 이민 정책'과 '공정성에 대한 의심들'을 서로 연결시켜 주는 어휘가 위치해야 한다. be fraught with는 '~로 가득 차다'란 의미로 보통 전치사 with 뒤에 danger, problem 등이 위치해 무언가 부정적인 것들이 가득 차 있다는 느낌을 전달해 준다. 정답은 (c)이다. overcast는 구름, 눈과 같은 기상현상으로 인해 하늘이 어둡게 덮여 있다는 것을 나타낼 때 사용하는 어휘다.

해석
2011년에 시행될 새 이민 정책은 공평성에 대한 의심들로 가득 차 있다.

어휘
immigration 이주, 이민
policy 정책
spur ~에 박차를 가하다, 격려하다
implement 시행하다
be fraught with ~으로 가득 차다
fairness 공평(성)

정답 (c)

36
A group of men _____ everyone in the bank hostage, and then demanded 1 million dollars.

(a) treated
(b) got
(c) held
(d) handed

🔒 **해설**
hold(take) hostage '~를 인질로 잡다'란 의미로 쓰인다. 이 표현을 알고 있다면, 빈칸 뒤쪽에 위치한 hostage만 보고도 바로 정답을 골라낼 수 있다. 정답은 (c)이다.

🔓 **해석**
남자들 한 무리가 은행의 모든 사람들을 인질로 잡고 백만 달러를 요구하였다.

🔍 **어휘**
hold(take) hostage ~를 인질로 잡다
demand 요구하다, 요청하다

✓ **정답** (c)

37
I want you to _____ that I put a lot of time and effort into this event.

(a) acknowledge
(b) intertwine
(c) endure
(d) sympathize

🔒 **해설**
문맥상 자신이 쏟아 부은 시간과 노력을 인정해 주길 바란다고 하는 것이 적절하다. 동사 acknowledge는 '인정하다'란 의미를 갖고 있다. 정답은 (a)이다.

🔓 **해석**
전 당신이 제가 이 행사에 많은 시간과 노력을 쏟아 부었다는 것을 인정해 주시기를 원해요.

🔍 **어휘**
effort 노력
acknowledge 인정하다
intertwine 서로 얽히게 하다
endure 견디다
sympathize (with) ~에 동감하다, 동정하다

✓ **정답** (a)

38
Agrochemicals should be kept out of _____ of children under 10 years of age.

(a) arm
(b) reach
(c) longevity
(d) length

🔒 **해설**
상식적으로 생각했을 때, 농약은 아이들의 손이 닿지 않는 곳에 놓아두어야 한다. '손이 닿지 않는'이란 의미를 가진 out of reach를 반드시 외워두자. 정답은 (b)이다.

🔓 **해석**
농약은 10세 이하의 아이들의 손이 닿지 않는 곳에 보관되어야 한다.

🔍 **어휘**
Agrochemicals 농약
out of reach 손이 닿지 않는 곳
longevity 장수

✓ **정답** (b)

39
The only reason why many students try to get into prestigious schools is to get a _____ paid job after graduation.

(a) absolutely
(b) highly
(c) fully
(d) deeply

🔒 **해설**
'highly paid job'은 '고소득 직업'을 의미한다. 부사 highly는 수치나 정도가 굉장히 높은 수준의 것을 의미할 때 사용되는 어휘이다. 정답은 (b)이다.

🔓 **해석**
많은 학생들이 명문학교에 들어가기 위해서 노력하는 유일한 이유는 졸업 후에 고소득 직업을 얻기 위해서이다.

🔍 **어휘**
prestigious 명문의
get into ~에 들어가다
graduation 졸업
fully 완전히 채워진
deeply (감정, 상태가) 깊은

✓ **정답** (b)

40 The Korean public is not in _____ of making English the official language.

(a) freight
(b) favor
(c) majority
(d) rapport

해설
한국 대중과 빈칸 뒤의 내용인 영어를 공식 언어로 만드는 것 간의 관계를 생각해볼 때 유추할 수 있는 답은 이에 찬성하지 않는다는 보기 (b)이다. in favor of는 '~에 찬성하는'이란 의미로 사용되니 반드시 외워두도록 하자. '대다수'란 의미를 가진 어휘 majority는 in majority of 의 형태로는 사용되지 않고 '대다수의~ 에서'란 의미로 in the majority of의 형태로 사용되니 참고해두자. cf) in the majority of countries(대부분의 국가들에서)

해석
한국 대중은 영어를 공식 언어로 만드는 것에 찬성하지 않는다.

어휘
public 대중
in favor of ~에 찬성하는
freight 화물운송
rapport 관계, 접촉

✓ 정답 (b)

41 The role of the chairperson in meetings is to help focus the discussion when it _____ from the point.

(a) whines
(b) wonders
(c) worships
(d) wanders

해설
회의에서 의장에 대한 역할을 설명하고 있는 문장이다. 빈칸의 상황이 벌어졌을 때 토론을 집중토록 도와주는 것이므로 '배회하다', '헤매다' 란 의미를 가진 동사 wander가 문맥상 가장 적절하다. 정답은 (d)이다.

해석
회의에서 의장의 역할은 토론이 요점을 벗어났을 때 이를 집중토록 도와주는 것이다.

어휘
role 역할
chairperson 의장
wander 헤매다, 배회하다
whine 흐느끼다, 투덜대다
worship 예배하다, 숭배하다

✓ 정답 (d)

42 An intramuscular _____ of penicillin will cure a person who has had the disease for less than a year.

(a) projection
(b) dissection
(c) injection
(d) injunction

해설
빈칸 앞뒤에 위치한 intramuscular와 penicillin이란 단어와 함께 쓰일 수 있는 단어는 보기 중 '주사'라는 의미의 injection 밖에는 없다. intramuscular injection은 '근육주사'란 의미이니 통으로 기억해 두도록 하자. 정답은 (c)이다.

해석
페니실린 근육주사는 그 병을 1년 이내로 보유하고 있던 사람들을 치료해 줄 것이다.

어휘
intramuscular 근육(의)
cure 치료하다
projection 투사, 방사
dissection 절개, 해부
injunction 명령, 훈령

✓ 정답 (c)

43 Ronaldo pulled a hamstring in practice, and might have to _____ the rest of the season.

(a) call
(b) lose
(c) stop
(d) miss

해설
축구, 야구, 농구 등의 스포츠에서는 해당년도 정규리그를 season이라고 부른다. 이러한 시즌을 부상이나 기타 이유로 놓치게 되었을 때는 동사 miss와 함께 쓰인다. 수업을 놓쳤을 때도 miss the class라고 하는 걸 기억해두자. 정답은 (d)이다.

해석
로날도는 연습 중 힘줄을 접질려서 남은 시즌을 빠져야 할지도 모른다.

어휘
hamstring 관절의 건, 힘줄
miss 놓치다, 빠지다

✓ 정답 (d)

44 There are some children who have a huge _____ to onions or anything onion-like.

(a) enmity
(b) aversion
(c) sickness
(d) hatred

해설
have aversion to는 '~을 굉장히 싫어하다' 또는 '~을 질색하다'란 의미를 갖고 있다. 정답은 (b)이다. 보기 (a), (d)는 보통 사람에 대한 증오심을 나타낼 때 사용하는 어휘이다.

해석
양파와 양파 비슷한 것들을 굉장히 싫어하는 몇몇 아이들이 있다.

어휘
enmity 원한, 적의
have aversion to ~을 굉장히 싫어하다
hatred 증오, 혐오
sickness 병

정답 (b)

---

45 The boy's parents made him apologize for his _____ behavior to the neighbors, and grounded him for five days.

(a) clement
(b) congenital
(c) insolent
(d) lenient

해설
이웃에게 사과를 해야 하고, 그로 인해 외출 금지까지 당할 정도라면 분명 좋지 않은 행동이었을 것임을 유추할 수 있다. 선택지 중 이에 부합하는 것은 보기 (c)뿐이다.

해석
그 소년의 부모는 그가 그의 무례한 행동에 대해서 이웃들에게 사과를 하게 했고, 그를 5일 동안 외출 금지시켰다.

어휘
behavior 행동
neighbor 이웃
ground 외출 금지시키다
clement 온화한, 관용적인
congenital 타고난, 선천적인
lenient 너그러운, 관대한
insolent 건방진, 무례한

정답 (c)

---

46 Students should not risk their future by trying to _____ their teachers.

(a) discharge
(b) defy
(c) confer
(d) default

해설
빈칸의 행위로 인해서 초래될 수 있는 것은 학생들의 미래가 위태롭게 된다는 것이다. 이와 연관해 빈칸에 적절한 어휘는 '거역하다'란 의미를 가진 보기 (b)이다. default의 목적 대상은 채무와 같이 법과 결부된 무엇인가여야 한다.

해석
학생들은 그들의 선생님께 거역하려고 시도함으로써 그들의 미래를 위태롭게 해서는 안 된다.

어휘
risk 위태롭게 하다, 모험하다
defy 거역하다, 도전하다
default 의무를 불이행하다
confer 수여하다
discharge (짐을) 내리다, (빚을) 갚다

정답 (b)

---

47 His driver's license was _____ due to DUI in New York about 6 months ago.

(a) dismissed
(b) deprived
(c) solicited
(d) revoked

해설
음주운전으로 인해서 운전면허증에서 발생할 수 있는 조치는 면허증이 취소되는 것이다. 정답은 '취소하다'란 의미를 가진 revoke 즉, 보기 (d)이다. 보기 (b)의 deprive는 'be deprived of (~을 빼앗기다)'의 형태로 사용되니 참고해 두자.

해석
그의 운전면허증은 약 6개월 전에 뉴욕에서의 음주운전으로 인해서 취소되었다.

어휘
driver's license 운전면허증
due to ~ 때문에
DUI(drive under influence) 음주운전
solicit 간청하다, 애원하다
dismiss 해산시키다, 해고하다
deprive 빼앗다

정답 (d)

48 The actress was incarcerated after _____ rules of her probation.

(a) violating
(b) bisecting
(c) following
(d) addressing

🔒 **해설**
유예기간에 규칙을 이것 하지 않아 감금되었다면 빈칸에 가장 적절한 말은 '어겼기 때문에'로 연결되어야 한다. '위반하다'란 뜻을 가진 보기 (a)가 정답이다.

🔓 **해석**
그 여배우는 그녀의 집행유예 규칙을 어긴 후 감금되었다.

🔍 **어휘**
incarcerate 투옥하다, 감금하다
violate 위반하다
bisect 양분하다, 이등분하다
address ~에게 말을 걸다, 연설하다

✓ **정답** (a)

49 A CFO of Delta investment company has been charged with _____ the company's books and defrauding investors out of more than 200 million dollars.

(a) writing
(b) stretching
(c) cooking
(d) drawing

🔒 **해설**
동사 cook은 '조작하다'란 뜻을 가지고 있고, 'cook one's books'는 '~의 장부를 조작하다'라는 표현으로 사용된다. 정답은 (c)이다.

🔓 **해석**
델타 투자회사의 최고재무책임자는 회사의 장부를 조작한 것과 투자자로부터 2억 달러 가량을 횡령해 기소되었다.

🔍 **어휘**
investment 투자
be charged with ~로 기소되다
cook one's books ~의 장부를 조작하다
defraud 횡령하다

✓ **정답** (c)

50 Soviet-supplied chemical weapons have killed thousands of people in the Middle East and now it's becoming a _____ to society worldwide.

(a) mitigation
(b) amelioration
(c) menace
(d) truce

🔒 **해설**
중동에서 수천 명의 사람들을 죽인 화학무기가 전 세계 사회에 있어서 빈칸이 되어가고 있다는 내용이다. 문맥상 '위협'이란 의미를 가진 보기 (c)가 정답이다. 나머지 단어들은 문맥과 전혀 관련성이 없다.

🔓 **해석**
소비에트에 의해 공급된 화학무기들은 중동에서 수천 명의 사람들을 죽였고 이제 그것은 전 세계 사회에 위협이 되고 있다.

🔍 **어휘**
weapon 무기
mitigation 완화, 경감
amelioration 개량, 개선
menace 위협
truce 정전, 휴전

✓ **정답** (c)

Actual Test 3 Answers

01 (a)	02 (b)	03 (b)	04 (c)	05 (d)
06 (a)	07 (c)	08 (b)	09 (c)	10 (d)
11 (a)	12 (b)	13 (c)	14 (b)	15 (b)
16 (b)	17 (b)	18 (d)	19 (c)	20 (d)
21 (c)	22 (d)	23 (b)	24 (d)	25 (b)
26 (b)	27 (c)	28 (b)	29 (d)	30 (b)
31 (b)	32 (a)	33 (c)	34 (b)	35 (d)
36 (d)	37 (b)	38 (c)	39 (d)	40 (c)
41 (b)	42 (b)	43 (b)	44 (c)	45 (b)
46 (d)	47 (a)	48 (d)	49 (d)	50 (c)

1 A: You look _____.
B: Yeah, I stayed up all night studying for the test.

(a) wiped out
(b) freaked out
(c) pumped up
(d) fired up

🔒 **해설**

look wiped out은 녹초가 될 만큼 피곤해 보일 때 사용하는 표현이다. 정답은 (a)이다. 나머지 보기들은 시험 공부하느라 밤을 샜다는 B의 대답과 어울리지 않는다.

🔓 **해석**

A: 너 녹초가 되어 보인다.
B: 응. 어제 밤에 시험 공부하느라 밤을 샜거든.

🔍 **어휘**

wiped out 녹초가 된
stay up all night 밤을 새다
freak a person out ~를 화들짝 놀래키다
pump up (근육을) 키우다
fire a person up ~를 열받게 하다

✔️ **정답** (a)

2 A: It sounds like you have a better idea.
B: Actually, I do. I'll _____ it out for you.

(a) check
(b) map
(c) take
(d) cut

🔒 **해설**

이어동사 고르기 문제이다. 더 좋은 계획이 있다고 했으므로, 그것을 구체적으로 보여주겠다고 하는 것이 문맥상 적절하다. 정답은 (b)이다. 나머지 보기들은 내용과 어울리지 않는다.

🔓 **해석**

A: 네가 더 좋은 생각이 갖고 있다는 것처럼 들리는데.
B: 사실 그래. 내가 자세히 적어서 보여줄게.

🔍 **어휘**

map out (계획, 생각 등을) 구체적으로 종이 위에 적어보다
check something out 확인하다
take something out ~을 제거하다
cut it out 그만하다, 멈추다

✔️ **정답** (b)

3 A: I didn't know you like _____ stamps.
B: Well, it's one of my hobbies. What's yours?

(a) gathering
(b) collecting
(c) gleaning
(d) picking

🔒 **해설**

보기는 비슷한 어휘들이 제시되고 있지만 우표 등을 수집한다는 동사 collect를 써서 표현한다. 정답은 (b)이다.

🔓 **해석**

A: 네가 우표 수집을 좋아하는지 몰랐다.
B: 음, 내 취미 중에 하나야. 네 취미는 뭐야?

🔍 **어휘**

collect stamps 우표를 수집하다
gather 모이다
glean (이삭 등을) 줍다

✔️ **정답** (b)

4 A: The Johnsons have decided to _____ a child from Cambodia.
B: Again? I guess they are really into children.

(a) adapt
(b) adjust
(c) adopt
(d) abduct

🔓 **해설**
보기는 혼동어휘들로 제시되고 있지만 문맥은 아이들과 관련된 이야기이므로 적절한 답은 '입양하다'인 adopt이다. 정답은 (c)이다.

🔓 **해석**
A: 존슨 부부가 캄보디아에서 아이를 입양하기로 결정했대.
B: 또? 그들 부부는 아이들을 정말 좋아하나봐.

🔍 **어휘**
adapt 적응시키다
adjust 조정하다, 맞추다
adopt 입양하다
abduct 유괴하다

✅ **정답** (c)

---

5 A: I can't take this anymore. Now I'm going to stand up to him.
B: That's my boy! That's the _____.

(a) hope
(b) tenor
(c) zest
(d) spirit

🔓 **해설**
누군가가 무언가를 대담하게 하고자 할 때 '그래 그거야' 혹은 '그래 그 정신이야'란 의미로 격려하는 표현으로 명사 spirit를 써서 나타낼 수 있다. 따라서 정답은 (d)이다.

🔓 **해석**
A: 이건 정말 참을 수가 없어. 이제는 그에게 당당히 맞서야겠어.
B: 그래야지! 바로 그 정신이야!

🔍 **어휘**
stand up 당당히 맞서다
That's the spirit. 그래, 그 정신이야.

✅ **정답** (d)

---

6 A: Excuse me. Is this seat _____?
B: No, it's not. Have a seat.

(a) taken
(b) eaten
(c) gotten
(d) retrieved

🔓 **해설**
자리에 앉기 전에 자리가 있는지 확인하는 표현이 Is this seat taken?이다. 'This seat is taken', 'Take a seat'처럼 seat과 동사 take는 같이 사용됨을 기억해두자. 정답은 (a)이다.

🔓 **해석**
A: 실례지만 이 자리 누가 앉고 있나요(여기에 앉아도 될까요)?
B: 아니요(물론이죠). 앉으세요.

🔍 **어휘**
Is this seat taken? 여기에 앉아도 될까요?
retrieve 되찾다, 회수하다

✅ **정답** (a)

---

7 A: May I speak to Ms. Simpson?
B: I'm afraid she just stepped out for lunch. May I ask who's _____?

(a) asking
(b) talking
(c) calling
(d) saying

🔓 **해설**
발신자가 누구인지 확인할 때의 정확한 표현을 묻고 있다. May I ask who's calling을 통째로 암기해두자. 정답은 (c)이다.

🔓 **해석**
A: 심슨 씨와 통화할 수 있을까요?
B: 점심 먹으러 방금 나갔어요. 누구신지 여쭤 봐도 될까요?

🔍 **어휘**
step out 자리를 비우다

✅ **정답** (c)

8 A: She was _____ that it was the only way to improve economic conditions.
B: I know, but clearly she was wrong.

(a) contracepted
(b) convinced
(c) converged
(d) conversed

🔒 해설
형태상 혼동어휘들이 보기로 주어져 있다. 대화를 보면 그녀가 그것이 경제상황을 향상시킬 수 있는 유일한 방법이라고 빈칸을 했다고 하자, B가 그것은 틀렸던 거라고 응대하고 있다. 즉, 대화에 언급되는 She는 그것이 유일한 방법이었다고 확신했다라고 하는 것이 문맥상 적절하다. be convinced that ~ 은 '~라는 것을 확신하다' 란 의미로 자주 사용된다. converse는 능동 형태로 'converse about(~에 관해서 이야기하다)' 과 같이 사용될 수 있다. 정답은 (b)이다.

🔒 해석
A: 그녀는 그것이 경제상황을 향상시킬 수 있는 유일한 방법이라고 확신했어요.
B: 나도 알아요. 하지만 명백히 그녀가 틀린 거였죠요.

🔍 어휘
contracept 피임시키다
converge 한 점에 모이다
converse 이야기하다, 담화하다

✓ 정답 (c)

9 A: I finally got a promotion at work.
B: _____ for you!

(a) Nice
(b) Well
(c) Good
(d) Bad

🔒 해설
상대방에게 생긴 좋은 소식을 듣고 '잘됐다!'란 의미로 네이티브들이 즐겨사용하는 관용표현이 바로 Good for you!이다. 정답은 (c)이다.

🔒 해석
A: 나 마침내 직장에서 승진했어.
B: 잘됐다!

🔍 어휘
finally 마침내
promotion 승진

✓ 정답 (c)

10 A: We've come a long _____ since we first started our business.
B: That's right. We've really had a heck of time, huh?

(a) road
(b) course
(c) lapse
(d) way

🔒 해설
come a long way는 '발전하다, 출세하다' 라는 뜻의 숙어표현이다. 그러므로, 빈칸에 들어가야 할 명사는 way다. 정답은 (d)이다.

🔒 해석
A: 우리의 사업을 시작하고 정말 많이 발전한 것 같아.
B: 맞아. 정말 많은 시간을 보냈지, 그렇지?

🔍 어휘
come a long way 발전하다, 출세하다
a heck of time 많은 시간

✓ 정답 (d)

11 A: Can I try on one of your shirts?
B: Of course. You can have it for the _____.

(a) asking
(b) grilling
(c) soliciting
(d) questioning

🔒 해설
원하면 줄 수 있다는 표현은 You can have it for the asking이다. 따라서 빈칸에 들어갈 단어는 asking이다. 정답은 (a)이다.

🔒 해석
A: 네 셔츠 중에 하나 입어 봐도 돼?
B: 물론이지. 원하면 줄 수 있어.

🔍 어휘
You can have it for the asking. 원하면 줄 수 있다.
grill 석쇠로 굽다
solicit 간청하다

✓ 정답 (a)

12 A: Good to see you again, John. How's life _____ you?
B: Same old, same old.

(a) handling
(b) treating
(c) covering
(d) directing

🔓 해설
'어떻게 지내니'라는 표현을 동사 treat를 통해 나타낼 수 있다. How's life treating you?를 하나의 표현단위로 기억해두자. 정답은 (b)이다.

🔓 해석
A: 다시 만나서 반가워 존. 어떻게 지냈어?
B: 항상 그렇지 뭐.

🔍 어휘
How's life treating you? 어떻게 지내니?

✅ 정답 (b)

13 A: Do you have a minute? There's something I need to talk to you about.
B: Okay. Just make it quick because I'm _____ for time.

(a) hurry
(b) busy
(c) pressed
(d) flattened

🔓 해설
짧게 하라고 했으므로 시간과 관련해서 '제약이 있는'이라는 뜻의 형용사가 필요하다. pressed가 적절하다. 시간과 관련해서 압박을 받는다는 것은 곧 시간이 많지 않다는 것을 의미한다. 정답은 (c)이다.

🔓 해석
A: 시간 좀 있어? 할 말이 있는데.
B: 그래. 짧게 얘기해 시간이 많이 없거든.

🔍 어휘
make it quick 빨리하다
I'm pressed for time. 시간이 많이 없다.

✅ 정답 (c)

14 A: Hurry up, darling. We're going to be late for the movie.
B: I'm all _____. Let's get going.

(a) stable
(b) set
(c) handy
(d) available

🔓 해설
'준비되다'는 be all set로도 표현할 수 있다. 정답은 (b)이다.

🔓 해석
A: 서둘러요, 여보. 영화에 늦겠어요.
B: 다 됐어요. 출발합시다.

🔍 어휘
be all set 준비되다
get going 출발하다
stable 안정된, 견실한
handy 바로 곁에 있는, 곧 쓸 수 있는
available 이용가능한, 시간이 되는

✅ 정답 (b)

15 A: I can't find your car anywhere.
B: Yeah, I left it at the repair shop because it _____ up again.

(a) rose
(b) acted
(c) took
(d) kept

🔓 해설
차 등의 상태가 좋지 않을 때 act up으로 나타낼 수 있다. 정답은 (b)이다.

🔓 해석
A: 네 차를 어디에서도 찾을 수가 없다.
B: 그래. 상태가 안 좋아서 정비소에 두고 왔어.

🔍 어휘
repair shop 정비소
act up (차 등의) 상태가 좋지 않다

✅ 정답 (b)

16
A: Can I borrow your book?
B: What _____?

(a) with
(b) for
(c) to
(d) on

🔓 **해설**
상대방이 무언가를 요청하거나 하겠다고 할 때, 왜 그런지 그 목적이나 이유를 묻고 싶을 때 네이티브들이 간단히 사용하는 표현이 바로 'What for?'이다. 'Why?'와 그 의미가 거의 같지만 'What for?'가 좀 더 목적을 묻는 의도가 강하다고 할 수 있다. 정답은 (b)이다.

🔒 **해석**
A: 네 책 빌려도 될까?
B: 왜요?

🔍 **어휘**
borrow 빌리다
What for? 왜?, 뭐 때문에?

✅ **정답** (b)

17
A: Would you like to have more chicken?
B: No, thanks. I'm _____.

(a) starved
(b) stuffed
(c) pissed
(d) doomed

🔓 **해설**
각각의 선택지의 표현들은 모두 네이티브들이 일상생활에서 굉장히 자주 사용하는 표현이다. 여기서는 상황에 적합한 것을 골라야 한다. 음식을 더 먹겠냐는 질문에 괜찮다고 했기 때문에, 배가 부르다고 하는 것이 논리적으로 옳다. 정답은 (b)이다.

🔒 **해석**
A: 치킨 더 먹을래요?
B: 아뇨, 사양할게요. 배가 너무 불러요.

🔍 **어휘**
I'm starved. 배가 너무 고파요.
pissed 열 받은, 화난
doomed 끝장난, 망한

✅ **정답** (b)

18
A: You look so nervous. You need to _____ up.
B: I know. But I'm just not comfortable being here.

(a) cheer
(b) show
(c) brush
(d) loosen

🔓 **해설**
평소에 이어동사 표현들을 많이 알아두었다면 쉽게 풀 수 있는 문제이다. 상대방에게 긴장해 보인다고 했으므로 이어지는 내용으로 적절한 것은 긴장을 풀라고 말하는 loosen up이다. 정답은 (d)이다.

🔒 **해석**
A: 너 너무 긴장되어 보인다. 긴장을 풀 필요가 있겠어.
B: 나도 알아. 하지만 난 그냥 여기 있는 게 편하지가 않아.

🔍 **어휘**
nervous 긴장한
comfortable 편안한
cheer up 기운 내다
show up 나타나다
brush up (on) ~을 복습하다
loosen up 긴장을 풀다

✅ **정답** (d)

19
A: Good morning. How can I help you?
B: Hi, I have a(n) _____ with Dr. Brown at 2.

(a) promise
(b) pledge
(c) appointment
(d) agreement

🔓 **해설**
공식적인 약속은 명사 appointment로 나타낼 수 있다. promise는 친밀한 두 사람 사이에서 pledge는 '맹세'를 agreement는 '동의'라는 뜻으로 사용하는 뉘앙스가 각기 다르다. 정답은 (c)이다.

🔒 **해석**
A: 안녕하세요. 어떻게 도와드릴까요?
B: 안녕하세요. 2시에 브라운 씨와 약속이 있어서요.

🔍 **어휘**
have an appointment 약속하다
pledge 맹세

✅ **정답** (c)

20 A: I _____ into your cousin, Jake, at the grocery store.
B: Really? I haven't seen him for years myself.

(a) sticked
(b) drilled
(c) rolled
(d) bumped

🔒 해설
'우연히 만나다'라고 연결될 때 대화가 자연스러워진다. 따라서 동사 bump를 써서 bump into가 되도록 해야 한다. 정답은 (d)이다.

🔓 해석
A: 너의 사촌 제이크와 식료품점에서 우연히 마주쳤어.
B: 정말? 나도 수년간 보지 못했는데.

🔍 어휘
bump into 우연히 마주치다
grocery store 식료품점

✅ 정답 (d)

---

21 A: Who's that man over there? He looks _____.
B: Actually, he is. He graduated summa cum laude from Havard.

(a) indiscreet
(b) audacious
(c) brilliant
(d) imbecile

🔒 해설
하버드를 수석으로 졸업했다고 했으므로 '똑똑하게' 생겼다고 하는 게 적절하게 어울린다. 따라서 brilliant를 답으로 선택할 수 있다. 정답은 (c)이다.

🔓 해석
A: 저기 있는 남자는 누구지? 명석하게 생겼는데.
B: 사실, 그래. 하버드를 최우등으로 졸업했거든.

🔍 어휘
indiscreet 경솔한, 부주의한
audacious 대담한
imbecile 저능한, 우둔한
summa cum laude 최우등으로

✅ 정답 (c)

---

22 A: What's your final _____ on this trip?
B: Finland, the country of the lakes.

(a) scapegoat
(b) purpose
(c) domicile
(d) destination

🔒 해설
여행(trip)그리고 최종(final)이란 단어와 관련지어서 가장 적절한 어휘는 '최종 목적지'를 만드는 명사 destination이다. 정답은 (d)이다. 보기 (b)의 purpose 같은 경우는 공항심사대에 'What's your purpose of visit here?'라고 물을 때 적절하다.

🔓 해석
A: 이 여행의 마지막 목적지는 어디인가요?
B: 호수의 나라인 핀란드요.

🔍 어휘
scapegoat 희생양
domicile (주민등록상의) 주소

✅ 정답 (d)

---

23 A: Please make sure that this _____ between us.
B: Don't worry. I'll keep a secret.

(a) lives
(b) stays
(c) survives
(d) haunts

🔒 해설
'비밀로 하다'라는 뜻으로 'stay between A and B'를 쓰기도 한다. 비밀에 해당하는 내용이 주어가 되어 위치한다. 문제에서는 대명사 this가 그 내용을 대신하고 있다. 정답은 (b)이다.

🔓 해석
A: 이건 우리끼리의 비밀인 거 잊지 마.
B: 걱정 마. 비밀로 할 테니.

🔍 어휘
stay between A and B A와 B사이에서 비밀로 하다
keep a secret 비밀로 하다
haunt (유령 등이) 출몰하다

✅ 정답 (b)

24
A: You must feel bad because your boyfriend cheated on you.
B: Yeah, it's totally _____.

(a) invigorating
(b) enthralling
(c) exhilarating
(d) humiliating

🔓 **해설**
남자친구가 속여 바람 피울 때 들 수 있는 감정으로는 (d) humiliating(모욕적인)이 적절하다. 정답은 (d)이다.

🔓 **해석**
A: 네 남자친구가 바람을 피워 네 기분이 정말 엉망이겠다.
B: 응, 정말 모욕적이라니까.

🔍 **어휘**
cheat on 바람을 피우다
invigorating 기운 나게 하는, 상쾌한
enthralling 마음을 사로잡는
exhilarating 기운 나게 하는, 상쾌한
humiliating 모욕적인

✓ **정답** (d)

25
A: Are you and Susan going _____?
B: Yes, we are. We really love each other.

(a) sturdy
(b) steady
(c) stout
(d) stiff

🔓 **해설**
관계 등이 '꾸준한'은 (b) steady다. 나머지 보기는 문맥과 적절히 어울리지 않는다. 정답은 (b)이다.

🔓 **해석**
A: 너와 수잔의 관계는 지속되고 있지?
B: 그래. 우리는 정말 서로를 사랑해.

🔍 **어휘**
sturdy (몸이) 튼튼한
stout (몸이) 풍채가 있는
stiff 뻣뻣한

✓ **정답** (b)

26 I helped Mrs. Gibson apply for Medicare and preformed many professional services on her _____.

(a) label
(b) behalf
(c) status
(d) belief

🔓 **해설**
'on one's behalf'라는 숙어를 알고 있다면 선택지의 종류와 빈칸 앞 한두 단어만으로도 금방 답을 찾아낼 수 있다. 시간이 절대적으로 부족한 TEPS 어휘시험에서는 전체 문장의 문맥을 파악하지 않고도 이렇게 선택지의 종류와 빈칸 앞뒤 몇 단어만으로도 충분히 해결이 가능한 문제유형들이 등장한다.

 **해석**
나는 깁슨 씨가 의료보험을 신청할 수 있도록 도와주었고 여러 가지 전문적인 서비스를 그녀를 대신해서 수행하였다.

🔍 **어휘**
apply for ~을 신청하다
Medicare 의료보험
perform 수행하다
professional 전문적인
on one's behalf ~를 대신하여
status 지위, 신분
label 꼬리표, 상표

✓ **정답** (b)

27 Everybody thinks Andrea is a stuck-up because he loves _____ about himself.

(a) caring
(b) scolding
(c) bragging
(d) concealing

🔓 **해설**
빈칸 앞의 stuck-up은 '거만한'이라는 뜻이므로 함께 어울리는 brag를 답으로 선택할 수 있다. brag은 '자랑하다'라는 뜻이므로 전체 문맥과도 어울린다.

 해석
모든 사람들은 앙드레가 자신을 자랑하는 것을 좋아하기 때문에 거만하다고 생각한다.

🔍 **어휘**
stuck-up 거만한
scold 혼내주다
brag 자랑하다
conceal 숨기다

✓ **정답** (c)

28
Some 20,000 riot police have been mobilized in an effort to block the _____ to the Parliament

(a) reach
(b) vacancy
(c) access
(d) approach

🔓 해설
명사 access는 전치사 to와 함께 쓰여 어딘가로 향하는 '진입로', '입구'라는 의미를 갖게 된다. 정답은 (c)이다. 반면, approach는 추상적인 개념에서의 '접근법'을 의미하기 때문에 정답이 될 수 없다.

🔓 해석
약 20,000명의 시위진압 경찰들이 국회로 가는 진입로를 차단하기 위한 노력의 일환으로 동원되었다.

🔍 어휘
riot police 시위진압 경찰
mobilize 동원하다
in an effort to ~을 위한 노력의 일환으로
access (to) 진입로, 입구
parliament 국회
vacancy 공석, 빈 방

✓ 정답 (c)

29
We all know how hard it is to _____ the habit of smoking.

(a) give
(b) wield
(c) smash
(d) break

🔓 해설
빈칸 뒤에 위치한 habit과 어울려 쓸 수 있는 동사는 선택지 중에 break뿐이다. 정답은 (d)이다. 'break the habit'은 '습관을 없애다'란 뜻이므로 반드시 기억해두자.

🔓 해석
우리는 모두 흡연 습관을 끊는 것이 얼마나 어려운 일인지 알고 있다.

🔍 어휘
wield (칼, 무기 등을) 휘두르다
break the habit 습관을 없애다
smash (사물을) 때려 부수다

✓ 정답 (d)

30
The accusation that I defamed the man's honor was so _____ that I couldn't help but laugh out loud.

(a) erudite
(b) ludicrous
(c) capricious
(d) irruptive

🔓 해설
so ~ that 구문이다. that절 이하의 내용인 큰소리로 웃을 수밖에 없었다는 것과 일맥상통하는 어휘를 골라야 한다. 무언가 어이없이 우스꽝스러울 때 사용하는 어휘인 ludicrous가 가장 적절하다. 정답은 (b)이다.

🔓 해석
내가 그 남자의 명예를 훼손했다는 고소내용은 너무도 우스꽝스러워서 난 큰소리로 웃을 수밖에 없었다.

🔍 어휘
accusation 비난, 고소, 고발
defame 중상하다, ~의 명예를 훼손하다
honor 명예
ludicrous 우스꽝스러운, 웃기는
irruptive 난입하는
erudite 학식 있는, 박학한
capricious 변덕스러운, 급변하는

✓ 정답 (b)

31
Professor Gibson told his students that a(n) _____ examination on the environmental pollution by mining activities should be taken into consideration in this study.

(a) nearby
(b) close
(c) adjacent
(d) neighboring

🔓 해설
close examination은 '철저한 조사'란 의미를 갖고 있는 형용사 관련 collocation 표현이다. 문맥상 연구에 있어서 광업활동에 의해 발생하는 환경적 오염에 대한 철저한 조사가 고려되어야 한다는 것이 적절하다. 정답은 (d)이다. 나머지 보기들은 실제 사물이나 장소의 위치와 관련한 표현들이기에 정답이 될 수 없다.

🔓 해석
깁슨 교수님은 그의 학생들에게 광업활동으로 인한 환경적 오염에 대한 철저한 조사가 연구에 고려되어야 한다고 말했다.

어휘
close examination 철저한 조사
environmental 환경의
pollution 오염
mining 광업
take into consideration ~을 고려하다
adjacent 근접한
neighboring 이웃의, 근처의

✓ 정답 (b)

32. The nutritionists have decided to observe the patients' weight changes in order to prove the effectiveness of this _____.

(a) regimen
(b) remuneration
(c) misdiagnosis
(d) constitution

해설
환자의 몸무게를 변화시키는 효과를 증명하겠다고 하는 것과 이것을 관찰하기로 한 사람들이 영양학자들인 것을 볼 때 문맥상 가장 적절한 것은 식이요법을 뜻하는 regimen, 보기 (a)이다.

해석
영양학자들은 이 식이요법의 효과를 증명하기 위해서 환자들의 몸무게 변화를 관찰하기로 결정했다.

어휘
nutritionist 영양학자
observe 관찰하다
in order to ~하기 위해서
prove 증명하다
effectiveness 효과
regimen 식이요법
constitution 헌법, 제정
remuneration 보상, 보수 misdiagnosis 오진

✓ 정답 (a)

33. My uncle has not been on speaking _____ with his daughter since he had an argument with her.

(a) relation
(b) jargons
(c) terms
(d) conditions

해설
'be on speaking terms with'란 숙어를 알고 있으면 쉽게 정답을 골라낼 수 있다. 정답은 (c)이다. 참고로 '~와 좋은 사이이다'의 의미를 가진 숙어인 'be on good terms with'도 같이 외워두도록 하자.

해석
삼촌은 딸과 논쟁을 한 이후로 그녀와 얘기조차 하지 않고 있다.

어휘
be on speaking terms with ~와 이야기를 나누는 사이이다
have an argument with ~와 논쟁하다
jargon 은어, 전문어

✓ 정답 (c)

34. Acupuncture is a traditional Chinese medical technique that helps relieve _____.

(a) contention
(b) tension
(c) dispute
(d) ease

해설
동사 relieve와 어울리는 목적어를 보기 중에서 골라야 한다. 침술은 무언가를 치료하는 목적을 가지고 있으므로 동사 relieve와 함께 '긴장을 이완시키다, 줄이다'라는 뜻을 갖는 tension(긴장)을 답으로 선택할 수 있다. 정답은 (b)이다.

해석
침술은 긴장을 줄이는데 도움을 주는 중국의 전통 의약 기술이다.

어휘
acupuncture 침술
traditional 전통의
relieve tension 긴장을 완화시키다
contention 말다툼
dispute 분쟁

✓ 정답 (b)

35 He made a fortune by selling his property at a _____ high price.

(a) thoroughly
(b) bitterly
(c) hardly
(d) ridiculously

🔒 해설
높은 가격(high price)을 꾸며줄 적절한 부사를 골라야 한다. 남자가 부를 획득한 것과 일맥상통해야 함으로 터무니없을 정도로 높은 가격에 부동산을 팔았다고 하는 것이 어울린다. 정답은 (d)이다. 부사 ridiculously는 무언가가 터무니없을 정도로 그 정도가 대단할 때 쓰는 어휘로 ridiculously cheap(터무니없게 싼), ridiculously delicious(터무니없게 맛있는) 는 등으로 사용될 수 있다.

🔒 해석
그는 그의 부동산을 터무니없이 높은 가격으로 팔아서 부를 얻었다.

🔎 어휘
make a fortune 부를 얻다
property 재산, 부동산
thoroughly 철저하게
bitterly 쓰게, 따끔 하게
hardly 거의~ 않는

✓ 정답 (d)

36 Jim Collins will begin a new _____ arts class for a group of adults who wish to become chefs of their own restaurant.

(a) disciplinary
(b) literary
(c) martial
(d) culinary

🔒 해설
수업을 여는 대상은 자신들이 운영하는 식당의 요리사가 되고 싶어하는 성인 그룹이다. 그러므로 문맥상 적절한 수업은 culinary arts 즉, '요리법'과 관련한 강의일 것이다. 정답은 (d)이다.

🔒 해석
짐 콜린스는 자신들이 운영하는 식당의 요리사가 되길 원하는 성인 그룹을 위해 새로운 요리법 강의를 시작할 것이다.

🔎 어휘
culinary 요리의
adult 성인
chef 요리사
disciplinary 훈육의, 규율상의
literary 문학의

✓ 정답 (d)

37 The vast majority of the world's governments have _____ about the nuclear threat posed by Iran and North Korea.

(a) enlightenment
(b) reservations
(c) conservation
(d) plagiarism

🔒 해설
reservation은 '걱정, 염려'라는 의미를 갖고 있다. 핵 위협에 대해 세계 정부가 염려를 갖고 있다고 하는 것이 문맥상 자연스럽다. 정답은 (b)이다.

🔒 해석
대다수 세계의 정부들은 이란과 북한에 의한 핵 위협에 대해서 염려를 하고 있다.

🔎 어휘
The vast majority of 대다수의
reservations 염려, 걱정
have reservations about ~을 걱정하다
nuclear threat 핵 위협
conservation 보호, 보존
plagiarism 표절

✓ 정답 (b)

38 I recommend you to _____ your hair in that salon because the stylist there is fantastic.

(a) nip
(b) slice
(c) do
(d) keep

🔒 해설
'머리를 하다'란 표현으로 쓰이는 'do one's hair'를 알고 있다면 쉽게 정답을 고를 수 있다. 정답은 (c)이다. 동사 keep이 hair와 함께 쓰일 때는 'keep one's hair in'과 같은 형태로 사용된다. cf) I keep my hair in good conditions.

🔒 해석
난 네가 저 미용실에서 머리를 할 것을 추천하는데, 그곳의 스타일리스트가 환상적이기 때문이다.

🔎 어휘
nip 물다
salon 미용실

✓ 정답 (c)

39
They started to _____ when they remembered seeing their father dance alone in the kitchen.

(a) snort
(b) whimper
(c) snicker
(d) chuckle

해설
아버지가 혼자 부엌에서 춤추던 모습을 본 것을 기억했다는 종속절의 내용과 연계했을 때 빈칸에 가장 적절한 것은 싱글싱글 웃었다는 의미의 chuckle, 즉 보기 (d)가 정답이다. 보기 (a), (c)는 다소 경멸적인 뉘앙스를 담은 행동이기에 내용상 적절치 않다.

해석
그들은 그들의 아빠가 부엌에서 혼자 춤추던 모습을 봤던 걸 기억하고 싱글싱글 웃었다.

어휘
snort 콧방귀 끼다
whimper 흐느껴 울다
snicker (남을 엿보며) 낄낄 웃다
chuckle 싱글싱글 웃다

정답 (d)

41
Please be cautious when handling these boxes as they contain _____ items.

(a) feeble
(b) fragile
(c) imbecile
(d) introversive

해설
상자 안에 이러한 물품들이 있기 때문에 조심하라는 얘기다. '깨지기 쉬운'이란 의미를 갖고 있는 fragile, 즉 보기 (b)가 정답이다. 나머지 보기들은 모두 사람의 성질을 나타내는 단어들이라는 공통점이 있다.

해석
이 상자들은 깨지기 쉬운 물건들을 담고 있기 때문에 이 상자들을 다룰 때에는 조심해 주십시오.

어휘
cautious 조심하는
feeble 심약한
fragile 깨지기 쉬운
introversive 내성적인
imbecile 저능한, 정신박약의

정답 (b)

40
After a slow start, the effort to reconstruct this unique facility is now gaining _____.

(a) progress
(b) impulse
(c) momentum
(d) catalyst

해설
연어문제이다. 더딘 시작 이후에 시설을 재건축하자는 노력이 이것을 얻고 있다고 했으므로 동사 gain 뒤에 문맥상 '탄력을 받고 있다'로 해석이 가능한 명사 'momentum'이 위치해야 한다. 나머지 어휘들은 동사 gain가 어울려 쓰이기 힘든 명사들이다. 정답은 (c)이다.

해석
더딘 시작 이후, 이 독특한 시설물을 재건축 하고자 하는 노력은 이제 탄력이 붙고 있다.

어휘
reconstruct 재건축하다
facility 시설
gain momentum 탄력이 붙다
impulse 충동, 욕구
catalyst 촉매, 자극
progress 진보, 진행

정답 (c)

42
The long-held belief that investing in shares will _____ better investment returns than bonds is wrong.

(a) manufacture
(b) yield
(c) crop
(d) elicit

해설
빈칸 뒤에 나오는 목적어와 investment returns(투자수익)와 어울리는 동사를 찾아야 한다. 동사 yield는 제품 등을 '산출하다'는 뜻 외에, 이자나 수익을 '내다'란 의미도 갖고 있다. 정답은 (b)이다.

해석
주식에 투자하는 것이 채권에 투자하는 것보다 더 나은 수익을 낸다는 오랜 기간의 믿음은 잘못된 것이다.

어휘
shares 주식
investment returns 투자수익
bonds 채권
yield (이자, 이익을) 낳다
manufacture 제조하다
crop (농작물을) 수확하다
elicit (사실, 대답을) 유도해내다

정답 (b)

43 The personal and friendly style of education in Canada was the main _____ for me to come and study at Toronto University.

(a) speed
(b) drive
(c) motor
(d) ride

🔓 해설

drive는 무언가를 하게끔 이끌어주는 '동력' 또는 '추진력'이란 의미를 갖고 있다. 캐나다의 교육방식이 자신이 그곳으로 와서 공부하게 한 동력이 되었다고 하는 것이 문맥상 어울린다. 정답은 (b)이다.

🔓 해석

캐나다의 사적이고 친근한 교육 방식이 제가 토론토 대학에 와서 공부하게끔 한 주요 동력이 되었어요.

🔍 어휘

friendly 친근한
education 교육
drive 동력, 추진력
motor (자동차의) 발동기, 추진기
ride 태움, 탈 것

✓ 정답 (b)

44 It is important that all the contract products _____ the specification of government quality control standard.

(a) succeed
(b) jump
(c) meet
(d) get

🔓 해설

meet the requirement나 meet the specification는 통으로 외워두도록 하자. 이때 meet은 '만나다'가 아닌 '충족시키다'란 의미를 갖는다. 정답은 (c)이다. get의 경우 '명세사항을 받다'로 말이 될 듯하지만 주어인 상품이 명세사항을 받는다는 것은 의미상 적절치 않으므로 정답이 될 수 없다.

🔓 해석

모든 계약 물품들이 정부의 품질관리 표준 사항들을 만족시키는 것은 중요하다.

🔍 어휘

contract 계약
specification 명세(사항)
quality control 품질관리

✓ 정답 (c)

45 The woman asked her husband to ____ the math to figure out how much it would cost to furnish the whole room.

(a) calculate
(b) do
(c) divide
(d) finish

🔓 해설

math와 함께 어울리는 동사를 찾아야 한다. 문맥은 계산을 할 수 있도록 생각 좀 해달라는 내용으로 the math와 함께 do the math가 되면 '생각해보다, 어떻게 할지 생각해보다'는 뜻이 된다. 따라서 (b)가 정답이다.

🔓 해석

그 여자는 남편에게 방 전체에 가구를 들여놓는데 드는 비용을 알 수 있도록 생각해달라고 요청했다.

🔍 어휘

do the math 생각해보다
figure out 이해하다
furnish 가구를 들이다

✓ 정답 (b)

46 Due to a tax _____ on alcoholic beverages, sales plunged to a 10 year low in July this year.

(a) enhancement
(b) appendix
(c) promotion
(d) hike

🔓 해설

tax와 어울리는 명사를 골라야 한다. 판매량을 폭락시키는 요인으로 적절한 것은 음료에 대한 정부의 세금인상이 가장 적절하다. 세금의 인상을 의미하는 어휘로 적절한 것은 보기 (d)의 hike이다. enhancement는 무언가의 가치를 증진시키다라는 뉘앙스로 세금이 인상되었다고 표현하기에는 어울리지 않다.

🔓 해석

알코올성 음료에 대한 세금 인상으로 인해서, 판매가 올해 7월에 10년간의 최저 수준으로 폭락했다.

🔍 어휘

enhancement 향상, 증대
appendix 부가물, 부속물
promotion 촉진, 장려
hike 인상, 상승
plunge 폭락하다

✓ 정답 (d)

47 Most of the people in the concert hall got _____ when the group announced their break-up.

(a) thunderstruck
(b) mesmerized
(c) enthralled
(d) crestfallen

🔓 해설
get thunderstruck은 '매우 놀라다' 라는 뜻이다. '벼락을 맞은 듯이 놀라다' 라고 이해하면 쉽게 기억할 수 있을 것이다. 정답은 (a)이다.

🔓 해석
콘서트홀에서 그 그룹이 자신들의 해체 소식을 발표했을 때, 모인 대부분의 사람들은 매우 놀랐다.

🔍 어휘
thunderstruck 깜짝 놀란
mesmerize 최면을 걸다
enthral 노예 상태로 만들다
crestfallen 맥 빠진, 기운 없는

✓ 정답 (a)

48 Many people believe that there is a _____ agreement running through the power structure of their society.

(a) delinquent
(b) lachrymose
(c) flamboyant
(d) tacit

🔓 해설
명사 agreement를 앞에서 꾸며줄 수 있고 문맥에 맞는 적절한 형용사를 선택해야 한다. 사회전반의 권력구조를 흐르는 무언의 동의가 있다고 하는 것이 적절하다. 정답은 (d)이다. 나머지 보기들은 agreement와는 어울리지 않는 형용사들이다.

🔓 해석
많은 사람들이 그들의 사회의 권력구조를 흐르는 무언의 동의가 있다고 믿고 있다.

🔍 어휘
tacit 무언의
power structure 권력구조
delinquent 직무태만의, 비행을 저지르는
flamboyant (색체, 문체가) 화려한, 눈부신
lachrymose 눈물을 잘 흘리는

✓ 정답 (d)

49 The close _____ to beautiful natural environment was very attractive to me in choosing this university.

(a) attachment
(b) insecurity
(c) intimacy
(d) proximity

🔓 해설
'proximity to+장소'는 '~에 대한 근접성'을 의미한다. 정답은 (d)이다.

🔓 해석
아름다운 자연 환경에 근접함은 제가 이 대학을 선택하는데 있어서 굉장히 매력적으로 다가왔습니다.

🔍 어휘
environment 환경
attractive 매력적인, 마음을 끄는
attachment 부속물, 부착물
insecurity 불안감, 불안정
intimacy 친밀, 친교
proximity (to) ~에 근접

✓ 정답 (d)

50 Some religious people try to force _____ into believing their religion.

(a) autocrats
(b) rectors
(c) agnostics
(d) racists

🔓 해설
종교를 가진 사람들이 자신들의 종교로 이러한 사람들을 강제로 믿게 하려고 한다는 내용이다. 보기 중 불가지론자, 즉 신이 있는지 없는지 믿지 못하는 사람들을 의미하는 agnostic이 문맥상 가장 어울린다. 정답은 (c)이다.

🔓 해석
몇몇 종교적인 사람들은 불가지론자들이 자신의 종교를 강제로 믿게 하기 위해서 노력한다.

🔍 어휘
agnostic 불가지론자
autocrat 독재자
rector 교구목사
racist 인종차별주의자

✓ 정답 (c)

텝스 한 달만 제대로 공부해보자
Perfect TEPS *Grammar & Vocabulary*

TEPS 독해의 모든 유형과 주제들을 3단계 30일 Plan으로 정복하자!

유형을 확실히 알고 넘어가자!
Section 1
문법·어휘 유형별
Pre-Test 3회분

학습한 유형을 토대로 주제별 집중 연습을 하자!
Section 2
문법·어휘 주제별
Mini-Test
각 6문항씩

충분한 실전테스트로 정기시험을 완벽하게 대비하자!
Section 3
문법·어휘
Actual Test
3회분